高速公路行业监管

陆春其 主编
王双生 主审

人民交通出版社股份有限公司
China Communications Press Co.,Ltd.

内 容 提 要

本书通过对我国高速公路管理现状和管理模式的广泛调研，结合江苏省高速公路管理案例，分析了高速公路行业监管存在的主要问题，研究并提出了基于"公共治理""公共服务民营化""管制理论"视角下的高速公路行业监管的理论和高速公路行业监管的体系构建框架，厘清了"一路三方"的工作边界，进一步明确了高速公路行业监管的职责权限；提出了高速公路养护管理、收费管理、服务区经营等行业监管的具体组织措施与技术措施；同时提出了高速公路综合执法的体制与机制建设、高速公路突发事件应急管理、清障救援、路网信息管理和安全管理等方面的创新举措。

本书可为高速公路行业从业人员监管工作提供一定的借鉴。

图书在版编目(CIP)数据

高速公路行业监管 / 陆春其主编. — 北京：人民交通出版社股份有限公司, 2019.7
ISBN 978-7-114-15535-2

I.①高… Ⅱ.①陆… Ⅲ.①高速公路—行业管理—监督管理—研究—中国 Ⅳ.①F542.1

中国版本图书馆 CIP 数据核字(2019)第 093089 号

书　　名：	高速公路行业监管
著 作 者：	陆春其
责任编辑：	任雪莲
责任校对：	刘　芹
责任印制：	张　凯
出版发行：	人民交通出版社股份有限公司
地　　址：	(100011)北京市朝阳区安定门外外馆斜街 3 号
网　　址：	http://www.ccpress.com.cn
销售电话：	(010)59757973
总 经 销：	人民交通出版社股份有限公司发行部
经　　销：	各地新华书店
印　　刷：	中国电影出版社印刷厂
开　　本：	787×1092　1/16
印　　张：	13.5
字　　数：	322 千
版　　次：	2019 年 7 月　第 1 版
印　　次：	2019 年 7 月　第 1 次印刷
书　　号：	ISBN 978-7-114-15535-2
定　　价：	58.00 元

(有印刷、装订质量问题的图书由本公司负责调换)

前　言

江苏省高速公路管理局(江苏交通运输执法总队)于2014年2月26日正式挂牌成立,隶属于江苏省交通运输厅,主要承担全省高速公路路政管理,高速公路养护、收费、经营服务等监督管理,高速公路道路运输现场监督管理,高速公路营运安全行业管理和监督,以及高速公路网运行管理和信息服务等职责。江苏省高速公路交通运输执法总队盐锡支队根据江苏省高速公路管理局的主要职责,结合支队多年工作实践经验,拟定了题为"高速公路行业监管创新研究"的课题,与江苏省无锡交通高等职业技术学校签订了课题合作研究协议和技术合同书,组织院校专家、高速公路管理人员、相关营运人员等进行研究,通过对江苏省内外高速公路管理现状和管理模式的广泛调研,分析其存在的问题,着力寻求适合高速公路行业监管的途径和方法。

本课题由江苏省无锡交通高等职业技术学校陆春其教授主持,主要研究人员有南京交通职业技术学院管理学院吕亚君教授,江苏省无锡交通高等职业技术学校唐春刚、赵巧明、毛兰霞、顾俊、李俊、王义国、程庆、朱珂玮,江苏省高速公路沿江支队罗新乐、京沪支队李贵宾、盐锡支队王双生、刘文龙等。本书由陆春其担任主编,王双生担任主审。

本书通过对高速公路行业监管的理论分析,搭建了科学的高速公路行业监管体系框架,提出了高速公路养护管理、收费管理、服务区经营、清排障等监督管理和公共信息化管理等行业监管的具体内容,明确了高速公路行业监管职责权限。本书对于明确高速公路管理的"一路三方"在清障、通行费征收秩序、服务区经营等工作的边界,提高高速公路行业监管工作的效率和监管的权威性等方面具有一定的借鉴作用。

编　者
2019年2月

目　　录

第一章　高速公路行业监管综述 1
- 第一节　高速公路的特征与影响因素 1
- 第二节　高速公路行业监管概述 4
- 第三节　我国高速公路的行业监管现状及问题 6

第二章　高速公路行业监管理论分析 11
- 第一节　基于公共治理视角的高速公路监管模式 11
- 第二节　基于公共服务市场化视角的高速公路监管模式 15
- 第三节　基于管制理论的高速公路行业监管模式 18

第三章　高速公路行业监管体系构建 22
- 第一节　高速公路行业监管体系构建的原则、指导思想及政策依据 22
- 第二节　依法监管和行政执法职能分析 24
- 第三节　高速公路行业监管体制构建 27
- 第四节　高速公路行业监管运行机制构建 30

第四章　高速公路养护监管 37
- 第一节　概述 37
- 第二节　高速公路养护监管组织体系建设 46
- 第三节　高速公路养护技术和安全监管 51
- 第四节　高速公路养护市场化和工程质量监管体系建设 68
- 第五节　高速公路养护监管的信息化与沥青路面的快速养护 75

第五章　高速公路收费监管 81
- 第一节　中国高速公路投资体制分析 81
- 第二节　高速公路收费管理体系 84
- 第三节　高速公路收费监管技术体系 88
- 第四节　高速公路通行费征收秩序监管创新 90

第六章　高速公路服务区经营监管 95
- 第一节　高速公路服务区经营监管概述 95
- 第二节　高速公路服务区经营监管组织体系 99
- 第三节　高速公路服务区经营监管技术体系 103

第七章　高速公路清障救援管理 111
- 第一节　高速公路清障救援管理组织体系 111
- 第二节　高速公路清障救援技术管理体系 115

第三节　清障救援行业监管体系⋯⋯⋯⋯⋯⋯⋯⋯⋯⋯⋯⋯⋯⋯⋯⋯⋯⋯⋯⋯⋯117
第八章　高速公路突发事件应急管理⋯⋯⋯⋯⋯⋯⋯⋯⋯⋯⋯⋯⋯⋯⋯⋯⋯⋯⋯⋯⋯125
　　第一节　高速公路突发事件应急管理⋯⋯⋯⋯⋯⋯⋯⋯⋯⋯⋯⋯⋯⋯⋯⋯⋯⋯⋯125
　　第二节　高速公路突发事件应急管理技术体系⋯⋯⋯⋯⋯⋯⋯⋯⋯⋯⋯⋯⋯⋯⋯132
第九章　高速公路公共信息管理⋯⋯⋯⋯⋯⋯⋯⋯⋯⋯⋯⋯⋯⋯⋯⋯⋯⋯⋯⋯⋯⋯⋯141
　　第一节　高速公路公共信息管理组织体系⋯⋯⋯⋯⋯⋯⋯⋯⋯⋯⋯⋯⋯⋯⋯⋯⋯141
　　第二节　高速公路路网监管⋯⋯⋯⋯⋯⋯⋯⋯⋯⋯⋯⋯⋯⋯⋯⋯⋯⋯⋯⋯⋯⋯⋯144
　　第三节　高速公路公共信息管理技术体系⋯⋯⋯⋯⋯⋯⋯⋯⋯⋯⋯⋯⋯⋯⋯⋯⋯152
　　第四节　路政管理应用信息平台的管理创新⋯⋯⋯⋯⋯⋯⋯⋯⋯⋯⋯⋯⋯⋯⋯⋯162
第十章　高速公路安全监管⋯⋯⋯⋯⋯⋯⋯⋯⋯⋯⋯⋯⋯⋯⋯⋯⋯⋯⋯⋯⋯⋯⋯⋯⋯165
　　第一节　高速公路安全监管组织体系⋯⋯⋯⋯⋯⋯⋯⋯⋯⋯⋯⋯⋯⋯⋯⋯⋯⋯⋯165
　　第二节　高速公路安全管理技术⋯⋯⋯⋯⋯⋯⋯⋯⋯⋯⋯⋯⋯⋯⋯⋯⋯⋯⋯⋯⋯178
附录⋯⋯⋯⋯⋯⋯⋯⋯⋯⋯⋯⋯⋯⋯⋯⋯⋯⋯⋯⋯⋯⋯⋯⋯⋯⋯⋯⋯⋯⋯⋯⋯⋯⋯⋯186
　　附录一　ISO 9000 质量管理之监督检查表式⋯⋯⋯⋯⋯⋯⋯⋯⋯⋯⋯⋯⋯⋯⋯⋯186
　　附录二　清障救援预案⋯⋯⋯⋯⋯⋯⋯⋯⋯⋯⋯⋯⋯⋯⋯⋯⋯⋯⋯⋯⋯⋯⋯⋯⋯197
　　附录三　江苏省高速公路应急处理措施指导手册⋯⋯⋯⋯⋯⋯⋯⋯⋯⋯⋯⋯⋯⋯200
参考文献⋯⋯⋯⋯⋯⋯⋯⋯⋯⋯⋯⋯⋯⋯⋯⋯⋯⋯⋯⋯⋯⋯⋯⋯⋯⋯⋯⋯⋯⋯⋯⋯⋯207

第一章 高速公路行业监管综述

第一节 高速公路的特征与影响因素

高速公路具备较高的工程设计标准和完善的交通、服务设施,如既设有各种安全、通信、监控设施和标志,还建有服务区为驾乘人员提供停车休息、餐饮、住宿、娱乐、救助、加油、修理等综合服务。高速公路上下行车道间设有分隔带,实行交通分离、渠化通行,隔绝了对向车辆的干扰;并在路面上施划交通标线,对同一方向不同车速的车辆实行分类行驶,较好地保证了高速公路行车的连续畅通;加之高速公路只供汽车行驶,不允许行人、牲畜、非机动车和其他慢速车辆通行,从而形成了快速、安全、舒适、畅通的交通特点。

一、高速公路的特征

1. 技术特点

一是封闭性。高速公路全封闭、全立交、全部控制出入,并设有中央分隔带,两边设有护栏,路边还设有绿化带和隔离栅,这些设施可以保障高速公路在运行管理的过程中采取车速控制、流量控制、交通管制等特定措施时不受外界影响。二是专用性。高速公路划分车道,供汽车专用,禁止行人、牲畜、非机动车和慢速车辆上路行驶,不允许与任何铁路、公路有平面交叉,只能以跨线桥或地道、涵洞通过。三是高技术性。高速公路的建设技术标准高,采用沥青混凝土或水泥混凝土等高级路面,监控、安全、通信、收费以及服务设施等方面先进完善,环境保护要求也较高。这些措施在确保普通公路交通运行功能的同时,也赋予高速公路一定的特殊性。因此,在进行高速公路设计时,使用的技术标准有别于普通公路。

2. 使用性能特点

一是高能性。高速公路设有4~12条车道,甚至更多,没有路面的平面交叉,车辆单向行驶,中间设有防眩板,车速一般为80~120km/h,因此车流量高,通行能力大。二是高效性。汽车在高速公路上高速、匀速行驶,零部件和燃油料损(消)耗少、时间省,汽车的使用效率和运输及时性有了较大提高,效益显著。三是安全舒适性。由于高速公路建造技术标准高、路线顺适、纵坡平缓,各种配套设施齐全先进,因此汽车在高速公路上行驶时没有纵横向干扰,而且安全舒适。高速公路的这些使用性能显示了高速公路的优越性,但同时也给高速公路带来了一定的管理问题,比如节假日免费通行会导致高速公路极端拥堵等。

3. 投资特点

一是投资数额巨大且回收期长。由于高速公路技术标准高,配套设施齐全先进,故建设资金投入巨大,每千米造价达数千万元,且回收时间较长。二是投资多元性。由于高速公路建设资金投入巨大,由政府投资建设在我国既不现实,也不可能。因此,我国高速公路建设大多通过国家投资、银行贷款、社会集资、发行债券、引进外资等多渠道、多方式筹集建设资金,从而形成高速公路投资的多元性。高速公路的投资特点决定了高速公路的管理模式和收费机制与普通公路管理的区别。

4. 管理特点

一是要求高速公路多种功能互相配合,保证有一个不间断的动态运行体系。高速公路开通运营后,高速运行的车流是随机的、不分昼夜的,因此对于偶发事件,需要有迅速准确的信息反馈系统和及时有力的处置系统。系统的安全性、可靠性必须提高,这增加了普通公路所没有的特殊设计,如防撞、监控、通信、隔离、导向、防眩、隔音、照明等动、静态控制设施,这些为高速公路的正常运行提供了有力保障。二是高速公路必须提供优质、高效、快捷的服务。因为高速公路大多是收费公路,且费用水平高,因此,为了保证高速公路使用者在高速公路上的安全、舒适、便利,高速公路管理机构必须提供优质的服务,如加油、修理、救助、休息等。三是要求高速公路创造高的运输效益、经济效益和社会效益。为了充分发挥高速公路的功能,高速公路管理机构必须有计划地吸引车流、扩大交通流量,同时着眼于沿线区域的科技和经济开发。用路者越多,高速公路的社会价值越能得到体现,同时高速公路本身也能得到直接的经济效益。四是要求高速公路交通安全管理体系健全。普通公路的交通安全是不受控制的、事故处理是延迟的,而高速公路有经过科学计算、严格实施的交通安全设施,有一系列的动、静态预防设施和提前预告措施,交通安全已纳入统一的集中控制系统,事故处理要求及时,有专门的处理部门。

由上述特点可知,高速公路本身是多种学科知识汇集而成的科技产品,在管理上同样需要日趋成熟、规范健全的管理体系。

二、影响高速公路发展的基本因素

1. 高速公路建设运营体制的影响

(1)建设和管理相互分离的影响。

高速公路运营管理具体是指路政管理、交通安全管理、收费管理及养护管理、通信监控管理和服务区的管理。高速公路营运管理的设计方案是否合理,对高速公路运营管理的效益影响很大。例如,目前我国部分高速公路的建设和管理相互脱节,缺少一定的关联性,使高速公路建设规划很难与高速公路管理相协调,同时高速公路管理建设的高效性与管理的滞后性,特别是管理应该投入的政策、资金、人力、物力以及技术的不足,造成了某些高速公路在通车的时候会出现很多的管理问题。如管理人员配备及管理机构设置不到位,推迟了运营管理的整合时间,导致了现代化设备与管理体制的不和谐及相关的政府政策不协调等一系列问题,影响了高速公路的发展。

(2)建设运营体制和机制对高速公路的影响。

高速公路是一个网络化的体系,这种体系在很大程度上是不可分割的,这就要求高速公路管理具有统一性、高效性、集成性以及跨区域的协调性。当前我国的高速公路管理大多数实行的是分段式建设、分割式运行的管理体制,一路一公司的管理模式盛行,甚至出现了一路多制等现象(也有一小部分高速公路实行跨省联网管理)。这就造成了高速公路管理模式复杂,管理主体混乱,导致按路管理与按线管理的矛盾逐渐加剧,管理成本高昂,高速公路应有的规模效益难以体现。

(3)管理职责模糊对高速公路的影响。

一条高速公路的建设运营管理涉及的主体范围很广,有政府、企业、社会等多个方面。政府管理社会公共事务的权利和责任的具体体现应是合理的高速公路行政管理职能。目前政府大多通过特许协议来制定收费期限等以行使行政管理职能,使高速公路的经营特征更加明显,掩盖了高速公路本身的社会公益性属性,导致政府股权管理和政府行政管理及政府行政管理与企业本身的管理相互混淆。在高速公路的经营活动中,如何合理地协调政府行为、企业行为和市场行为,是影响高速公路高效、顺畅运行的主要因素。

2. 高速公路养护体制的影响

(1)管理和养护的界限及责任。在现行管理体制下,一些高速公路管理机构是养护的管理单位和养护生产者。管理者的责任不明确,在养护经营计划上会不断发生矛盾,一旦出现养护质量问题,责任追究困难。

(2)养护效率较低。目前大多数养护机构的人员数量不断增长,然而养护人员的综合素质较低,养护的技术含量不高,由此导致了养护人员过多,占用了大量的养护资金。

(3)养护机构。公路养护系统一般属于事业单位,容易吸引大量人员流入。人员过多既占用了大量的养护经费,造成资金浪费,又无法保障高速公路的正常维修和养护,还会造成养护效率低下。

(4)养护管理的规划和决策。有些养护管理机构会定期或不定期地开展道路检测与评价工作,但是对养护数据的搜集和整理不到位,高速公路使用性能的评价预估系统不完善,难以保证在养护周期内对养护费用的科学规划。

(5)养护管理的设备。目前许多高速公路的养护设备相对比较陈旧,工作效率不高,技术水平不到位,养护手段的科技含量低。而事实上,根据高速公路养护的特殊性质,大多数养护设备价格都十分高昂,购置养护设施的成本很高。不少养护公司为了节约成本,所购置的养护设备的规模较小,无法满足高速公路养护发展的需要。

(6)地区性的养护管理方式对养护施工的市场化进程影响较大。目前,各省、自治区、直辖市的养护管理基本上是按地域由本省、自治区、直辖市的养护管理机构负责施行的,很多养护管理机构还没有从事业单位单独分离出来,其养护工程量需要相应主管单位照顾。有些养护单位即使已经从事业单位分离,但限于过去的管理体制,他们依然会受到照顾。这样的情况阻碍了养护工程管理的市场化进程,也影响了养护管理工作中出现的管理监督与质量控制。

3. 高速公路投、融资体制的影响

(1)投资渠道单一。由于高速公路建设项目具有很强的基础性,同时它又具有投资不可分性,每个项目都要求有数额巨大的投资,所以我国高速公路建设主要依靠中央和省级的政府单位进行规划、建设与维护。投资的主要目的除了获取直接的经济利益外,更多的是为了获取社会效益和环境效益。高速公路的资金来源渠道单一,尤其是全国性的主要高速公路项目,涉及国家生产力布局、经济协调发展以及国防建设的项目均由中央政府投资,区域性高速公路项目则由各级地方政府承担。中央政府和地方各级政府在高速公路建设过程中一直扮演着管理主体和投资主体的双重角色,除此之外的民间投资者因高速公路的公益性性质,难以涉足高速公路建设领域。

（2）融资成本增加。随着改革的不断推进，高速公路的建设运营管理逐步实行市场化运作，导致原本属于事业性质的单位逐步转为企业，政府的资金优惠政策、产业扶持政策和银行低息贷款政策都无法享受，极大地增加了财务成本和资金筹措难度，挤占了建设资金，造成了高速公路运营成本高、债务负担重的现状。而高速公路的收费额远远不能补偿其贷款额，融资成本大大增加。

（3）融资风险攀升。目前，我国关于金融投融资的法律体系还在不断形成和完善的过程中，特别是涉及民间资本的相关法律和政策的稳定性、连续性均不好，有些甚至前后矛盾。另外，高速公路管理体制多种多样，不同省份不同，不同高速公路不同，甚至同一条道路管理体制也存在不同。这必然导致经营管理过程经常遭遇政策、法律障碍，从而直接影响高速公路的经营效果。高速公路融资大多以通行费收费权和收入作担保，而高速公路的公益性导致高速公路运营公司通行费价格的定价权受到相当的制约，目前通行费的初次定价或事后调价都要由政府相关部门决定，有些还需要进行价格听证，所以融资的履约质量下降。此外，在高速公路建设过程中，还存在涉及工程完工、经营维护和环境等方面的风险。

（4）区域差异明显，西部地区融资困难更多。一般而言，高速公路建设过程中的投资成本大多数采取分担制，即中央政府、省政府及地方财政各自负担一定比例。东部地区和发达省份地方财政配套资金相对容易筹集，而西部地区则困难得多。原因有两点：一是西部地区土地辽阔，大部分地区被沙漠、山丘、高原、戈壁所覆盖，地质状况和自然条件较差。高速公路建设的难度较大，其建设基本费用本身就高于平原地区。二是由于地区经济发展落后，地方政府财力有限，基础薄弱、起步晚等原因，致使西部地区高速公路建设成本高、交通量小、投资大、公益性项目较多、收费经营项目比例较小，投资收益低。

第二节　高速公路行业监管概述

一、监管与政府监管的特性

监管就是监督管理，是政府部门或行业协会为了保障市场秩序而进行的必要的干预行为。它是解决市场失灵，保障公共服务的一种制度安排。

（1）监管是政府处理市场失灵问题的一种重要方式。市场失灵（特别是在某些行业中的网络效应所导致的自然垄断）要求监管干预以克服其负面影响。在某种意义上，监管实现着替代功能。在非竞争性的过程中，监管是竞争的替代物。如在英国的公用设施行业，最出名的手段就是价格监管。对价格进行控制并不是为了指定一个"市场价格"，而是创造一种诱发高效和创新行为的激励机制。

（2）监管是政府保障公共服务目标实现的基本手段。例如，政府提出环境标准、提供安全和货币价值。尽管在可能的情况下要尽量采取市场导向的干预手段，但核心在于这样一种信念：某些公共服务目标并不能通过市场机制实现，因此，干预是必需的。

（3）监管是在不存在市场最优解的前提下，由政府替代市场的一种次优制度安排。这种监管保证了产业发展和服务供给，是现代经济发展的一种必要手段。如典型的监管体系有美国的独立监管机构,它本质上是一种行政代理机构,由国会授权,运行上独立于政府行政部门。监管规则、监管程序和组织架构一般都需要专门的立法,其运行需要有专门的机构,有一批专业人才,有公正透明的程序。同时,要建立一定的制约机制,保证监管机构不会被利益集团所收买而成为被监管者的俘虏。

(4)监管具有不断转化的特性,是一个有时限的过程。监管有主动监管和被动监管两种形式。主动监管要超越替代功能以推动未来自我运行的竞争性市场的产生,当竞争发育充分时监管就可以被解除了。被动监管即自我监管,是一种行业企业自律的表现。

政府监管即政府规制或管制,是市场经济条件下政府为实现某些公共政策目标,对微观经济主体进行的规范与制约。它主要通过对特定产业和微观经济活动主体的进入、退出、资质、价格及涉及国民健康、生命安全、可持续发展等行为进行监督、管理来实现。根据安德森的政府干预理论,政府的基本职能主要有七项。一是提供经济运行的基础,即政府为社会正常运行提供必要的政策、制度和规则支持,如高速公路产权确认和保护、合同执行等;二是提供各种公共商品和服务,如道路桥梁等基础设施、交通管理等;三是协调解决团体冲突,如高速公路经营者与使用者之间的利益冲突;四是维护竞争,如高速公路收费价格仲裁、反经营垄断、道路消费者权益保护等;五是保护自然资源,如高速公路红线范围内的权益保护(对涉路障碍物的处置、车辆限载);六是提供社会保障,即高速公路作为公益性产品,必须履行其公益性质;七是保持经济稳定,即制定和实施宏观调控政策。简而言之,政府职能就是经济调节、市场监管、社会管理和公共服务。

二、高速公路经营管理与高速公路行业监管

高速公路经营管理是指高速公路通车后,相关部门或者企业对高速公路的收费、养护、交通、安全、服务等系统进行计划、组织、指挥、控制和协调,使其为高速公路的使用者提供快速、高效、安全畅通的道路及高质量的服务,同时使高速公路企业获得最大经济效益。高速公路经营管理体制不同,其经营管理的形式和内容也不同。高速公路经营管理活动必须依附一定的物质基础(如高速公路管理所涉及的必要的设施设备等物质条件),同时还必须依附一系列管理规则。因此,高速公路经营管理是一个极其复杂的系统工程,它的形成取决于高速公路经营管理的目的、管理活动的内容和应达到的标准或要求。

高速公路行业监管是指高速公路政府行政主管机关(如交通运输厅或高速公路管理局)依据法律授权,按照法律程序采取制定行政法规、规章制度、市场准入规则、监控稽查、实施处罚、价格听证裁决等手段,对高速公路市场行为进行宏观调控和微观干预的行为。它包括高速公路建设前期的项目可行性论证监管、建设过程中的项目设计施工招投标监理等运作监管、建设完成后的运营监管等。

高速公路项目可行性论证监管通常是指对项目论证过程的监管,是保障高速公路项目投资决策的科学性与合理性的前提。项目运作监管包括对高速公路建设过程中的权利运行监管和对高速公路建设市场及其行为的监管,确保"工程造价合理、资金运作规范、工程质量可靠"。项目监管的范围主要包括项目招投标过程、项目投资情况、承包人资格资质、资金使用情况,施工过程中的工程质量进度安全环保等。而运营监管则是对高速公路运营过程中涉及的路政与运政、养护改造、经营收费、服务区与环境、道路信息等进行监管,主要是针对反垄断、

服务水平、服务产品及其价格等方面的监管。

本书讨论的重点是高速公路运营监管,主要涉及高速公路经营服务、养护保障、路政与运政执法、信息管理等内容。

第三节　我国高速公路的行业监管现状及问题

一、我国高速公路行业管理概况分析

经过二十多年的发展,我国高速公路运营管理体制也随着社会主义市场经济体制、行政管理体制、国有资产管理体制等方面的改革而不断变化,从各省来看,目前已基本形成事业型、隶属省交通主管部门企业型、隶属省国资委企业型三种模式。同时,目前我国高速公路运营管理体制还难以满足社会主义市场经济体制的本质要求。

1. 事业型

高速公路事业型运营管理体制主要指在国务院交通主管部门及各省级交通行业主管部门统一规划指导下,各省级交通主管部门直属相关事业单位既具体负责各行政区域内高速公路的投融资、建设、收费、养护、路政等方面的行业监管工作,又承担具体运营工作,同时各省级交通主管部门代表政府履行出资人职责。目前属于事业型管理体制的主要有新疆、宁夏、青海、黑龙江、辽宁、河北、山西、湖南以及吉林等省、自治区。其管理主要呈现以下特点及问题:

一是公路管理范围和管理体制不同。这些省、自治区大都成立省厅直属的高速公路建设局或者建设办、高速公路管理局以及公路局即一省两(三)局事业制。高速公路建设职能由建设局或建设办负责实施,而行业监管职能归口交通运输厅直属的高速公路管理局(以下简称高管局)或公路局管理。宁夏和新疆两个自治区因高速公路里程较少,由厅直属公路建设局负责高速公路及普通公路的规划、建设市场管理行业管理工作;由厅直属公路管理局负责全区高速公路收费、养护、路政、通信、监控等行业监管工作,也包括普通公路的行业监管工作。青海、黑龙江、吉林、辽宁、河北、山西及湖南省将高速公路的融资、建设、收费、养护、路政、通信、监控等行业监管工作归口厅直属高等级公路建设局和高速公路管理局,普通公路则由公路局负责相关工作。

二是高速公路建管职能不同。有的实行建管一体化,如青海、河北及湖南三省将建设及运营管理行业监管职能统一归口厅直属高建局或高管局。有的则实行建管分离,即在高速公路建设初期,通过成立具体的高速公路项目指挥部或建设局的形式负责高速公路的行业建设管理,从初步设计审查、施工图审批、工程招标一直到项目的施工过程监管等。高速公路建成后交由交通运运输厅下属的高速公路管理局承担收费、养护、路政、通信、监控、服务区等行业监管工作。还的省份厅直属高速公路管理局不仅承担高速公路的收费、养护、路政、通信、监控等行业监管工作,还具体从事收费、养护、服务设施经营等具体运营工作。虽然交通运输部《收费公路管理条例(修正案)》中明确"省、自治区、直辖市人民政府交通运输主管部门对本行政区域内的政府还贷公路,可以实行统一管理、统一贷款、统一还款,并依照前款规定成立法人组织具体实施",即要求各省、自治区、直辖市高速公路事业型管理体制在组织机构形式上符合上述规定,但从政府行政管理角度来看,各省(市、区)交通运输厅直属公路管理局或高管局,

作为事业单位，不仅承担了高速公路的行业监管职责，也负责本应由企业承担的高速公路收费、养护、服务设施经营等具体运营部分，政府做了本应企业该做的事情，可以说其既是"裁判员"又是"运动员"，属于典型的政企不分，权责模糊，不符合我国深化行政管理体制改革中转变政府职能的有关要求。

2. 隶属省交通主管部门企业型

高速公路隶属省交通主管部门企业型运营管理体制主要指在各省交通行业主管部门统一规划指导下，由其直属相关事业单位负责行政区域内高速公路的行业监管工作，同时省级交通主管部门作为出资人成立省域范围的高速公路企业并履行国有资产监管职责。高速公路企业承担高速公路具体融资、建设、收费、养护、服务区管理等日常运营管理工作，有些省高速公路企业还兼有高速公路行业监管的职能，并没有完全做到政企分开。目前企业隶属于交通主管部门的主要有江西、内蒙古、陕西、甘肃、贵州和云南等省、自治区。其管理主要呈现以下特点及问题：

一是投资主体和经营范围不同，如江西省高速公路投资集团有限责任公司为具有投资性质的国有资产经营和投资主体，省交通运输厅作为省高速集团出资人代表，依法行使出资人的权利和履行义务，集高速公路投、融资，建设，经营，管理于一体，对全省交通运输厅投资的经营性和收费还贷高速公路实行统一运营管理，经营性高速公路和收费还贷高速公路基本各占一半，还涉及地产、酒店等领域，此举不符合有关收费还贷公路不以营利为目的的基本宗旨。

二是管理职能不同，有的公司不仅承担高速公路的运营管理，同时还承担公路的投、融资，建设，管理和公路沿线相关产业的经营开发任务，属于典型的政企一家。

3. 隶属省国资委企业型

高速公路隶属省国资委企业型运营管理体制主要指在交通行业主管部门统一规划指导下，各省级交通行业主管部门及直属相关事业单位（如高管局等）负责各区域内高速公路的行业监管工作，而公路局负责对普通公路的行业监管。由省国资委作为出资人成立省域范围的高速公路企业，并履行国有资产监管职责。高速公路企业承担高速公路具体融资、建设、收费、养护等日常运营工作，这类企业管理的基本为收费经营性高速公路。目前采用这种类型的省份（自治区、直辖市）主要是北京、天津、上海、江苏、浙江、福建、广东、山东、河南、安徽、湖北、重庆、四川、广西等。其管理特征主要表现为：

一是管理目标不同。高速公路集团公司由省（自治区、直辖市）国资委履行出资人职责，并受省（自治区、直辖市）国资委监管，以国有资产保值、增值为目标。高速公路集团公司作为真正的企业法人，其投资决策依据是项目投资收益率，而政府交通主管部门作为社会公共利益的代表，其决策必须以满足广大人民群众根本利益、提供普遍公共服务为基础。

二是管理职能不同。因为涉路各方的管理目标不一样，其管理职能也不一样。省、自治区国资委实现的是宏观管理职能，具体的高速公路运营管理则由相关公司根据其经营状况具体实施，而高管局等行业主管部门则是实行行业监管职能。由此产生的以投资收益驱动为主的企业经营管理与以实现公益供给为目标的政府交通主管部门的监管矛盾比较突出，导致了行业监管难度较大。

此外，海南省高速公路实行不收费政策。高速公路养护经费由海南省交通运输厅在燃油附加费（车辆通行附加费）中列支，本质上也是由用路人按照使用频度缴纳使用费。海南省交通投资控股有限公司由海南省交通运输厅行使管理权,主要职能为负责海南省高等级公路及其他交通重点项目的投、融资。

二、高速公路建设管理体制、行业管理体制及运营管理体制分析

1. 建设管理体制

一是建管一体型模式。建管一体型模式是指高速公路从规划、设计、筹资、建设到营运、养护、管理等由一个管理机构负责,如交通运输厅或者交通建设局。建管一体型模式的特点是有利于精简管理机构,降低工程造价及经营成本,提高工程质量和运营效益,有利于促进建设和运营管理有机衔接等。但其弊端主要是建设、运营两个阶段的专业化管理要求都比较高,同一个机构同时具备建设和运营管理的专门技能,必将对该机构人员的专业素质提出极高的要求,一般机构要满足如此要求难度可想而知。北京市首都公路发展集团有限公司曾采用这种体制。

二是建管分离型模式。建管分离型模式是指高速公路规划、设计、筹资、建设管理均由专门机构负责管理,如高速公路建设局。建成后由另外的专门机构负责养护、运营和管理,如高速公路运营公司。目前绝大部分的高速公路均属于这种管理模式。这一模式有利于投资建设和营运管理这两种性质完全不同的工作各自实行专业化管理,有利于对高速公路的资产经营权与国家所有权实行分离;也有利于政企分开,实现市场机制对收费还贷的激励作用。其缺点是不利于高速公路投资建设与营运管理的衔接。为了解决衔接问题,部分高速公路采用建设结束后组建运营公司时,成建制转轨或将部分建设管理人员转成运营管理人员。

2. 行业管理体制

一是行业归口型模式。行业归口型模式是指一个省只有一个公路行业管理职能机构,即由省级交通主管部门及其派出的公路管理机构和省公路管理局负责管理。因此,省公路管理局既是普通公路的行业管理机构,又是高速公路的行业管理机构。这一模式的特点是有利于较好地理顺公路系统内高速公路与普通公路之间的管理关系;有利于执法管理。但弊端是需要协调行业管理和运营管理的关系,否则会影响高速公路的效益。

二是行业独立型模式。行业独立型模式是指在设置省级公路管理机构的同时,另行设置"高速公路管理局"或"高等级公路管理局",形成"一省两局"结构。高速公路和一般公路的行业管理分别归口于两个局。这一模式的特点是有利于高速公路的特殊运营管理,但不利于处理好公路系统内高速公路与普通公路之间的管理关系;也不利于统一执法管理。目前处理这一矛盾的较好办法是具体划分各自管理区域,高速公路由高管局管理,而普通公路则由公路局进行管理。当然管理辖区比较难处理的地方主要集中在高速公路连接线部位。实行这一模式的有辽宁、山西、江西、贵州、广西、宁夏、青海、新疆、江苏等省、自治区。

3. 运营管理体制

一是事业型管理模式。目前不少省份的收费还贷型的高速公路管理属于这种模式,其核算方式采用自收自支的形式,实行收支两条线;通行费收入全额上交主管部门;养护管理费根据年度计划由主管部门审批划拨。这种管理体制能够对高速公路的营收进行统筹,但是由于属于事业性质,竞争经营动力不足,难以发挥高速公路应有的效益。

二是企业型管理模式。目前大部分省份都采用该模式。企业型管理模式一般采取高速公路集团公司进行经营管理的形式。按照隶属关系的不同,企业型管理模式又可以细分为两类。

第一类是隶属于省级人民政府的企业型。这种模式下,高速公路经营管理集团公司归省级国有资产管理委员会统一管理,直属于省级政府领导,基本上与省级交通厅处于同一行政等级序列,如江苏省交通控股集团。经营性集团公司主要负责省(自治区、直辖市)高速公路的国有资产管理、市场投融资、高速公路基本建设、收费经营等。省级交通主管部门负责行业管理和路政运政执法。目前采取这一模式的主要有陕西、山东、北京、河南、安徽、江苏、福建、广东等省(市)。

第二类是隶属于交通运输厅的企业型管理模式。这种模式一般是省级政府将省(自治区、直辖市)域范围内的高速公路管理机构进行整合,由省级交通厅以独资方式或控股方式成立高速公路经营集团公司,履行高速公路经营管理职能,实施产权管理和营运管理,并依据出资额度享有资产收益分配、重大决策和选择经营管理者的权利。高速公路经营集团公司授权建设、经营、管理高速公路资产。目前,采用这一模式的有湖北、湖南、甘肃、四川、重庆等省(市)。

三、高速公路监管现状与主要问题

通过对高速公路建设管理体制、行业管理体制、运营管理体制以及行业监管的政策技术环境分析,可见当前高速公路管理存在的主要问题有如下方面。

一是机构设置不够合理,交通政令难以畅通。确保交通政令畅通是高速公路管理健康高效运转的前提与基础。但是,在个别高速公路上市公司、独资和合资的经营企业以及一些高速公路集团公司中却存在接受交通行业管理的意识淡漠,对行业法规和技术标准执行不够积极和主动,甚至损害交通可持续发展的情况。特别是有些高速公路管理公司本身就是由原建设单位转制而成,他们承担了许多应该由政府相关部门承担的职责。有些路政与运政管理职能也先是由经营公司自行承担,然后再转至相关职能部门。因此,经营公司接受行业监管的意识极其淡薄也就不足为奇了。

二是职能配置不够健全,公众出行利益受损。高速公路经营领域属于"市场失灵"范畴。在经济本质上,高速公路产业是一个不完全竞争市场,具有较为明显的公益性和自然垄断性。在这种自然垄断的市场结构下,由于同一方向路段供给的稀缺性,以及"捆绑收费"现象的存在,高速公路经营者可能凭借垄断经营的强势地位损害消费者的利益,甚至置公共利益于不顾,片面追求自身经济利益的最大化。在高速公路养护过程中,这一现象最为突出。有的公司将企业短期经济利益凌驾于国家长远利益之上,未能根据实际路况提供足够的养护及大、中修资金,导致路况水平下降;有的公司自设养护队伍,养护资金基本依靠计划下拨,缺乏有效的市场竞争。

三是管理职责界限不明。目前对于大多数国有独资或控股的高速公路公司来说,存在政府股权管理与政府行政管理、政府行政管理与企业自身管理相互混淆的问题。政府通过特许协议来规定收费期限、收费费率区间、服务质量水平、养护维修技术水平等行政管理职能尚没有充分体现,造成政府交通主管部门主要负责路政与运政执法的不当现象。高速公路管理体制是在公路交通领域实现政府管理职能的重要组织形式,其中的行政管理职能是政府管理社会公共事务的权力与责任在交通公路部门的具体表现,在该领域政府不应无所作为。但是,事实上政府监管的"缺位"很大程度上导致了高速公路内在的社会公益性属性特征为经营型特征所掩盖,使得公路提供社会效益的功能未能得到有效体现。

四是运行机制不够完善,行业监管手段匮乏。传统的高速公路管理主要是通过行政命令进行运转。而在当前完善社会主义市场经济体制的条件下,对高速公路实施有效管理需要采取多种方式,实现技术、经济、行政、法律等多种运行机制的协同配合。在这些机制中,其他几种只有获得相应的法律保证才能有效实施。因此,完善法律机制,实现高速公路管理法制化是提高高速公路管理水平的根本保障。为实现公路的法制化管理,国家以及各省已先后颁布实施了《中华人民共和国公路法》(以下简称《公路法》)《中华人民共和国公路管理条例》(以下简称《公路管理条例》)《路政管理规定》《江苏省高速公路管理条例》《江苏省收费公路管理条例》等多部法律、法规与部门规章,使得公路管理初步走上了规范化、法制化轨道,对保障公路技术状态的完好与畅通发挥了积极作用。但是,与发达国家相比,我国公路立法建设还有较大差距,尤其在高速公路管理立法方面这一问题更为突出。虽然1997年出台的《公路法》对公路建设和收费公路作了原则性规定,但并未对高速公路管理内容、管理手段、执法主体等基本要件提供具体规范。现今国内还没有一套全国统一适用的高速公路的单行法,实施管理的依据仅仅是参照普通公路的法律条款,其通用性与完备性远远不够。有些省份虽然制定了相关高速公路管理条例,例如高速公路免费放行路段,但缺乏具体的操作程序,实施过程中难度较大。因此,制订较为完备的法律来规范与调整高速公路管理行为,使政府对高速公路的行业管理职能能够有效实现,各项工作的开展能够有章可循已刻不容缓。

五是高速公路行业监管职能交叉严重。首先是与公安交管部门存在职能交叉。路政管理部门和公安交管部门同时作为公路行政管理的主体,其职责是不同的。路政管理部门的管理目标是为保护公路完好畅通,保障公路具有良好的行车环境,因此,其职责主要为维护路产、路权、保障公路完好畅通。而公安交管部门的主要职责主要是从公路的服务对象,即人和车安全的角度出发,负责公路交通安全管理,比如不按标志标线行驶、超速等驾驶员的违法行为。两个部门都是为了加强公路保护,保障公路完好、安全和畅通,因此,在保障公路安全畅通、治理超限超载运输和应急保障方面存在职能交叉。例如在维护交通事故现场秩序和高速公路养护施工作业发生安全责任事故时,互相推诿,逃避责任。这种有利于本部门利益的工作,都抢着管,棘手难处理的工作相互推诿扯皮,造成在公路行政管理活动中执法的混乱,严重影响公路管理工作效率的发挥,不仅损害了公路经营者与利用者的合法权益,也损害了政府的形象。因此,需要进一步明确部门管理职能,理顺部门关系。其次是与公路养护部门存在职能交叉。公路养护部门的主要任务是使公路处于良好的技术状态,在公路运营期间对公路、公路用地和公路附属设施开展维修、保养、绿化、水土保持和管理等各项业务工作,从而保障公路的安全畅通。在实际工作中,在"管养分离"的管理模式下,路政管理部门和养护部门在保护路产路权、保障公路安全畅通、公路赔(补)偿、公路生态保护等方面存在职能交叉的情况,主要表现在公路巡查不能满足公路点多、线长、面广的要求;在公路修复和验收时,因修复工作不到位而造成事故时,由于职责不清,为避免责任部门之间互相推诿;在公路施工安全管理方面,在出现安全事故或者损坏路产、污染公路时,常出现部门扯皮现象。

第二章 高速公路行业监管理论分析

高速公路行业涉及的面十分广泛,不仅有规划立项、投融资、设计、施工、监理、监督检测,还涉及运营过程中的收费、养护、服务、信息资讯等各方面,每一方面都是一项相当复杂的技术活,其相关的监管工作必然是一项系统而复杂的工程,需要使用不同的监管理论进行分析。有些项目可能需要强制性监管,如高速公路安全管理、高速公路路政与运政管理等;有些项目则需要从公共治理的角度进行监管,比如高速公路收费权益和收费期限等;而有些项目则必须从市场化视角进行监管才有效,比如高速公路养护等。因此,理清监管理论内涵,对构建高速公路的监管体制和运行机制,充分发挥和保障高速公路效能具有十分重要的意义。

第一节 基于公共治理视角的高速公路监管模式

一、公共治理理论分析

"治理"是指在一个既定的范围内运用权威维持秩序,满足公众的需要。治理的目的是在各种不同的制度关系中运用权力去引导、控制和规范公民的各种活动,以最大限度地增进公共利益。公共治理则是由开放的公共管理与广泛的公众参与二者整合而成的公域之治模式,具有治理主体多元化、治理依据多样化、治理方式多样化等典型特征。它与传统行政管理模式中采用单一等级制下依靠"看不见的手"来进行操纵的市场机制明显不同。

随着经济社会的快速发展,政府公共管理的范围和规模不断扩大,社会、经济与公共管理之间的矛盾日益显现,人们对政府全面履行公共管理责任的能力抱有的期望值不断发生变化。同时,随着信息技术的普及和社会组织力量的迅速成长,在"社会经济"领域中涌现出大量在公共管理领域表现杰出和勇于承担义务的非政府组织和个人,这些组织和个人具有满足多方面需要、解决社会问题而无须政府干预的优势,这导致公民的"自我意识"逐渐觉醒。人们对传统公共管理的垄断和强制性以及自上而下、等级分明的社会秩序提出质疑。因此,以"公共治理"为代表的新管理理论应运而生。该理论摒弃了传统政府包办一切的行政管理模式,提出了多元的、自组织的、合作的和去意识形态的公共治理模式,强调政府、企业、团体和个人的共同作用,重视网络社会各种组织之间的平等对话的系统合作关系。

对于公共治理,就治理主体而言,该模式主张不仅包括国家(中央政府、地方政府),还包括其他公权力主体如行业协会、自治团体等,各种治理主体在公域之治中应各展其长、各得其所。就治理依据而言,该模式主张不仅包括国家立法,还包括社会共同体形成的规则甚至不同主体之间的协议等;在治理方式上,该模式主张依照公域之治的实际需要,在进行综合性成本-收益分析的基础上,能使用非强制方式的就不用强制方式,能用双方协商解决的方式就不用单方强制的方式,能用自治的方式就不用他治方式,遵照先市场后社会、再政府的选择标准,实现治理方式的多元化、民主化和市场化;该模式主张在宪政框架下,所有公共治理主体都应当权责一致,确保没有权力不受监督,没有权利不受救济,所有公共治理主体都要依法承担违法责任。

当然,由于参与公共活动的各个组织,无论其为公营还是私营,都不拥有充足的能力和资源来独自解决一切问题所需的充足知识和充足资源,他们必须相互依赖,进行谈判和交易,在实现共同目标的过程中实现各自的目的。也正是因为存在权力依赖关系,治理过程便成为一个互动的过程,于是政府与其他社会组织在这种过程中便建立了各种各样的合作伙伴关系。如主导者与职能单位之间的关系,即主导者雇佣职能单位或以发包方式使之承担某一项目;组织之间的谈判协商关系,即多个平等的组织通过谈判对话,利用各自的资源在某一项目上进行合作,以达各自的目的;系统的协作关系,即各个组织之间相互了解,结合为一,树立共同的目标,通力合作,从而建立一种自我管理的网络。

另外特别需要关注的是政府在公共治理中的"元治理"角色。所谓元治理就是作为"治理的治理",旨在对市场、国家、公民、社会等治理形式、力量或机制进行一种宏观安排,重新组合治理机制。它其实是强调政府在社会公共管理中的重要功能。在社会公共治理中,政府虽不具有最高的绝对权威,但它却承担着建立指导社会组织行为大方向的行为准则的重任。也就是说,政府应该是社会治理规则的主导者和制定者,要充分利用社会透明信息,使政府和其他社会力量在充分的信息交换中了解彼此的利益、立场,通过与其他社会力量合作,通过对话、协作,共同实现社会的良好治理。当然,政府还必须要做社会利益博弈的"平衡器",避免社会各阶层因利益冲突而损害治理协作。

二、建立基于公共治理视角的高速公路监管模式

1. 高速公路公共治理体系的治理主体组成

(1) 政府机构

公共治理模式中的政府应是一个小而强的政府。因此,在公共治理体系中的高速公路政府机构应该坚持独立化、集中化、法制化的原则。在治理过程中,要依照有关法律法规的授权行使相应职责,同时要做到法律制定机构与具体管制机构独立,管制机构与经营企业独立,应加强宏观调控、减少微观干预。例如现行许多省份的一厅两局建制,就可以由省厅会同法治部门进行高速公路管理立法,而高管局则依据法律法规和政府授权进行有效而独立的监管。

政府在高速公路公共治理模式中的职能主要体现在以下几个方面:

第一,加大投入与支持。

第二,完善政策与法规。

第三,统筹高速公路的规划。

第四,高速公路的监管。

(2) 高速公路行业协会

在我国,行业协会属于社会团体的范畴,它具有法人地位,以服务为中心,以非营利为目的,在政府与企业沟通中起承上启下的桥梁和纽带作用。对于高速公路,可成立公路建设行业协会、养护行业协会、施工行业协会、运营行业协会等高速公路行业协会。

高速公路行业协会在高速公路公共治理模式中的职能主要体现在以下几个方面:

第一,做好制定规划策略、政策法规的参谋工作。

第二,制定本行业行规行约,建立行业自律机制,维护会员单位及行业整体利益。
第三,加强协会内部成员及各协会之间的交流。
第四,为政府提供其他辅助性工作。

(3)道路使用者协会

道路使用者协会本质上属于消费者组织,是消费者为维护自身合法权益而自发结合起来的组织,具有民间性、非营利性等特征。

道路使用者协会在高速公路公共治理模式中的职能主要体现在两个方面:

第一,对高速公路通行和服务进行社会监督,协助政府部门解决高速公路上乱收费、服务质量差、行车安全性等问题。

第二,保护使用者的合法权益。道路使用者协会能够将零散的使用者合法地聚集在一起,扩大所提出意见和建议的影响范围和力度,从而使相关问题得到有效解决,保证道路使用者的切身利益。

(4)规范的新闻媒体

媒体作为连接政府与其他社会公众的中介、纽带和桥梁,主要发挥社会预警、舆论引导、民心安抚、管理协调等功能。

新闻媒体在高速公路公共治理模式中的职能主要体现在两个方面:一方面,政府的政策需要通过媒体宣传,让公众知晓,得到社会公众的认可、理解和支持。另一方面,公众的意见和建议也可以通过媒体反馈给政府或对政府施加影响,促进政府改进管理,从而建立一个信息公开与权力透明的政府。

2.高速公路公共治理体系的构建思路

(1)明确政府在高速公路公共治理中的主导作用

政府部门在对高速公路监管、引导方面应发挥主导作用。虽然政府主导模式不利于"有限政府"的建设和政府职能的转变,但政府在高速公路公共治理中,尤其在监管方面需要且必须占有主导性的地位,这是因为:

第一,现实中的客观原因。相对于非政府组织,政府拥有丰富的高速公路管理经验与资料。同时,高速公路的建设和运营不仅是一项复杂的系统工程,更是一项具有公益性质的民生工程,需要政府制订科学的发展规划和政策措施并保障实施。

第二,政府的强制作用。在诸多社会组织中,政府是最具有公共权威的社会组织,具有管理公共事务的法定职能,从而政府能够有效运用行政、经济、法律等手段协调高速公路治理的各种力量。

第三,其他治理主体的公共性不足。第三方参加公共事务治理的本质,是为它所代表的团体和组织获取最大限度的利益和资源。高速公路行业协会仅考虑协会内部成员企业的利益,而道路使用者协会仅考虑道路使用者的利益,两者在公共方面考虑的全面性都会有所缺失。政府能代表最广泛的公共权益,与非政府部门相比能获取更多的资源和更强的能力。

第四,目前第三方正处在起步状态。目前,我国管理和调控的非政府团体和组织建设还较为薄弱,其发展还处于无序状态,无论在规模还是结构上,特别是在其功能上都远远不能满足要求。

总之,在以政府为领导者的多中心治理结构中,政府要由"划桨者"转为"掌舵者",应将大部分精力放在高速公路的宏观调控、法规策略的制定、经济政策支持等宏观管理方面,而对于高速公路建设、运营、养护过程中能够引入市场机制,且引入市场机制更加有效的项目,应进一步发挥市场功能。在整个治理过程中,参与治理的所有主体之间的权力比重和彼此的联系需要政府进行整理和分配,从而使政府、市场和第三方三大主体间权力的比重和公共责任得到清晰的界定,保证高速公路公共治理顺利开展。

(2)发挥市场在高速公路公共治理中的支持作用

市场组织参与高速公路公共治理的核心在于"竞争",即在明确政府作用与职能的前提下,充分利用市场的配置资源,把私营部门的管理手段和市场激励机制引入其中,实现高速公路产业的资源高效、合理配置,促进政府由经营者向宏观管理者的转变。现阶段,我国高速公路领域的市场是政府主导下的有限市场,仍处于高度的行政垄断。政府承揽了本该属于市场的经营业务与大部分建设、养护业务,阻碍了市场配置收费公路资源优越性的发挥。

(3)加强第三部门在高速公路公共治理中的配合作用

政府与市场一直是现代社会经济资源配置的两大机制,两者彼此联系、支持和互补。然而,政府与市场都有其缺陷,比如政府处理较繁杂多变的问题时不可避免地会出现失灵,而市场机制的市场性质又使得企业无法在处理社会公共事务上投入太多精力。因此,将第三部门作为管理主体,可以很好地解决"效率"与"公平"这一两难问题。首先,第三部门由于在各自领域具有较专业的特点,可以使公共事务管理进一步专业化和规范化,提高事务处理效率;其次,在有关规章制定方面,第三部门的存在可以减少部分信息不对称,提高法律规范的准确化、公平化;同时,第三部门的参与突出了公众对公共治理的参与精神,公众可以通过第三部门参与高速公路的治理,使得单个公民个体和整个公众整体的主体地位在公共生活中得到体现,体现了公平性。

以高速公路行业协会、道路使用者协会、新闻媒体为主的非政府组织在高速公路管理中主要起配合作用。配合政府制定相关法律法规,积极参与有关高速公路事务的决策讨论,并给出合理有效的经济决策和法规方面的意见;配合政府在相关内容的监管,例如在服务质量、收费标准、市场进入、退出等方面监管;配合政府充分发挥自身管理、服务职能,包括在高速公路行业内部的管理、道路使用者权力的争取、公众知情权的维护等方面充分发挥自身作用。

3. 构建高速公路公共治理体系的保障措施

(1)建立相关运行机制

政府、市场和社会组织在高速公路治理过程中,必然会存在冲突与合作、竞争与互补。因此,一套完整规范的运行机制,对指导各治理主体行为、保证治理成功有着非常重要的意义。

一是建立动态分权机制。由于公共治理是多元化的治理,多元化直接导致了政府部门和非政府部门之间存在权利与责任之间的交叉性和模糊性,各主体承担的责任是不明确的。由于高速公路在不断发展,其管理主体的监管重点也是在不断变化,所以应建立一个动态的、权利分离、各司其职、各负其责的分权式治理模式。

二是建立完善的监督机制。对高速公路进行治理的成员越多,搭便车的机会便越多。由于各治理主体都代表相应的利益,不能排除监管主体为了自身利益而做出不作为行为。为了保证监管效率,应建立完善的内部监督机制与外部监督机制。首先,监管主体内部之间建立交互监督机制,定期或不定期地对其他治理主体的相关规章、活动内容、有无越位缺位行为进行监督,并通过专门的渠道对监督结果进行公示。同时,需要成立一个能够保持中立同时自身是独立的监督机构,完善外部监督机制。

三是建立完善的问责机制。权力和责任相生相伴,行使权力就必须承担相应的责任。如果在治理过程中不能明确责任主体,则原本应由政府承担的公共责任将无人承担。所以应建立一套普遍、公开、细致的问责事由标准,在发生无法达成共识的情况下,问责主体应主动履行自己的职责。

四是完善信息公开机制。信息公开机制贯穿监管始末,信息公开将直接影响各治理主体参与公共协商的广度和深度,这首先要求各治理主体之间的信息是公开的,同时也要求对各治理主体的内部建设、工作内容、工作进展情况公开,并确保披露信息真实、准确、完整、及时。

(2)明确相关法律法规

为保障高速公路公共治理顺利、有效开展,必须明确、完善配套的法律法规,确保高速公路治理法制化。

(3)促进政府思想转变

高速公路公共治理的核心是政府将原本属于市场的职能还给市场,并引入第三部门对高速公路进行治理。这种改革无论对高速公路政府部门公务员个人还是整个政府部门的利益都会产生一定的影响。所以,这时公路管理者必须从思想上树立为社会公众提供优质服务的理念,以"为方便公众出行、为公众谋福利"为己任,才能改善其服务态度,提高其服务质量,才能实现高速公路政府部门的真正改革。另一方面政府也应树立为市场服务、为第三部门服务的理念,虽然政府是高速公路最主要的治理主体,但它同其他主体是平等的、独立的,不存在依附关系,为确保市场、第三部门的健康发展,政府理应从政策制定、发展引导等方面予以帮助。

(4)引导高速公路第三部门健康发展

多中心治理要求治理主体具备一定的治理能力和素养,这需要很长一段时间的培养和积累。由于受许多客观因素的影响和制约,第三部门的发展还存在诸多问题。

一是法律法规不健全,法制建设落后。随着第三部门的急剧增加,这些法规条款内容过于陈旧和抽象,缺少可操作性,很难适应新形式的要求,致使第三部门的管理陷入混乱。

二是第三部门行政化倾向严重。非政府组织应保持自身的自治性与相对独立性,而我国第三部门普遍带有官办色彩,过分依赖于政府的管理和支持。为此,必须正确引导高速公路第三部门的发展,首先要坚持"民办",避免使其成为一个政府管理职能的代理者或"准政府组织"。

第二节 基于公共服务市场化视角的高速公路监管模式

公共服务民营化背景下的政府监管与传统的政府管制有着本质区别,政府要改变传统的既当裁判员又当运动员角色的管制方式,通过改变政府职能、政企分离、政监分立、完善政府监管主体和依据等,构建适合公共服务民营化的新型政府监管体系。

一、公共服务民营化管理模式特性分析

所谓的公共服务民营化,是指政府通过合同外包、委托代理、特许经营等手段,将公共服务

的生产过程从政府部门转移到非政府部门组织,包括企业和非营利组织等。在公共服务民营化变革中,政府部门负责公共政策的制定,确定公共服务的数量和质量标准,但具体由谁来提供公共服务则由交由市场来决定,通过多种方式调动私营部门、非营利部门等组织的参与,在竞争机制中完成公共服务的供给。公共服务民营化的目的是为了解决政府垄断下的公共服务供给低效率、供给能力不足等问题,通过引入市场机制充分调动一切可利用的资源来提高政府提供公共服务的能力。

公共服务民营化背景下的政府监管与传统的政府管制有着本质的区别,主要表现出以下特性。

(1) 从监管手段来看,由传统单纯的命令控制型监管逐渐向经济激励型监管发展

命令控制型监管是以行政命令理念为基础,监管机构设定一个或者多个严格的标准,再通过许可或者同意的形式强加于被监管者身上,具有不可变通性,比较适合消费者保护、工作场所安全以及环境保护等社会性监管领域。

经济激励性监管是通过经济激励而不是法律强制,激励企业采取监管机构所希望的有利于政府监管目标实现的行为的监管方式。这种激励可以是消极的,如企业实施了在法律上不限制但不欢迎的行为,就必须付费;也可以是积极的,如企业实施了监管机构期待的某种行为就可以获得经济补偿。经济激励性监管的主要目的是为了解决外部性问题。

(2) 从监管范围来看,政府监管逐渐由宏观领域向微观领域转变

宏观调控与微观监管是市场经济体制下政府的两种主要经济职能。宏观调控是间接的、经济总量上的调控,它借助财政、货币政策等直接作用于市场,通过市场参数的变化,间接影响企业行为;而政府监管则应该是直接的、个量上的,它借助有关法律和规章直接作用于企业,规范、约束和限制企业的行为。

宏观调控与微观监管之间虽然存在着互补的关系,但是两者在目标、对象、具体手段、组织结构、运行机制和补救措施等方面存在着明显的差异。如果政府监管主要采用宏观调控的手段,可能会导致政府监管的领域过宽,以至于混淆政府监管与政府的纯行政活动之间的区别,不利于政府监管作为一项特殊的政府活动执行。因此,在公共服务民营化背景下,政府监管的范围应当从宏观领域逐渐向微观领域转变,将政府监管理解为政府行政组织在市场机制的框架内,为矫正市场失灵,基于法律及相关标准规范,对市场主体的经济活动以及伴随其经济活动而产生的社会问题进行微观层面的管理和控制的活动。

(3) 从监管主体来看,由政府单一监管向政府机关和非政府组织共同监管转变

传统的政府监管仅仅是政府的责任,形成政府作为唯一监管主体的垄断局面。在公共服务民营化背景下,监管的主体应包含多个层次,政府监管与行业协会等社会中介组织、企业自我监管等非政府监管应相互配合、相互补充,发挥非政府组织在政府监管中的作用,从而减轻政府负担,促进政府的有效监管。

二、公共服务民营化变革中政府角色的转变

1. 政府职能的转变

公共服务民营化变革中,政府通过与社会第三方建立平等、自愿、互利的合作伙伴关系,由第三方负责公共服务的提供和管理,不再直接承担公共服务的生产和供给,退出部分公用事业

的投资运营,将主要精力用于决策和规划,从"划桨手"转变为"掌舵手",实现地方政府的行政管理从统治向治理的转变。

2.政府角色的定位

首先,在市场化运作机制下,政府根据高速公路规划和公众需求来制定服务决策,对高速公路的投资、经营则交由市场机制来决定。政府不再是服务生产者,而是公用设施的规划者和决策者;其次,由于现行法律规范和管理体制的缺陷,公共服务民营化在实施过程中容易出现腐败和公共利益流失,政府应该从维护公共利益出发,对公共服务民营化实行必要的监督和约束,因此,政府又是监督者;最后,为了能够鼓励更多地私人机构投入到公用事业领域,政府应提供相应的制度保障及激励机制,为私人提供公共服务创造良好的制度环境和稳定的政策环境,因此政府还是协调者。

三、建立基于公共服务民营化视角的高速公路监管模式

1.建立专业、独立的监管机构,明确政府角色

公共服务市场化是以政府为导向、以公众满意为基础,在市场经济中引入竞争机制,打破政府垄断,引导私营部门、非政府组织、社会力量的加入,重构政府与企业相关协作的公共服务体系。在该模式下,应重新界定政府在公共服务供给中的职能和角色,从单一生产模式转变到多元化、复杂化合作模式。一方面从观念上要有所转变,不能简单地将公共服务民营化理解为公共服务私有化,公共服务民营化并不意味着政府角色的消失,只是减少了政府活动和政府职能的范围,把部分公共职能转交社会力量来承担。另一方面政府公共服务的民营化改革也是政府管理职能的改革,政府应当从公共服务的生产者、提供者或运营管理的操作者,转变为公共服务的指导者、规划者和市场监管者。应该把政府对公共产品的决策、监督、控制的职能和公共产品的直接生产职能区别开来,把公共服务的生产和管理权转交给市场,而把主要精力集中在政策制定、利益协调、市场监督等方面,有利于形成决策、执行和监督的制衡模式和新型管理模式,保证公共服务领域社会利益最大化的价值导向,有效约束与合理满足供给者的经济利益动机。总之,公共服务供给权的移交并不意味着公共责任的移交,政府在民营化过程中始终占据着重要地位,既是民营化的积极参与者又是有效监督者,更是维护市场秩序的引导协调者。

2.完善相关法律法规,明确监管内容

高速公路市场化政府监管职能的主要实现途径是立法和执法。当前建立高速公路市场化政府监管的法律体系框架显得十分迫切。新的高速公路法律一定是由政府部门,技术、经济、法律等领域专家,高速公路企业和消费者等多方参与,共同制定,而不是仅由政府部门单独制定。

第一,要建立一套公平、公正、公开的市场准入机制。对于建设投资大、回收周期长的公路设施,如何在法律政策上保护投资者进入该领域的合法权益,对企业的进入、退出、考评和惩罚机制作出明确规定,对招投标、投融资及经营过程中的各种投机、作假、行贿行为等进行明确规制是确保公共服务市场化可持续发展的关键。

第二,要完善公用事业建设和管理方面的法律法规。通过法律体系的建立健全,进一步界定和明确合作机制中双方的权利和义务关系,强化政府主导地位,制约、规避企业在经营过程中的某些违规投机行为。

第三,政府部门及执行机构要做到依法监管,明确政府各部门之间、政府各层级之间的职责界定,做到有法必依、执法必严、违法必究,规范公共设施的管理和经营行为。对于市场化运作下对企业可能造成的负外部效应进行衡量、管理和控制,提供更为公平、公开、诚信的合作环境。

3. 建立完整的监督机制,开发监管手段

仅靠高速公路监管机构不足以保证监管执法的独立性和公正性,还需要防止监管机构滥用职权和独立性被损害,对监管机构也要实施监督。为此,要通过高速公路立法程序、行政秩序的规范化和公开化提高政府行政活动的透明度;注重高速公路市场化中政府监管与社会监管的衔接,对民间力量要予以培养发展,新闻舆论和社会团体及高速公路消费者监督作用要予以充分发挥。如建立高速公路专业消费者组织,保护消费者自身合法权益,其独立于政府监管机构、高速公路企业。

监管的目的是实现政府、企业和消费者三者利益的均衡。激励性监管的代表性手段包括以下方面:一是区域间竞争监管。将监管的企业按地区分类,使特定地区的企业受其他企业成就的激励来提高自己的效率。二是特许经营权监管。高速公路特许经营权到期后,规定要通过竞争投标重新决定特许经营权归属企业,以此激励拥有特许经营权的企业提高生产经营效率。三是价格上限监管。对价格上限予以确定,保护消费者利益。四是延期偿付率监管。允许先消费后付费。这些监管手段在西方国家已成功得到广泛应用,但也有其局限性。高速公路市场化政府监管应在参考国外政府监管手段的基础上,结合实际,加以应用开发,并创新开发出更多更有效的政府监管手段。

4. 建设市场监管体系,完善竞争制度

当政府将某一职能委托给其他主体后,政府的监管责任更加重要。当前民营化改革中出现的诸多问题,恰恰是由于政府监管责任的缺失造成的。因此,政府应建设市场监管体系,完善竞争制度。一是政府部门应加强对企业的监管力度。借鉴发达国家的做法,完善社会监督机制,建立各种行业协会。充分发挥各种消费者组织、媒体和公众自发参与的作用,使公共服务得以真正体现其公共性。二是在监管形式上可将竞争引入合同的谈判和签约过程,政府作为特许经营的授予人和监督者,明确对公共服务的特许经营范围、政府与企业的职责、实行原则等,对承包商资质、服务标准、价格机制、经营过程中的各种歧视性行为和投机、行贿行为等进行明确规制,同时还要明确监管主体、内容、方式、程序以及公众参与途径等,以减少政府干预的随意性和各种腐败行为。三是要加强监管队伍建设,强化专业知识和技能,提高监管人员的市场管理能力。四是要健全、完善公共服务监管体系中的责任追究制度,强化政府自律和对政府的监督评价机制,对相关的政府部门和领导进行问责,对出现问题的相关责任人和部门要采取实质性的惩罚措施,切实规避公共服务管理过程中可能出现的"责任真空"地带,抑制各种寻租、腐败现象的出现。

第三节 基于管制理论的高速公路行业监管模式

一、管制与政府管制经济理论分析

管制是管制者基于公共利益或者其他目的依据既有的规则对被管制者的活动进行限制。

管制具有以下特性：一是管制的实质是管制者对被管制者的限制。在高速公路监管过程中，管制者主要是交通运输主管部门或者主管机构，即高管局对被监管者主要是指高速公路运营公司实施某些方面的限制。二是无论何种管制都是基于某种目的，或者是为了公共利益，或者是为了利益集团的利益，或者是为了其他经济或者非经济目的。高速公路管制的目的主要是保障高速公路正常的运营既要符合国家设定的相关目标，如国有资产即路产路权的完备性和保值性，同时还要保证高速公路的公益性。前者具有典型经济目的，而后者是要保障广大人民群众这一集团的根本利益。三是管制的实施总是要依据既有的规则，无论这些规则是历史形成的，还是最近形成的；无论是由习惯形成的，还是由政府法规所规定的，或是由组织内部的规章所规定的；无论规则是合理的，还是不合理的，实施管制总要依据某种规则。高速公路监管所依据的规则主要是国家制定的相关法律法规和政府主管部门制定的规章制度。四是管制者可以是个人，也可以是企业组织，还可以是政府及其他组织。我国高速公路监管主要是政府及其所属机构，也有相关的社会组织或个人。

就管制主体来看，管制可分为政府管制和非政府管制两大类。政府管制是指政府基于公共利益或者其他目的依据政府制定的法规对被管制者，包括个人和组织（包括政府组织与非政府组织）的活动进行的管制。我国的高速公路管制主要是政府管制。政府管制亦往往被称作公共管制。非政府管制除了私人管制（范围界定为家庭内部）外，还包括企业管制（如高速公路经营公司内部为保障其运营安全、效益等采用的管制）、非营利组织的管制（如行业协会出于维护行业协会成员的集体利益或行业协会本身的利益依照行业协会规章对其成员进行的管制）、地下组织的管制等。

就管制领域而言，政府管制分为政府对经济活动领域的管制，即经济管制（如对交通运输产业管制、对高速公路价格管制等）、政府对政治活动领域的管制和政府对社会活动领域的管制。

就管制的功效而言，政府具有调节能力（通过税收调节市场分配）、禁止能力（制定相关法律法规制止某些不适当的行为，如高速公路超载）、惩罚能力（对违法违规行为进行处罚，如收费站冲卡）和效益能力（提供和利用公共信息减少组织成本和信息成本，如高速公路信息发布）等。政府通过这些强制力对利益的配置过程，体现了政府管制的积极作用。

管制经济理论认为，由于市场机制在许多领域都会存在失灵问题，因此，单靠市场机制并不能实现资源的有效配置，需要政府规制以促进社会福利的改善来弥补和矫正市场失灵。政府管制的产生是为了弥补和矫正市场失灵问题，而且政府规制代表的是公共利益而非特定的部门的利益。正如我们所探讨的高速公路行业管理问题，它既具有公共利益性质，又具有相对垄断性质。因此，为了维护公共利益，弥补市场失灵，需要政府进行管制干预。

二、基于管制理论的高速公路行业监管模式构建

基于上述对管制理论的简要分析，要想对市场制度的结构性缺陷进行修正，避免市场经济运行可能对社会带来的不利影响，从而调和产业追求利润最大化与社会追求福利最大化之间的矛盾，政府就必须采取相应的措施，对特定行业产业以及与之相关的微观经济活动主体进行行业准入、退出、资质、价格以及涉及国民健康、生命安全等内容进行监管。同样，我们认为，要

确保高速公路行业健康持续发展,政府应该减少垄断推崇竞争,同时要为高速公路行业监管者设定严苛的制度约束,确保不发生或者少发生寻租行为。

1. 明确高速公路监管主体和主要职责

通过对全国各省份高速公路的运营管理情况进行调研分析,绝大部分省份基本按照《公路法》的规定实施,即由交通运输主管部门对高速公路行使路政与运政管理、经营监督管理,而由公安交管部门实施对高速公路的安全管理和安全事故处理。如《江苏省高速公路条例》第一章第四条规定,省人民政府交通运输主管部门(以下简称省交通运输部门)主管全省高速公路工作。省交通运输部门高速公路管理机构(以下简称省高速公路管理机构)具体负责全省高速公路的路政管理和养护、经营服务、收费等监督管理工作。高速公安交管部门具体负责高速公路的交通安全和交通事故处理工作。第五条规定,在高速公路服务区、收费站区对未经许可从事道路运输经营,违反旅客运输、机动车维修经营管理规定,以及使用非法改装车辆从事营运等违法行为的监督检查,由省高速公路管理机构负责实施,其具体职权范围由省交通运输部门依法确定。高速公路治安管理由高速交警负责。第六条规定,取得高速公路收费权的经营企业以及利用贷款、集资建成高速公路经批准收取车辆通行费的事业单位(以下统称高速公路经营管理单位),依法从事高速公路投资建设以及收费、经营、养护、清障等活动,其合法权益受法律保护。由上述可知,高速公路的监管主体主要有两个,即交通运输主管部门(交通运输厅)和高速公路管理机构(高速公路管理局及其所辖的路政支队)。管理相对人主要有高速公路经营管理单位和高速公路使用者。

由此可见,在构建高速公路监管框架时,按照管制理论的相关精神,高速公路监管主体即交通厅或高管局等必须依法行使对涉及高速公路的路权、路政运政、收费等进行必要的监管,防止不正当竞争和垄断经营。而高速公路公安交管部门依据相关法律法规行使对高速公路的安全监管。

2. 理清高速公路监管的主要内容

高速公路行业监管的主要内容有宏观层面和微观层面两部分。宏观层面主要是从国家或区域发展的角度对高速公路进行整体规划,既包括高速公路走向、车道数、设计车速等与高速公路本身直接相关的几何参数规划,也包括与高速公路连接的其他相关设施和产业规划。宏观监管主要体现在制定法律法规以及相关的监管标准。微观层面监管则是对某特定高速公路的项目建设过程及运营过程等进行的监管,其中高速公路运营过程监管是本书研究的重点内容。

高速公路项目建设过程监管内容十分复杂,不仅包括从项目规划、可行性分析、立项审批、环境评价、投融资、招投标、勘察设计、施工、交竣工验收等过程性的监管,还包括施工过程中对项目的工程质量、费用、进度、安全、文明等进行监管。针对不同的监管内容实施监管的主体也有变化,如前期工作中的规划计划、立项审批、投资融资等不仅要有交通运输主管部门的监管,还需要计划部门、发改委、环保部门等的监管。

高速公路项目运营过程的监管同样是一项庞大而复杂的工作,主要包括高速公路建成后在其服务质量监管、养护质量监管、特许经营监管、路政运政监管等方面的内容。服务质量监管包含高速公路清障救援、应急救援、路网信息情报、安全管理、收费服务、服务区等方面的内容,养护质量监管包含高速公路路面、桥梁、涵洞、沿线设施等内容,特许经营监管包含高速公路特许经营范围、特许经营价格、特许经营服务期限等方面的内容,而路政运政监管则包含了对高速公路路产路权保护、高速公路运输秩序维护等方面的监管。

当然,高速公路监管还包括高速公路的宏观管理体制与监管体制建设、监管的制度体系建设,监管机构、监管队伍、监管手段、监管职能配置和监管方法建设等内容。

第三章 高速公路行业监管体系构建

第一节 高速公路行业监管体系构建的原则、指导思想及政策依据

一、高速公路行业监管体系构建的原则

1. 经营权与所有权分离的原则

随着高速公路的快速发展,其投资主体多元化特征开始显现。有政府投资,有私营业主投资,还有BOT(Build-Operate-Transfer)建设模式,即"建设-经营-转让"模式。但是,无论投资建设主体如何变化,高速公路的准公益性没有改变。《公路法》明确规定,无论以何种方式投资建设高速公路的经济组织,仅仅取得高速公路收费经营权而没有资产所有权。高速公路的产权属国家所有,不管收费经营权如何变化,所有权在法律上不可更改。对于高速公路经营管理机构而言,它完全享有高速公路非所有人占有的法律保护,任何人任何机构包括政府管理部门不得随意干涉或妨碍其经营和管理。当然,高速公路经营管理单位必须依法保护高速公路资产完好。

2. 政企分离原则

我国现行自然垄断产业主要业务基本上由中央政府或地方政府垄断经营,政府既是政策的制定者、执行的监督者,又是业务的主要经营管理者。这种政企不分、政事不分的现象,严重影响了经济社会的有效运行。因此,必须改变现有的管制体制,实行政企分离,将政府从垄断经营者转变为市场竞争的组织者、监督者,从而确保市场竞争的公平。而高速公路经营管理企业则根据市场经济的基本规律和公司化运作的基本规则进行生产经营活动,从而提高市场竞争效益。

3. 内部管理与外部监管相结合原则

高速公路的内部管理主要是公司根据自身运行需要,按照公司制定的经营方针和相关规章制度,对公司经营收费、清障养护、信息管理等工作所进行的一种内部管控行为,以此来保证公司运营的效益最大化。而外部监管则是一种强制性的政府管制行为,是对高速公路市场准入、价格、养护质量、路产路权等进行的管制行为,一定层面上两者既对立又统一。保障政府监管到位但又不越位,充分发挥高速公路经营公司的积极性,就必须做到公司内部管理与政府外部监管相结合。

4. 规范监管与灵活处置原则

政府监管是一种基于法律基础的强制性管制行为,它需要系统、规范的法律法规作为保障。但实际运行过程中,高速公路涉及的内容错综复杂,难以有详尽的法律法规进行规制。因此,需要涉路各方积极参与,既要保证高速公路经营公司的经营管理权利和利益,又要保证道

路使用者的合法权益,同时还需要保障国家利益,充分发挥政府规范监管、行业严格自律和社会有效监督作用,防止"一管就死、一放就乱"的痼疾发生。

二、高速公路行业监管体系构建的指导思想

为深入贯彻落实党的十九大精神,加快建设交通强国,为实现中华民族伟大复兴的中国梦做出更大贡献,交通运输部门认真践行"创新、协调、绿色、开放、共享"的发展理念,全力当好经济社会发展先行官,为全面建成小康社会提供坚实保障,高速公路监管体制构建也必展开一场深刻变革。

1. 注重创新性

就高速公路监管体制构建而言,必须坚持创新驱动。要从公共治理视角、公共服务市场化和管制理论等多方面创新高速公路监管理论,要从涉及高速公路综合执法的各个层面进行制度创新,要充分运用信息化技术创新监管方法,要从高速公路标准化入手进行文化创新,以此形成创新的高速公路监管体制架构。

2. 注重协调性

要确保高速公路资产、资金、管理等各种要素有序自由流动,要保障高速公路监管部门对监管对象的监管功能约束有效,要保障高速公路养护、收费、服务区、清障救援、公共信息提供等基本公共服务均等,同时还要保障高速公路周边环境及相关资源得到有效保护。当然,在高速公路的经营活动中,政府还要有效运用行政、经济、法律等手段协调高速公路治理的各种力量,积极搭建公路建设企业、养护企业、施工企业、运营企业之间的交流沟通平台,加深各企业之间的信息共享和经验交流,构建科学合理的高速公路管理体系。

3. 注重绿色性

高速公路虽然是线状结构物,但它涉及的内容与绿色发展要求不谋而合。高速公路建设需要大量的土地来满足道路结构、绿化、附属构造物等用地需求,如何在满足主体功能需求的前提下,高效利用土地资源;同时,在高速公路运营过程中,采取有效措施管控污染,减少声、光、尘以及因车辆故障或交通事故引起的油污特别是危化品对环境造成的污染,保障人与自然和谐共生,应该是监管部门重点研究的课题。

4. 注重开放性

高速公路监管体制构建也应奉行开放发展理念,要广泛吸取各国和各地区的成功经验和先进的监管技术,推进各省高速公路融合发展,形成对外开放的新体制,完善高速公路治理的法治化环境,如建立开放式的高速公路桥路面和梁养护管理系统。

5. 注重共享性

构建高速公路新的监管体制,必须将现代化的交通设施、交通管理和信息服务相结合,在资源共享的基础上,通过系统整合集成,实现跨地区的路网集中统一管理,确保高速公路运行安全畅通,使每个高速公路使用者切实感受到高速公路带来的便捷。

6. 注重智慧性

智慧交通要求积极推进现代信息技术与交通运输管理和服务全面融合,加快构建资源共

享、优势互补的大信息资源格局。要运用自动控制、移动互联网等技术进行管控支撑,使其具备感知、互联、分析、预测、控制等能力,以充分保障交通安全、发挥高速公路效能、提升高速公路管理水平,为通畅的公众出行和可持续的经济发展服务。

7. 注重安全与高效性

随着经济的发展,人们对高速公路的需求越来越多样,高速公路上出现的情况也越来越复杂。针对高速公路的特点,高速公路管理部门按照"统一高效、协调联动、响应迅速、处置有力"的要求,采取了很多有效的应对措施和办法,如轻微事故快速处理制度等,保障了高速公路的高效率。但交通安全面临的形势依然严峻,一旦发生事故,其严重性和处理的难度往往高于普通公路。因此,在构建高速公路监管体系的过程中,应该重点考虑安全管理职能。

三、高速公路行业监管体系构建的政策依据

高速公路行业监管必须依法依规进行。现行的相关政策法规有许多,从国家层面看主要有《中华人民共和国公路法》(主席令 1997 年第 86 号,主席令 2009 年第 18 号第三次修正);《收费公路管理条例》(国务院令 2004 年第 417 号);《公路安全保护条例》(国务院令 2011 年第 593 号)等。从地方政府层面看则更多了,例如《江苏省公路条例》(2012 年第四次修正);《江苏省高速公路条例》(2014 年修订);《江苏省收费公路管理条例》(2012 年第一次修正)。从行业主管部门看主要有交通运输部的行业规范和标准;省交通运输主管部门的规范性文件等。

第二节　依法监管和行政执法职能分析

一、高速公路行业监管的法律地位分析

《公路安全保护条例》第三条规定,国务院交通运输主管部门主管全国公路保护工作。县级以上地方人民政府交通运输主管部门主管本行政区域的公路保护工作;但是,县级以上地方人民政府交通运输主管部门对国道、省道的保护职责,由省、自治区、直辖市人民政府确定。公路管理机构依照本条例的规定具体负责公路保护的监督管理工作。

本条第三款是关于公路管理机构法律主体资格的规定。本条例通过行政法规授权的形式,明确了公路管理机构的法律主体资格,规定了公路管理机构具体负责公路保护的监督管理工作,同时也赋予了公路管理机构行使公路行政管理职责的必要权力和手段。法律主体资格就是能够以自己的名义独立行使公路行政管理职责,并独立地承担相应的法律责任,对引起的行政争议,能够以自己的名义参加行政复议和行政诉讼。

《公路安全保护条例》授权公路管理机构行使行政管理职责主要基于以下考虑:

一是为了满足公路管理的现实需求。根据《公路法》规定,公路保护职责不仅包括查处公路违法行为、强制拆除违法建筑、审批涉路施工和大件运输、公路监督巡查等行政执法内容,也包括养护秩序维护、出行信息发布、公路损毁抢修、路网运行监测等行政服务内容,涉及工程建设、交通安全、行政执法、应急处置等多个领域,具有较强的专业性和技术性。因此,有必要进一步明确和强化公路管理机构的执法主体资格,并赋予相应的管理手段和措施,以满足公路管理的现实需求。

二是为了符合依法行政的要求。在公路行政管理中,可对违法行为处于五万元的高额罚款、扣留违法车辆、责令拆除违章建筑等处理决定,对于这些形式复杂、管理强度大的行政职权,通过法规授权公路管理机构行使并独立承担法律责任,更符合公路保护工作实际,同时也符合国家全面推进依法行政工作的有关要求。

此外,根据《中华人民共和国行政许可法》规定,行政许可权只能委托有关行政机关行使,或者由法律、法规授权的组织行使,只有通过法规授权,公路管理机构才能够以自己的名义行使行政许可权,以自己的名义独立地承担法律责任。根据《公路法》和本条例规定,公路管理机构能够独立行使《公路法》和本条例规定的公路行政管理职责。但也有例外,根据《公路法》第五十七条和第八十二条规定,在公路桥梁、公路隧道、公路渡口以及公路两侧规定范围内因抢险、防汛需要修筑堤坝、压缩或者拓宽河道的行政许可权,对擅自在公路上设卡、收费的行政处罚权以及对未经批准擅自进行公路建设项目施工的行政处罚权,只能由有关交通运输主管部门行使。

2011年7月1日施行的国务院《公路安全保护条例》,在强化公路安全保护的同时,授权公路管理机构具体负责公路保护的监督管理工作,如《江苏省高速公路条例》据此于2011年进行了修订,明确了省交通运输部门高速公路管理机构(以下简称省高速公路管理机构)具体负责全省高速公路的路政管理和养护、经营服务、收费等监督管理工作。该条款对公路管理机构的执法主体进行了授权性规定。

《江苏省高速公路条例》第四条:"省人民政府交通运输主管部门(以下简称省交通运输部门)主管全省高速公路工作。省交通运输部门高速公路管理机构(以下简称省高速公路管理机构)具体负责全省高速公路的路政管理和养护、经营服务、收费等监督管理工作。省人民政府公安机关主管全省高速公路的交通安全和治安管理工作。公安机关高速公路交通警察机构(以下简称高速交警机构)具体负责高速公路的交通安全、交通秩序管理和交通事故处理工作。省人民政府其他有关部门和高速公路沿线地方人民政府应当按照各自的职责做好高速公路相关工作。"第五条:"在高速公路服务区、收费站区对未经许可从事道路运输经营,违反旅客运输、机动车维修经营管理规定,以及使用非法改装车辆从事营运等违法行为的监督检查,由省高速公路管理机构负责实施,其具体职权范围由省交通运输部门依法确定。高速公路治安管理,由高速交警机构负责实施,其治安管理职权由省公安机关依照国家有关规定决定。"等明确了省高速公路管理机构的法律地位。

二、行业监督管理职能分析(以江苏省为例)

《公路法》《公路安全保护条例》《江苏省高速公路条例》等法律法规明确指出了省高速公路管理机构的行业监督管理工作。

1. 高速公路养护监督管理职能界定

(1)省高速公路管理机构定期对路况进行分析并对高速公路及附属设施的养护质量进行检查。《江苏省高速公路条例》第十五条:"省高速公路管理机构应当加强对高速公路养护的监督管理,定期分析公路、桥梁技术状况等路况数据,并对高速公路及其附属设施的完好情况和养护质量进行检查;对达不到高速公路技术规范要求的,应当责成高速公路经营管理单位限期采取相应措施。"《江苏省高速公路养护管理办法》第三条:"省人民政府交通运输主管部门(以下简称省交通运输部门)主管全省高速公路养护监督管理工作,具体由省公路管理机构负责。省公路管理机构应当建立健全高速公路养护监督管理机制和制度,加强监督指导,不断促进高速公路养护管理水平的提高。"《江苏省高速公路养护管理办法》第三十九条:"省公路管理机构应当加强对高速公路及其附属设施技术状况的监督检查,并及时将发现的有关病害及问题通报高速公路经营管理单位。"

(2)省高速公路管理机构对养护施工现场和交通组织情况进行监督管理。《江苏省高速公路条例》第十八条:"在高速公路上进行养护作业,应当按照国家和省有关标准和规定,设置施工标志和安全标志。省高速公路管理机构和高速交警机构应当加强对施工现场和交通组织情况的监督管理。因高速公路养护作业造成交通堵塞的,省高速公路管理机构和高速交警机构应当要求高速公路经营管理单位及时调整施工路段现场管理和交通组织方案,高速公路经营管理单位和养护作业单位应当予以执行。"

(3)省高速公路管理机构加强对高速公路经营管理单位的监督检查。《江苏省高速公路养护管理办法》第三十七条:"省公路管理机构应当加强对高速公路经营管理单位贯彻法律法规以及国家和省交通运输部门制定的规范、规程和标准情况的监督检查,并将发现的问题和改进完善的意见,及时书面通知高速公路经营管理单位。高速公路经营管理单位应当在规定期限内整改,并将整改情况报送省公路管理机构。高速公路经营管理单位违反本办法规定,省交通运输部门可以根据国务院《收费公路管理条例》《江苏省高速公路条例》和《江苏省收费公路管理条例》等法律法规的规定予以处罚、处理。"

(4)省高速公路管理机构应当每年组织不少于一次高速公路技术状况评定和养护管理规范化检查。《江苏省高速公路养护管理办法》第三十八条:"省公路管理机构应当每年组织不少于一次高速公路技术状况评定和养护管理规范化检查,并将检查评定结果向高速公路经营管理单位通报;高速公路技术状况评定结果应当逐步向社会公示。高速公路经营管理单位应当将检查评定结果作为年度工作考核的依据。"

2. 高速公路经营服务、收费监督管理职能界定

(1)省高速公路管理机构加强对高速公路收费与清障救援、服务区经营等服务的监督管理。《江苏省高速公路条例》第四十三条:"高速公路经营管理单位应当健全规章制度,坚持守法、诚信,公开服务标准,接受社会监督,为通行车辆和驾乘人员提供安全、便捷、文明的服务。

省交通运输部门及其高速公路管理机构以及省价格、财政等有关部门应当加强对高速公路收费与清障救援、服务区经营等服务的监督管理。具体办法由省交通运输部门会同有关部门制定。"

(2)省高速公路管理机构有权要求高速公路经营管理单位报送与路网运行有关的信息。《江苏省高速公路条例》第四十七条:"高速公路经营管理单位应当收集、汇总所辖高速公路交通流量、施工作业等与路网运行有关的信息,按照规定报送省高速公路管理机构,并及时向社会发布影响正常通行的信息。

省交通运输部门应当对接受的路网信息及时研究分析,需要组织路网调度和区域交通分流的,由省高速公路管理机构、高速交警机构、高速公路经营管理单位共同商定,分别下达路网调度指令,并做好信息发布工作。

高速公路经营管理单位收集的高速公路交通监控等信息资源应当与交通运输、公安、气象等部门共享。

遇有高速公路损坏、施工或者发生交通事故等影响车辆正常安全行驶的情形时,高速公路经营管理单位应当在高速公路入口处或者利用高速公路沿线可变情报板等发布相关信息。"

三、行政处罚职能分析(以江苏省为例)

在行政执法过程中,难免遇到不肯依据法律、法规接受处罚的公民、法人或其他组织,省高速公路管理机构行政执法人员可以依法对其进行行政处罚,依据如下:

(1)《江苏省高速公路条例》第五十三条:"违反本条例第十二条第二款规定,擅自增设、关停互通出入口、服务区,或者变更收费站、服务区名称的,由省交通运输部门责令停止违法行为,可以处以二万元以下罚款。

违反本条例第十三条第二款、第四十七条第一款规定,未按照规定报送路况数据、路网信息或者未按照要求发布路网信息的,由省高速公路管理机构责令改正,并给予警告。"

(2)《江苏省高速公路条例》第五十四条:"违反本条例第十七条第三款规定,未经批准或者未按照许可方案进行高速公路半幅封闭或者中断交通养护作业的,由省高速公路管理机构责令改正,并可以处以一万元以上二万元以下罚款。"

(3)《江苏省高速公路条例》第五十五条:"违反本条例第十八条第一款规定,未按照规定设置施工、安全标志的,由省高速公路管理机构责令改正,并可以处以三百元以上三千元以下罚款。"

四、行政监督职能分析(以江苏省为例)

省高速公路管理机构行政执法人员在执行公务的时候,应严格按照《江苏省行政程序规定》行使行政职权。《江苏省行政程序规定》第一百零一条至一百零五条和《中华人民共和国公路法》第八十六条以及《江苏省高速公路条例》第六十三条等都明确规定了省高速公路管理机构的行政执法人员玩忽职守、徇私舞弊、滥用职权,构成犯罪的,依法追究刑事责任;尚不构成犯罪的,依法给予处分。依据如下:

《江苏省高速公路条例》第六十三条:"交通运输部门、公安机关的工作人员玩忽职守、徇私舞弊、滥用职权,构成犯罪的,依法追究刑事责任;尚不构成犯罪的,依法给予处分。"

目前,绝大部分省份均制定了高速公路相关监管政策,但是各省要求并不统一,政策覆盖面不一,可执行的程度也不尽相同。例如江苏省对高速公路收费与清障救援、服务区经营等服务的监督管理具体办法还未制定。《江苏省高速公路管理条例》第四十三条中提及的具体办法至今还未制定,对省高速公路管理机构执行行业监管造成一定的难度。

第三节　高速公路行业监管体制构建

一、高速公路行业监管的组织框架构建

现代管理学认为,组织管理体制由组织"运作目标、职能配置、机构设置、运行机制"四大要素构成。高速公路行业监管就其本质来说,是监管主体即高速公路政府管理部门(交通运输厅)为解决市场失灵问题,依据明确的法律法规运用强制权力对高速公路市场经济行为的

宏观调控和微观干预行为。它体现了高速公路行业监管的准立法权、司法权和行政权。因此，高速公路行业监管框架建构应注重考虑以下三部分内容，即管理职能、权限划分以及机构设置。其中管理职能配置和权责划分是前提，管理机构是存在的物质基础。按照高速公路行业监管的基本职能，其组织框架可分四层进行设置（表3-1）。

高速公路行业监管框架结构　　　　表 3-1

监管层次	监管内容	监管方法	相关机构	监管依据
一级监管 （宏观监管）	高速公路新建（改扩建）决策、立项审批、勘测设计、投融资、环评、招投标、工程质量、进度、费用、安全等	制定并保障相关政策、法规、规则执行；建设过程的"三公"性和竞争性	政府、高速公路主管部门（交通运输厅）、投资主体、经营主体、行业协会、消费者协会、物价、工商、法律及其他部门	《公路法》《中华人民共和国招投标法》《国家重点建设项目管理办法》、交通运输部行业规范和行业标准
二级监管 （行业监管）	路产路权、运输秩序、交通秩序的维护；运营过程中的收费价格、期限、养护质量、服务区、信息服务质量、应急保障	路政与运政管理、交通安全管理；收费标准与期限；服务产品和水准	高速公路行业管理部门（高管局、路政局）、公安交管部门、投资经营主体、行业协会等	《公路法》《中华人民共和国行政强制法》《收费公路管理条例》《公路安全保护条例》、省公路条例、省高速公路条例、省收费公路管理条例、交通运输部行业规范和行业标准
三级监管 （企业管理）	投资人和企业自身的运营管理	收费管理、养护管理、服务区管理、应急救援、信息服务质量等	投资主体（控股集团）、经营主体（运营公司）	投资人和企业为保障高速公路正常运营所制定的涉及运营安全管理、经营管理、工程管理以及综合管理等规章制度
四级监管 （社会监管）	高速公路建设、运营、管理、服务等	听证会	涉路各方、行业协会、新闻媒体	国家和省相关法规

一级监管层次可依据宏观调控职能和权限进行设置，主要是进行高速公路新建、改扩建决策，制定保障高速公路正常运行所必需的政策、法规、规则，以此来调节高速公路经营者和使用者之间的关系（如进行高速公路价格仲裁）。其组织机构具体应由政府、高速公路主管部门（交通运输厅）、投资主体（交通控股集团等）、经营主体（运营公司）、消费者协会、行业协会、物价、法律及其他相关部门组成。

二级监管层次则是依据高速公路行业监管的基本职能进行设置，主要是对保障高速公路正常运行所必需的微观干预，如为确保路产路权和运输秩序所必须进行的路政与运政管理，为确保安全必须进行的交通秩序管理，为保障高速公路结构物本身的质量而进行的各种养护管理，同时还有对为高速公路提供保障服务的服务区进行的监管等。其组织机构应由高速公路行业管理部门（高管局、路政）、公安交管部门、投资经营主体、行业协会等组成。

三级监管层次是依据高速公路经营管理的基本职能进行设置，主要是高速公路投资经营主体为保障高速公路正常运营所进行的自我监管。其组织机构主要是由投资主体（控股集团）、经营主体（运营公司）组成。

四级监管层次是基于公共治理视角的一种高速公路监管模式。它是高速公路涉路各方所进行的全社会监管。其组织机构应由涉路各方组成，尤其要发挥行业协会的作用。

本书研究的范围主要位于监管的第二层级，即高速公路运营过程中，为保障高速公路路产路权、交通运输与安全秩序以及规范有序的经营管理而实施的行业监管。这一监管层级有别于其他各个监管层级,其组成机构复杂但又各具功能。因此,在构建高速公路监管组织框架时需要注意以下几个问题。

一是要根据市场需求调整监管机构的职能。按照管制理论,为避免无效率的资源配置,需要对进入资源稀缺领域的企业进行行业准入、价格确认、服务定制等方面的规制。按照市场竞争理论,需要对相关职能如养护进行充分的市场竞争,以体现竞争激励带来的红利。按照公共治理理论,对涉及大众利益的功能如信息服务则需要全社会进行规制。因此,行业监管体系构建需要多方面介入,其职能配置也应适时进行调整。

二是要完善监督机制。要从立法层面明确监管机构的职能,保障监管机构的独立性,减少权力寻租的空间和可能性。要强化对监管机构的监督,规范监管人员的职责,既要防止滥用权力,又要防止懒用权力。

三是要构建规范的行业自律组织和社会监督体系。要让高速公路参与各方组建高速公路行业协会,参与制定公约、章程、准则和监管规则,要让消费者有权参与政策制定和监管过程,形成共同治理的良好局面。

基于上述监管体系构建的原则、层级以及注意事项,高速公路监管框架建议如图3-1所示。

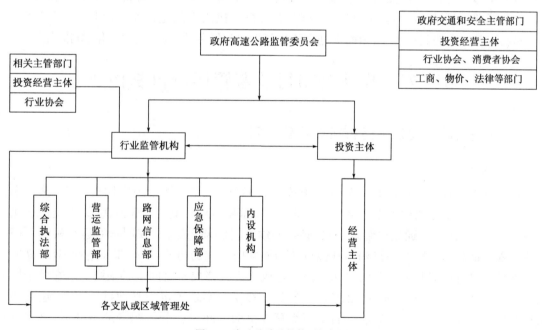

图 3-1　高速公路监管体系框架图

二、推进高速公路行业监管体制机制创新

1. 积极推进高速公路管理体制改革

一是尽快理顺交通运输主管部门与高速交警、气象、地方政府、高速公路经营管理单位等主体间在应急管理、营运监管、信息共享等方面的协作机制,畅通沟通渠道。

二是理顺省高管局、支队、大队在路网管理、路政管理、运政监督检查、行业监管等方面的管理职能,明确各自的事权责任,严格依法办事。坚持"人性化服务"与"依法管理""执法主体"与"行业监管"相结合,提倡公共服务市场化。探索省局对全省高速公路网络的直线管理模式,缩小管理半径,提高管理效益。

三是完善支队内部机构设置,在认真研究支队职能的基础上,按照精简高效的原则重新进行内部机构调整。建议行业管理职能设置如行业监管、路政运政、路网管理、应急救援等和内部管理职能设置如人事劳资、党务政务等区分开,完善行业监管职能职责,加强行业管理力量,特别是充实行业管理的技术力量。

2. 加快推进法律法规和标准体系建设

一是强化法治思维。按照十八届四中全会确定的全面推进依法治国的精神,高速公路管理部门必须在法律授权的范围内依照法定职责和法定程序行使执法权力,坚持执法管理信息公开、过程透明。加大对执法管理政策法规的宣传力度,提升行业、社会等对执法管理政策法规的认同、遵从,从源头上降低管理成本。

二是构建完备的政策法规体系。全面推进高速公路"路网调度、路政巡查、路损赔偿处理、非现场处罚、运政执法管理、养护管理、收费服务、服务区监督管理、行政自由裁量权、高速公路基础信息数据库部门间共享、职能履行中部门间协调、执法队伍管理、执法装备管理、清障救援管理、特许经营管理、超限超载管理、沿线广告管理、综合行政执法规范化管理"等相关法规、规章、政策、规划、行业标准的制定工作,全面推进高速公路管理和服务的法治化、规范化、标准化。

第四节　高速公路行业监管运行机制构建

一、高速公路行业监管运行机制构建原则

1. 协调性原则

高速公路在管理中存在着交叉管理模式,而协调机制在具体管理中体现了横、纵两个方面。纵向层面主要是指由上至下多层面管理机构之间的协调,上至交通运输部、省交通运输厅(高管局),下至市县交通运输管理部门,必须要建立起协调一致,职权明晰的运行机制。横向层面主要是指高速公路管理机构与其他行政职能部门之间的协调,如高速公路管理局、高速公安交管部门、物价部门等。当然,高速公路管理机构内部诸要素之间也必须协调。在整个协调机制中,必须以达成一致目标为最终目的,各要素都要为实现预定的管理目标服务,建立部门相互支持为主导的关系,并形成合力;上下级管理机构之间要在分清职责的条件下,落实权利与责任,达到政令畅通运转有序;在管理体制内部实现有机结合,对管理体制外部社会和经济环境要应付自如,表现出超强的适应能力。

2. 约束性原则

约束性原则是指在高速公路经营过程中,政府职能部门与经济实体之间签订书面协议,明确双方的权利、责任和利益,为履行职责所表现出来的约束机制。这类以协议形式明确的约束机制,协议双方的意愿表达一致,执行时比较容易,即使出现纠纷,也可以用法律程序进行解

决。但有些约束难以用协议形式明确,如政府交通主管部门或所设管理机构(高管局)和政府所属高速公路经营管理集团公司之间的权利义务关系很难用协议明确,多数情况下是由政府出面协调。而交通主管部门依法对高速公路拥有监管权力,依据管制理论它对经营公司的部分经营行为或经营项目具有约束管制功能。

3. 竞争性原则

竞争机制主要体现在市场经济范围内,在高速公路的管理运行中,多数环节与主体间都存在不同程度的竞争关系。而各管理机构、经济实体以及管理人员之间参照统一的标准,相互比较、彼此竞争、优胜劣汰,就形成了竞争机制。作为高速公路监管机构,必须明确哪些经营行为和经营项目需要引进竞争措施,哪些可以采用公共管理措施或管制措施。我们认为,在高速公路经营管理过程中涉及的绿化、养护、沿线设施等必须要引进市场竞争,否则极易产生腐败行为。

4. 监督性原则

高速公路管理体制中的监督机制主要体现在,各个管理主体相互制约、互相监督形成一个环形机制。在构建高速公路行业监管体制时,一定要充分考虑制衡功能,要有对管理者的管理措施,对监督者的监督措施,防止权力高度集中,形成一方独大。对行业监管机构的监督一般应由上级主管部门如交通运输厅的相关职能部门、行业协会、使用者协会等主导或参与,确保高速公路监管机构的权力受到约束。

5. 激励性原则

在高速公路的建设与经营过程中,激励机制是一种最直接的管理手段,具体管理过程:先制定工作目标,规定奖惩办法,根据各类管理主体的实际工作业绩,兑现奖励与惩罚,激发管理主体积极性,提高管理效率。特别是对于隶属于交通运输主管部门或国资委等具有事业特征但是按照企业运作的高速公路运营公司而言,尤其需要设立明确的激励措施,否则国有资产的经营效益就难以保证。

6. 反馈性原则

高速公路监管体系是一个十分庞大的开放性体系,它不仅涉及高速公路几何线形、结构、质量等自身的各类信息,还涉及道路使用者、环境、气候等诸多信息。建立有效的信息反馈机制,能够全面地将管理工作中的工作信息、资源信息以及外部作用信息,利用现代化的网络手段,第一时间反馈给决策主体,由决策主体迅速做出反应并采取正确管理措施;也可以将有效的各类管理信息迅速反馈给道路使用者,从而实现高速公路运营管理机制高效率的工作。

高速公路监管体系建设的基本前提是管理职能设置和权责划分,管理的组织机构是监管体系的基础,管理人员是体系运行的动力,管理规则是体系运行的标准,而运行机制是体系有效运转的保障。协调、约束、竞争、监督、激励、反馈六大要素有机结合,使得高速公路在运行管理过程中,各要素分别体现各自的价值,发挥各自的功能,确保高速公路运行有序。

二、高速公路行业监管运行机制的保障措施

1. 加强长效机制建设,推进行业监管的正常化

一是加强运营管理,全面提升高速公路品质。围绕路容路貌改善,加强日常养护管理;围绕

路况提升,加强大中修和养护专项工程实施;围绕安全畅通,加强安全隐患排查整改;围绕服务民生,加强服务区规范管理。二是建立协调沟通机制,全面加强高速公路行业监管。要加强交通运输部、省(自治区直辖市)、市县的纵向沟通协调,明确各自的职责分工,形成权责明晰的运行机制。要建立交通运输部门、公安交管部门、物价部门、行业协会等横向沟通协调机制,规范高速公路行业监管行为。

2. 加强标准规范建设,推进行业监管的规范化

尽快制定《收费公路管理条例实施细则》,规范高速公路运营管理行为。《公路法》和《收费公路管理条例》(以下简称条例)已经明确了高速公路运营管理各方的权利和义务,但有待制定配套的、与江苏高速公路管理相适应的、具有可操作性的实施细则,增设罚则,对《条例》中的有关规定和制约措施(如停止收费、行政罚款和指定养护单位等)要进一步细化,并明确具体的职责和操作程序。

补充完善特许经营合同,对高速公路的养护、运营和管理质量做出明确界定。现行特许经营合同中缺少养护、收费和运营方面的相关条款。因此,建议补充以下内容:日常养护资金投入的底线;实施大中修的下限指标,即道路质量指标下降到何种程度时,必须进行大中修;高速公路养护运营质量保证金制度和处罚细则;政府实施推广先进技术的成本分摊机制;窗口服务和排堵保畅的规定等。

3. 加强制度体系建设,推进行业监管的制度化

根据江苏省高速公路行业监管的特征,依据相关法律法规尽快制订出台有关高速公路行业监管的制度体系,如行政许可分级制度、路损协商调解赔付制度、现场及非现场综合执法制度、高速公路质量定期检测制度、重点路段桥梁隐蔽部位监测制度、冲卡逃费处罚规定、高速公路乘客违规换乘处罚规定、执法告知制度、超限治理与运政联合执法制度、值班备勤与机动办案制度、涉路障碍物查处流程、一路三方联合保畅制度等,细化行业监管过程中的具体内容,推进行业监管的制度化。

4. 加强监管平台建设,推进行业监管的信息化

随着高速公路路网建设的快速发展,路网规模不断增大,公路养护与维护任务越来越繁重,极端天气等突发事件日益增多,公路应急抢通和保通的任务更为艰巨。应针对江苏省高速公路行业管理现状、特点以及服务公众的需求,以现有信息化建设条件为基础,采用地理信息系统(GIS)、网络、数据挖掘等先进技术,建立涵盖高速公路路网运行监测、运营管理、路政管理、规建管理、收费管理、应急管理、从业资格管理及公文管理等各项业务的高速公路综合监管平台,提高行业监管力度。同时,也可通过整合高速公路基础信息、高速公路动态运营信息、动态路况信息等信息资源,实时采集、加工处理和发布信息,构建高速公路出行信息服务网,为出行者提供更多更全的出行服务,让社会公众切身感受到交通信息服务的便利。公众在出行前只需登录高速公路出行信息服务网,便可查询出行路线、实时路况、旅游指南、高速公路通行费等信息,加强交通信息的交换和共享,减少无效出行、减低物耗和能耗,保护环境,为提升公众服务能力提供有效手段。

三、高速公路行业监管制度创新

依据《中华人民共和国公路法》《江苏省高速公路条例》等相关法律法规,结合高速公路公

司相关规章制度制定出台高速公路综合执法的行业基本标准、规范。如《江苏省高速公路特许经营管理办法》《车辆通行费征收管理办法》《收费监管办法》《收费服务标准》《服务区服务规范(标准)》《服务区监管办法》《养护管理办法》《养护技术规程(标准)》《清障救援管理办法》《清障救援机构资质及行业服务规范》《路产损坏赔(补)偿案件办案流程及收费标准》《沿线广告设施管理办法》《交通综合执法行为规范》《行政处罚自由裁量权参照执行标准(路政部分/运管部分)》《执法案件处理流程》《超限超载治理》《执法装备配备标准(含执法车辆配备标准、驻地建设标准等)》《交通综合执法场所标识建设规范》《交通行政文书制作规范》《高速公路行业监督检查办法》等。

诚然,对于不同的高速公路经营管理模式,行业监管的制度设计也不尽相同,但都必须按照法律法规赋予高速公路管理部门对高速公路运营管理的行业监督管理职责,以创造"畅、安、舒、美"高速公路行车条件为目的,全面开展高速公路养护质量、运营保畅、经营服务的监督检查,实现高速公路行业监督管理工作正常化、规范化。以江苏省为例,其高速公路行业监管是以交通运输厅下属的高速公路管理局、支队、大队三个层面进行的。不同层级的管理职责不同,其制度设计和监管的内容方法也有明确的区别。

江苏省对高速公路监督检查的范围包括省属各高速公路管理机构管辖范围内运营的高速公路和跨江大桥,重点监督检查高速公路的养护、通行费征收、服务区经营服务及清排障等行为。监督检查分为省高速公路管理局监督检查、支队监督检查和大队监督检查三个层面,不同层面之间需要密切配合。

省高速公路管理局监督检查的主要内容是高速公路经营管理单位的内业、养护专项、服务区、收费站及公共信息发布等;支队监督检查的主要内容是季度性综合检测及重点桥梁路段等;而大队监督检查的内容更详细一些,主要有日常养护、收费站点、服务区、清障救援、域内道路桥梁、公共信息发布等。

省高速公路管理局内业管理资料监督检查的内容主要包括高速公路经营管理单位养护基础资料、管理资料、养护维修等档案资料,交通运输部桥梁养护工程师制度等有关管理制度执行情况、技术状况评定及整改情况等台账资料及其执行部、省其他有关养护、收费、运营等管理制度的情况等。省高管局委托具有相应资质的检测单位对全省高速公路重点路面、部分桥隧等项目组织实施养护专项监督检查工作。对于全省服务区的服务质量、收费站点的收费情况和公共信息发布的及时性、准确性等,每年应组织不少于一次的年度检查和第三方服务质量暗访工作。

支队的季度性综合检查内容与高管局基本一致。检查应做到车查与步查相结合,全面检查与重点检查相结合,车查覆盖率须达100%。步查的重点是支队上季度综合检查、重点桥梁检查和大队监督检查中发现主要问题的整改落实情况,隧道必查。支队应合理分配每次季度监督检查中收费站、服务区的检查数量,做到年度检查全覆盖。支队道路桥梁监管专业人员或聘请的第三方技术咨询服务单位,应根据所辖路段桥梁基础数据资料,每季度开展一次全路段特别是重点桥梁的经常性监督检查工作。监督检查的范围为全路段特别是大修过的桥梁、特大桥主桥、中跨60m及以上的连续梁桥和系杆拱、斜拉桥、悬索桥等特殊设计桥梁。

大队日常养护监督检查可结合日常巡查开展,也可与高速公路经营管理单位养护部门联合开展。重点监督检查高速公路路面、路基和桥面系状况,例如桥梁上部结构有无明显变形、裂缝,桥墩、桥台有无明显位移、裂缝等。特别需要说明的是,隧道的监管工作始终是日常监管工作的重中之重,例如隧道内外的土建结构和防护、消防、逃生等系统有无缺损,是否完好,有无安全隐患。当然,大队每月还应对辖区内每个服务区的经营服务行为、辖区收费站重大节假日小客车免费通行、200m 免费放行、绿色通道、日常收费站通行费征收秩序、高速公路经营管理单位的清排障以及公共信息的发布情况等开展不少于两次的监督检查,发现问题及时向高速公路经营管理单位制发整改通知书,要求其及时整改到位。

四、高速公路运营管理制度

高速公路运营管理是指高速公路运营管理公司,按照公司发展战略,以现代企业制度为依据,对公司各部门及执行单位的工作职责、内容、程序、服务范围、执行权限等进行明确界定,确保公司管理规范有效,从而实现公司生产经营高效运行。

一般情况下,高速公路运营管理基本上均会按照现代企业制度执行。而现代企业大都会执行 ISO9001 体系,即质量管理体系。质量管理体系文件分三个层次,即质量手册、程序文件、操作手册(操作规程或作业指导书)。

质量手册需要对公司质量方针、目标、发展战略、定位、运营管理理念等进行描述,从而确定公司运营管理总纲。同时必须对其组织机构和质量体系要求进行详细描述,即以图示的方式描绘出本组织内行政组织机构图、质量保证组织机构图的架构及相关人员之间的相互关系,以表格的方式明确体现质量体系职能分配表中各质量体系要素实施控制的内容、要求和措施。

程序文件是对质量手册中的影响质量的各类因素,如公司经营管理过程中涉及的各类工作(如人事管理、收费管理、养护管理、服务区经营管理、应急救援管理、信息管理等)进行规范,明确参与质量活动的各类人员之间的职责、权限、相互关系,并且保障从事质量活动的所有内容有据可依、有据可查,从而使得各类质量活动处于受控状态。

操作手册(操作规程或作业指导书)则需要对运营过程中涉及的各类操作性内容如养护中涉及的各类机械设备的操作规程进行规范。当然,在管理过程中涉及的各类管理用表也应该在操作手册中予以明确。有时为了简洁明了,也可以对各类制度进行梳理分类,形成各具特色的管理模式。但是,无论采用何种方式,高速公路运营管理均应(不限于)包含以下内容。

1. 综合管理类制度

(1)公司名称、性质、经营范围等一系列常规内容。

(2)公司的质量方针、目标、战略定位等内容。

(3)公司的基本架构及各类管理人员、各类管理岗位的任职条件和工作职责:公司级管理人员如董事长、总经理、副总经理、三总师(总工程师、总会计师、总经济师)的任职条件及工作职责,各类部门长及相关工作人员如综合部经理、副经理、秘书、文档员等的任职条件及工作职责;各部门如综合部、财务部、党群部、运营部、工程部等的设置条件及工作职责。

(4)各类管理制度一般应包含:内部综合管理类制度,如公文处理办法、印章管理制度、会议管理制度、保密制度、签报制度、宣传管理制度、档案管理制度、员工招聘及管理制度、考勤管理制度、劳动保护管理制度、职工教育培训制度、资产管理制度、内业管理制度等;运营管理类制度,如各类车辆管理制度、各类票据管理规定、各类收缴管理规定、IC 卡发行及管理规定、各类稽查管理规定、各类绩效考核办法、各类值班管理制度、路政巡查制度、清排障收费规定、清排障交接班制度、监控设备使用管理制度、消防安全管理制度、生产责任制等。

2. 程序管理类制度

(1)运营管理类程序:收费管理控制程序、路政作业控制程序、监控中心工作程序、安全生产控制程序、特殊时段管理控制程序、信息发布控制程序、收费监控通信类设备采购营运控制程序、突发事件处置程序、高速公路非现场处罚程序(图3-2)等。

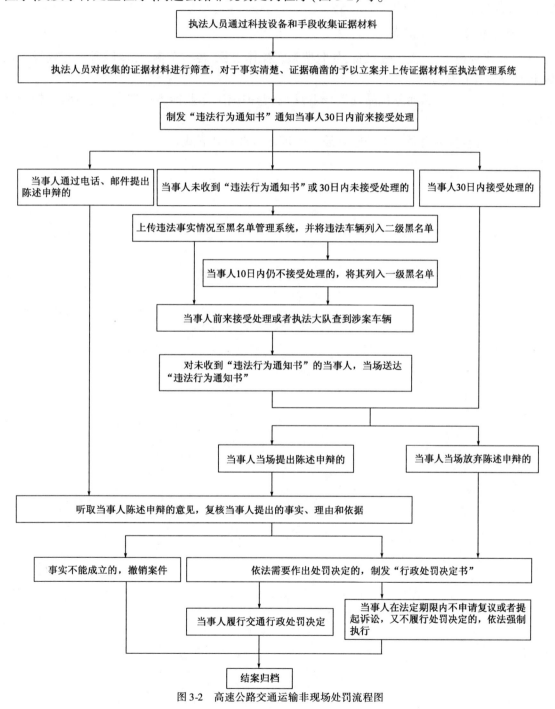

图3-2 高速公路交通运输非现场处罚流程图

（2）工程作业类程序：高速公路路面养护控制程序、大型桥梁养护控制程序、大型隧道涵洞养护控制程序、排障作业控制程序、特殊路段结构物控制程序、交通事故处置预案、危化品车辆事故处置预案、恶劣天气交通处置等。

（3）经营管理类程序：经营项目开发控制程序、服务区管理控制程序、服务区设施设备采购控制程序等。

3.操作规程类文件图表

（1）操作规程类：各类设施设备，如收费系统操作规程；各类车辆，如清障救援车辆操作规程、特种设备操作规程等。

（2）操作规范类：路面危化品处置作业规范、养护施工作业标志设置规范、涉路广告设置规范等。

（3）图表类：参见附录一 ISO9000 质量管理之监督检查表式。

第四章　高速公路养护监管

我国自1984年第一条高速公路修建,到2018年底,高速公路里程已达14.26万km,居世界第一。

高速公路养护,就是对高速公路进行保养、维护和修理,以维持其正常的使用功能。随着我国经济社会的快速发展与文明程度的进步,高速公路发展的主要矛盾已由基础设施供给不足的供需矛盾,转向公共服务能力与人民群众期盼不适应的新矛盾。为适应高速公路发展新特征,必须由过去以基础设施建设为主,向建设、管理、养护、运输并重转变,突出管理、养护等公共服务工作,同时还必须注重绿色交通、智能交通等新问题。

本章分五部分来说明高速公路养护监管的主要内容,分别是概述、高速公路养护监管组织体系建设、高速公路养护技术和安全监管、高速公路养护市场化和工程质量监管体系建设、高速公路养护监管的信息化与沥青路面的快速养护。

第一节　概　　述

本节将从我国高速公路"十三五"时期的规划建设、高速公路养护的原因分析、高速公路养护监管创新研究的主要内容和国内外高速公路养护监管基本情况来说明。

一、"十三五"时期我国高速公路规划建设的主要内容

加快高速公路成网,体现高速公路系统通道的整体性功能,要求各省际的断头路尽快实现贯通;要求高速公路服务新型城镇化、城市群和城市群之间、城市群内部城市与城市间互联互通;加强国际经济合作走廊重要的境内通道、省际通道、连接沿海沿江重要港口公路、连接重要口岸公路建设,服务国家"一带一路"倡议;要求提高综合运输效率,使高速公路和其他运输方式实现无缝衔接或便捷换乘;同时打通贫困地区和重要城市间的联络线,加快实现脱贫致富目标,打好扶贫攻坚战;要求2020年形成具有完整体系的国家高速公路网。

二、高速公路养护的原因分析

对于高速公路养护,不仅体现在日常养护,更应该注重预防性养护,即当路况尚属完好但路用功能有所减弱或即将突变之前采取预防措施,发生轻微病害时及早采取补救措施。预防性养护是高速公路养护工作的重点。高速公路养护的主要原因包括:

由自然和人为因素决定。受汽车的压力和冲击力的反复作用;垃圾与油料的污染;交通事故火灾;时刻受到大自然的日晒、雨打、风吹、冰冻等侵蚀。所以,高速公路从工程完工之日起就步入一个必然的老化和"伤亡"的时期。由于部分车辆超载,我国的高速公路一般使用不到10年便进入大修期;加上我国高速公路发展历史很短、管理经验不足,导致运营后出现很多问

题,所以高速公路养护得当,可延长其使用寿命和运营时间。

由我国国民经济和高速公路发展新特征决定。国民经济持续、快速、健康发展和人民生活水平的提高很大程度上有赖于高速公路基础设施的完好程度、运行效率和服务水平,因此,高速公路养护为我国的经济良好发展提供了基础设施保障。在新的历史发展阶段,必须努力构筑科学、高效的现代化高速公路养护体系,发展公平竞争、规范有序的高速公路养护工程市场,努力实现高速公路养护的科学化、现代化、信息化。

三、高速公路养护监管创新研究的主要内容

(1)出台高速公路养护规章制度、考核办法等,促进高速公路养护监管的规范化、制度化发展。要求制定高速公路养护管理的质量目标。

(2)严格执行相关工作程序和工作制度,促使高速公路养护从计划、组织、实施、监督、考核、验收等各项程序的工作体系规范化。

(3)在理顺高速公路监管体制的基础上,健全高速公路养护监管机制,实现逐级目标责任制,使岗位职责落实到位,充分实现层层分解、分工明确、职责清晰;提高养护资金的使用效益,并确保高速公路的养护质量达到验收规范。

(4)建立高速公路养护监管动态数据库,在不断完善养护技术资料的基础上,提升高速公路养护管理的数字化、信息化水平。

(5)要形成定期养护翻新制度,保障高速公路完好率,开辟规范化发展道路;运用先进的科学技术手段,引导高速公路的养护工作向机械化、专业化方向发展。

(6)高速公路养护要科学规划、资源整合,要合理使用、节约和保护资源,尽量利用原有高速公路资源条件,提升现有资源的使用效率。

(7)高速公路养护要加强环境保护,提升环保水平;养护过程中要积极推进绿色通道工程建设,强化养护作业过程中保障安全行车。

以下将从国内外高速公路养护监管基本情况、高速公路养护管理组织、制度、价格体系建设,高速公路养护技术、安全和信息化管理等方面进行梳理和归纳,为高速公路养护管理的科学化、规范化、现代化发展提供较完整和清晰的思路,为我国高速公路养护管理提供参考方案。

四、国内外高速公路养护监管基本情况

高速公路养护监管,是指实施高速公路养护作业的全程监督与管理,其重要性是由高速公路经营者、管理者的社会责任、经济效益和专业特点所决定的。高速公路养护管理的根本任务是确保道路安全、畅通、舒适、保值;其中,安全、畅通、舒适是高速公路企业,也是养护管理者的社会责任,保值是养护管理者的工作责任。

随着国家行政体制、财税体制改革,公路交通将面临深刻调整和变化;高速公路养护所面临的机遇和挑战也将前所未有,对高速公路养护管理工作也提出了新的更高要求。包括为了适应全面深化改革总部署,需要高速公路养护管理工作完善顶层设计;为了适应全面推进依法治国要求,需要不断提高高速公路养护管理工作治理能力和水平;为了适应全面建成小康社会,满足人民群众新期盼,需要高速公路养护管理加强"供给侧结构性改革";为了适应"五大

发展"新理念,需要高速公路养护管理工作转变发展方式。以下将对国外高速公路养护监管基本情况、我国的部分省(市)高速公路养护监管基本情况、江苏省高速公路养护监管基本情况进行介绍。

(一)国外高速公路养护监管基本情况

在国外,大部分发达国家都采用"养管分离"的公路养护制度,包括通过招投标的方式将具体养护工程承包给承包人;建立完善的高速公路养护市场体系;政府和舆论监督高速公路养护质量;保证养护资金的利用率和维修质量;养护应高效并满足市场需求。

1. 美国高速公路养护监管基本情况

(1)美国高速公路养护监管组织

公路交通是美国的大动脉,保证道路畅通极为重要。美国的高速公路管理早已由"建设管理为主""建养并重"转化到"以养为主"的阶段,其养护管理体制已经比较成熟。美国在联邦运输部内设有公路管理局,该机构由总办和区域性办组成,实现对州际公路网进行宏观管理的目标。美国州际高速公路、国家公路由联邦公路管理局规划,而高速公路的建设、养护和管理,以州及地方政府为主。美国联邦政府各州及地方政府进行高速公路养护管理。高速公路养护作业规程内容详尽,而且没有封闭交通的法令;关于高速公路养护,从信息收集、材料储备、作业次序、设备调度、气象预报、应急处理、公众信息服务等方面都有详细规定。

(2)美国高速公路的养护费用及设备监管。

由于美国的高速公路大部分是由州议会通过特许经营立法授权设置的收费高速公路,所以对机构的设立、经营范围、期限、收取和使用资金、维修养护的责任作了详尽的规定,并作为立法条款。美国高速公路是使用联邦政府燃油税建设和运营的,高速公路监管养护经费从税金中支付。高速公路监管机构是由州运输厅组建而成。

高速公路养护装备也是从小到大、从独立作业到集中作业全套配置;高速公路养护公司的组织工作,在技术人员和技术工人方面,充分考虑了各种维修技术和技能需求的全覆盖,以及从驻地到作业现场的距离和许可的服务时间等因素,所以在人员配置上充分体现了技术密集型。

(3)养护监管机构的设置。

养护监管机构是按照地理或行政区域划分进行设置,其职能包括路产、路政、巡视公路等,同时负责计划、质量、技术、财务环境的监管。按照市场化方法,把高速养护项目发包给养护施工企业,养护依据美国各州公路工作者协会所颁布的 AASHTO 养护手册。根据其中的《典型承包养护工程工作和各种范围及单位成本》《成员组织现场承包养护概况》等规定,养护监管机构以业主方的身份负责承包工程的招标工作,并监督合同目标的执行情况和项目的验收等内容。

(4)养护服务中心的职责。

美国高速公路养护市场成熟,企业的行业资质评定统一,养护施工企业完全走向市场,养护标准完善细致,技术规范合理,养护结果的检测和评定可以做到公平公正,路况设施检测评定标准和检测方法应用统一;由于高速公路系统老化导致费用不断增加,需进行养护体制改革,逐步建立一种富有成效的新型高速公路养护管理模式——养护服务中心。养护服务中心养护作业的主要内容是日常养护和小修工程。

(5)美国高速公路养护信息化管理手段的运用。

美国各州建立了各自的地理信息系统(GIS)。GIS系统通过Internet网络与授权者共享,这个庞大的数据库每年更新一次,为管理者提供决策依据。系统根据GPS测量、人工调查采集道路桥梁基础数据(包括桥梁所在位置、跨径、上下部结构形式;桥梁洪水位;桥面铺装类型;道路实际交通量;道路中线的里程桩号及坐标;路面结构类型;路面厚度;路基宽度及横断面组成;涵洞结构形式、位置、尺寸等),有助于施工项目的管理为维修养护工人提供了一条有效路径,也有助于分析、管理和提供高效、安全交通信息系统。

(6)路面状况评价系统的应用。

路面状况评价系统主要用于路面养护管理,要求在路面养护管理过程中积极推广货车称重站,限制超重车辆对路面的破坏作用,从而保护路面。该系统是根据路面破坏特征、病害性质和特征等,运用专家系统分析病害产生的原因,由专家系统提出养护方案。

2. 日本高速公路养护监管基本情况

(1)日本高速公路养护监管体制与任务。

日本国内公路建设与养护监管实行三级垂直监管体制,分别为国土交通省、公路局、道路公团。国土交通省全面负责政府投资项目的宏观管理;公路局专门负责公路的规划、开发、建设管理,是国土交通省下设的众多专业局委中的政府职能部门;道路公团主要负责高速公路的建设、通车交付使用公路的常规维修、改造,灾害后的道路修复工作,以及承担与高速公路相关的辅助设施的建设与管理,该机构是公路的承建主体。下面具体介绍道路公团的性质与任务等。

日本道路公团总部下设有区域性的负责高速公路管理和养护的管理局,各区域管理局设有技术部,主要负责道路的改建、大修、日常养护、各种设施和机械设备的维修管理,以及处理与上述业务有关的一些技术问题。在管理局以下,按区域设有负责养护维修的管理事务所。管理事务所是负责管理和养护高速公路的基层单位,主要从事管理工作;管理事务所一般均按路线的区间划分,每隔60km左右设置一所。日本道路公团对所管理的高速公路负有养护责任,具体养护工作由管理事务所组织。

道路公团是受建设省、建设大臣监督的半官方组织,主要业务范围包括高速公路及收费道路、收费停车场及高速公路相关设施的建设和管理,是以建设和管理收费公路为主要业务的独立的、特殊的法人。大量的日常工作都发包给专业养护公司承包实施。

高速公路养护和维修工作分为定期养护和日常养护。定期养护作业包括对高速公路设施按周期进行的预防性养护或改善工作,如高速公路改、扩建工程,改善路面,更新设施,防灾工作等。日常养护的主要作业包括道路的检查、小修保养、清扫等作业。

(2)日本高速公路的养护监管体制的特点。

①依法管理,模式科学。1952年《道路法》、1956年《道路公团法》颁布,高速公路修建和管理一体化体制以立法形式被确定。养护管理机构层次清楚、完整,采取公司化垂直管理模式。

②职能突出,社会化程度高。养护管理机构的管理、质量监督职能突出,属技术密集型管理。养护管理部门只集中资金购置急需的管理用车和日常维护设备,不设独立的养护施工队

伍,养护工程采取对外发包或委托的方式。

(3)日本高速公路养护资金监管情况。

①20世纪50年代日本制定了《道路建设特别措施法》,主要是通过贷款或吸引民间资金修建高速公路并通过收费来偿还,解决了高速公路建设资金,并通过道路公团实施。

②要求编报养护资金计划。其中,55%为工程改善费,42%为养护管理费,2.6%为防灾对策费;要求经政府建设大臣批准后执行。

3.法国高速公路养护监管基本情况

(1)法国高速公路养护监管组织。

①法国政府中的公路管理机构是公共工程运输和旅游部,公共工程运输和旅游部下设有公路局,公路局负责公路建设投资和管理公路网,制定交通条例等工作。

②法国高速公路特许经营公司通常采用三级管理方式,具体为最高管理层在公司总部,设有董事会,其下设有管理部和养护施工公司;其中,管理部下设数个管理站,管理部内的养护机构为技术与养护处;管理站负责具体的养护管理和实施,管理站设有施工管理员、养路工和工程监督。

③法国高速公路由国家高速公路公共机构统一管理,通过招标方式选择建设和养护单位,采取企业化管理方式,如有专门为公路养护服务的机械公司,他们的工作是出租公路养护施工机械或直接进行养护施工作业,具体按照《道路机械、维修及航空基地章程》进行管理。

④法国的高速公路特许养护公司采用公司总部、管理部、管理站的三级管理模式,职责清晰、分工明确,公司负责高速公路的建设、运营和养护工作。

(2)法国高速公路大中修养护的总体要求。

要求做到各类养护工序流水作业。高速公路养护施工现场管理规范、安全标志设置齐全。对于路面结构层破坏,分析原因做补强处理后再加铺面层。路面面层摩擦系数达不到要求时,加铺面层。各类养护机械设备完备,机械化程度非常高,采取机械化养护方式。

(3)高速公路预防性养护监管情况说明。

高速公路的养护方式主要通过交通量确定,预防性养护体现在项目实施初期对养护方式进行研究分析;养护作业标准和验收标准由高速公路及公路科研部门制定。利用先进路面管理系统实施预防性养护。高速公路网通常被划分成区段,每个区段长约100km,各区段设两个管理中心。养护方式包括日常性小修,或根据路面寿命采用周期性养护,要求在设计使用年限内对路面进行整体恢复。

(4)法国高速公路养护资金运作和监管情况说明。

①1969年法国对《高速公路法》进行了修订,成立了以私人资本为主体的高速公路公司,负责高速公路项目的建设、运营、养护,通行费收入的25%用于高速公路的管理和养护,资金来源是长期借贷的方式。

②高速公路建设资金主要来自汽车使用税、车辆购置税、燃油税等;由业主通过委托高速养护企业实施养护作业工作。当税金收入不能满足高速公路建设所需的资金时,议会审议《高速公路法》,将高速公路特许经营权授予混合型经济公司,由政府负责养护管理,这就形成了特许经营制度。为解决部分公司的债务问题,通过国家控股方式,贯彻国家法规、收费标准,

提升养护投入和运营的各类服务水平，逐步推进收费标准全国一致。

(二)我国的部分省(市)高速公路养护监管基本情况

1. 明确高速公路养护质量检验评定标准和养护质量目标

(1)从路基工程、路面工程、桥梁工程、隧道工程、交通安全设施等分部、分项工程质量评定方面，对高速公路养护工程质量的管理、监控和检验评定等进行了明确规定。如河北省制定出台了地方标准《高速公路养护工程质量检验评定标准》(DB 13/T 1018—2009)。

(2)明确高速公路养护管理单位必须按照行业技术标准、规范和操作规程，采取正确有效的技术措施，对高速公路主体工程及其附属设施进行预防性、经常性和周期性养护，保证高速公路技术状况指数(MQI)达到90以上。如河北省根据省情，制定了《河北省高速公路养护管理方法》。

2. 规范高速公路养护交竣工验收程序

(1)确定了按交工验收和竣工验收两个阶段执行的工程项目，包括对于技术复杂程度高或总投资在1亿元以上(含1亿元)的高速公路中修工程和大修工程、养护专项计划中的特殊项目等，其余中修等养护专项工程按一阶段竣工验收执行。

(2)二阶段竣(交)工验收的交工验收由管理处、公司负责，竣工验收由省交通运输厅负责组织；一阶段竣工验收由高速公路公司和管理处负责。如河北省制定了《河北省高速公路养护专项工程竣(交)工验收办法》。

3. 建立了经营性高速公路公司养护质量保证金制度和考核通报制度

(1)建立经营性高速公路养护质量保证金制度，对经营性路段不达标准的实行强制履约，提出在经营性公路通行费中提取"5%公路养护质量保证金"的实施办法。如山西省在《山西省高速公路管理条例》中明确提出建立养护质量保证金制度。

(2)每年对养护管理、运营管理(含服务区、收费站等)、路产管理、路网管理、安全与应急管理等开展总分1000分的检查考核，并印发通报。如北京市交通委员会针对北京市经营性高速公路较多的情况，制定了《经营性高速公路行业管理考核办法》。以下介绍江苏省高速公路养护管理基本情况。

(三)江苏省高速公路养护监管基本情况

1. 江苏省高速公路建设情况

1996年江苏省第一条高速公路——沪宁高速公路建成通车，实现了江苏高速公路零的突破；至2018年底，全省高速公路通车里程4700公里，较2010年4000公里增加700公里，年均增长2.19%；日均断面流量达23089辆/日，年均增长9.86%，有力地支撑了全省经济社会发展。如图4-1所示为1996—2014年江苏省高速公路里程及流量变化情况。

2. 江苏省高速公路养护模式分析

(1)养护主体。江苏省高速公路养护是由取得高速公路收费权的经营企业利用贷款和有偿集资建成高速公路，经批准收取车辆通行费的事业单位，以及非收费高速公路管理单位依法负责,即养护主体为江苏交通控股有限公司,负责经营江苏省交通基础设施、交通国有资产、交通运输及相关产业的投资建设和经营管理。

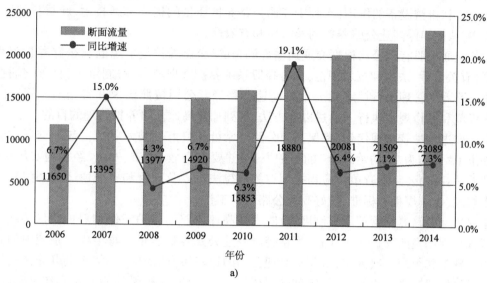

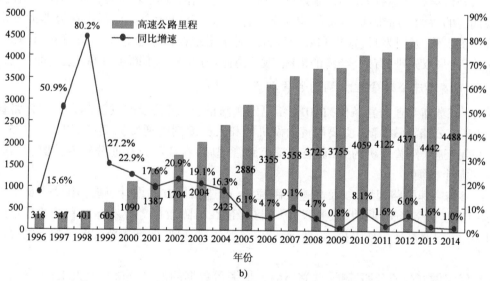

图4-1 1996—2014年江苏省高速公路里程及流量变化情况

(2)高速公路的养护监管模式。监管模式为高速公路管理单位监管,交通控股公司监管及各地高速公路经营公司主管、专业养护单位实施的养护管理模式。

(3)高速公路养护作业实施主体。江苏省高速公路经营公司本身配置管养队伍,拥有部分管养作业人员和施工机械,承担部分日常管养作业任务,同时委托专业养护单位(控股系统内高速公路养护公司)开展规模较大的专项养护作业。这种养护模式称为半专业化养护。其缺点是设备和专业人才利用率很低。

部分高速公路经营公司将日常养护和专项养护甚至绿化保洁委托专业化养护公司实施,而公司的工程部门仅负责制订和执行养护计划、养护作业合同管理、养护工程质量监督管理等常规性的工程管理工作。公司仅设置工程部作为养护管理部门，不必设置与专业化养护公司相重叠的作业队伍和作业机械，从而降低了高速公路的养护成本；同时充分发挥专业化养护公司专业人才和机械设备的作用，有利于高速公路养护质量的提高和新技术、新材料的研究、推广与应用，从而确保高速公路养护的及时性和有效性。

江苏交通控股有限公司根据交通运输部颁布的《公路养护技术规范》《公路养护工程管理办法》等有关法律、法规和技术规范，结合控股系统养护管理的实际，制定了《江苏交通控股系统高速公路养护管理暂行规定》，要求各高速公路经营公司按照国家和省交通主管部门规定的技术规范和操作规程执行。通过以上方法，达到加强高速公路养护管理的目的。

全面推进养护管理现代化，确保高速公路经常处于良好的技术状况。江苏交通控股有限公司提出了"预防为主、防治结合"的养护方针，并要求高效、优质、安全、经济地实施预防性、周期性养护；高速公路经营单位应当按照有关法律法规以及国家和省交通运输部门制定的养护技术规范、操作规程和标准，做好高速公路养护工作。

建立高速公路养护管理季报制度，及时掌握高速公路的养护工作和养护质量情况。通过定期考核和周期性的养护质量检查，严格控制高速公路养护质量。每半年对系统内的高速公路养护管理工作组织一次抽查，每年对高速公路的道路品质组织一次检查，每年末进行综合考核。在做好桥梁日常巡查的同时，定期开展桥梁检查工作，对桥梁的检查频率作出明确规定，对出现病害的桥梁及时维修，确保结构安全。各高速公路经营企业加强高速公路的日常路况巡查和检测工作，及时发现、报告和处治病害。对于出现检评不合格的路段，通过认真分析病害产生原因，采取先进、有效、经济的措施，改善道路使用状况，不断提升高速公路服务水平。

3. 江苏省高速公路管理机构的监管职责

依据《江苏省高速公路条例》(2014年第四次修正版)、《关于印发江苏省高速公路管理局(江苏省高速公路路政总队)主要职责内设机构和人员编制的通知》(苏交政〔2014〕25号)等文件，明确高速公路管理机构(江苏省高速公路管理局)在江苏省高速公路养护监管的职责主要有以下几个方面：

(1)参与高速公路规划，以及高速公路建设、改造项目方案设计、施工图设计及交竣工验收。承担高速公路养护、收费、服务区(停车区)经营、清障救援等技术标准和行业规范的研究拟订工作，组织对高速工作养护、收费、运营服务等法律法规、标准规范和政策执行情况的监督检查。

(2)组织做好高速公路养护、收费、运行、服务等数据的汇总、审核、上报工作；参与高速公路交(竣)工验收工作；参与高速公路养护市场的培育和管理，推进高速公路养护专业化、社会化；负责全省高速公路养护、收费、运营服务等行政监管工作；做好收费期限届满高速公路的鉴定验收相关工作；承担移交后的养护和营运相关管理工作；负责拟定高速公路养护、收费、清障和运营服务等行业政策、技术标准和行业规范，加强行业指导、服务和监督检查；负责组织对全省高速公路作业规范化管理和监督检查工作。

(3)组织做好高速公路行业安全生产指导和监督检查相关工作，参与有关高速公路安全生产事故的调查处理工作；加强巡查，保障高速公路的安全畅通；负责并组织依法办理高速公路路政许可，组织做好对涉路施工等许可事项实施过程的监督检查；负责高速公路标志标线等交通安全设施规范设置的监督管理。

(4)加强监督养护施工现场交通组织;在高速公路上的养护作业,应当按照有关标准和规定,设置施工及安全作业标志。因高速公路养护作业造成交通堵塞的,省高速公路管理机构和公安交管部门应当要求高速公路经营单位及时调整施工路段现场管理和交通组织方案,高速公路经营单位和养护作业单位应当执行调整后的交通组织方案。

(5)高速公路养护工作模式可分为半专业化养护模式和系统内专业化养护模式。

(6)通过建立养护监督的季报制度,及时掌握高速公路的养护工作和养护质量情况。要求各高速公路经营管理单位加强高速公路的日常路况巡查和检测工作,及时发现、报告和处治病害;对于出现检评不合格的路段,通过认真分析病害产生原因,采取先进、有效、经济的技术措施,改善运营状况和高速公路的服务能力。

(7)定期开展桥梁检查工作,定期分析公路、桥梁技术状况等路况数据。对桥梁的检查频率作出明确规定,对出现病害的桥梁应及时维修,确保结构安全;对高速公路及其附属设施的完好情况和养护质量进行检查,对达不到高速公路养护技术规范的,应当责成高速公路经营管理单位限期采取相应措施。

(8)通过定期考核和周期性的养护质量督察,严格执行高速公路养护工程的质量验收标准。要求做到:每半年对系统内的高速公路养护监管工作组织一次抽查;每年对道路实际品质组织一次检查;每年末进行综合考核和评比。

(9)高速公路经营管理单位对高速公路实行预防性、周期性养护,应当编制养护计划,安排相应养护资金,保障高速公路处于良好的技术状况,并定期报送路况数据;高速公路养护实行专业化、社会化和机械化,并实行招标投标制。

4. 江苏省高速公路监管案例

(1)概况。

沪宁高速公路(扩建工程)全线双向八车道,设计行车速度为120km/h,路基宽度为42.5m,2005年底全线开放通行。沪宁高速公路养护主要由江苏沪宁高速公路股份有限公司负责,其组织成立专业化的养护队,负责道路日常养护。

(2)实施方案。

①养护工程施工组织要求。每隔约30km成立一个养护工区,该养护工区负责排水、防护、绿化及除路面以外的保洁工作。路面养护队约50km为一组,负责路面的小修保养工作,每组配备综合养护车或修路王,同时配备平板振动夯、切割机等作业工具,包括双排座和自卸车、操作工若干。

②养护中心情况。生产沥青混凝土、铺筑路面等,工程辐射范围200km,对各种工程项目均实现项目管理。同时负责全线的路面专项治理及道路标线施工等专业性、技术性较强的养护项目,按照公司的指令性计划安排生产,完成生产计划之余,还可承担社会工程。另需配备适当的检测试验仪器。因此,养护中心具有独立的沥青混凝土生产与施工手段,并具有交通安全设施维修功能。

a. 养护中心设备配置。配备了沥青混凝土拌和楼、沥青洒布车、摊铺机、压路机、桥梁检测车、洒水车、升降机、装载机、铣刨机、重型运输车等。

b. 养护中心人员配置。拥有各类管理人员12人以上,长期技术操作工约50人。

第二节 高速公路养护监管组织体系建设

目前,我国高速公路大多数经营公司自设养护机构,养护管理基本上采用"一路一公司"的经营模式,所管辖里程一般为200km左右,这也使高速公路养护无法达到最佳规模,不能实现规模经济效益。本节从我国高速公路养护监管存在的主要问题、高速公路养护的组织监管特点和总体要求、高速公路养护管理组织体系建设等方面进行说明。

一、我国高速公路养护监管存在的主要问题

(1)人事制度、分配方式不灵活。随着高速公路的发展,现代机械和新的科学技术在高速公路养护中的作用越来越明显,但由于"政、事、企"不分,各地养护机构重复设置,非生产人员膨胀,养护队伍臃肿;在工资分配上,效益工资在工资总额中所占比重较小,激励作用不强。

(2)因采用传统事业型监管模式,"重建轻养"思想突出。主要表现为对养护管理强制性要求、市场化模式尚未确定、未建立起现代企业制度、缺乏足够的认识及有效的法律约束,养护管理模式落后。

(3)没有实现"预防性养护"要求,养护体系不健全。高速公路的养护没有做到主动养护,穷于应付现有路桥隧道等工程的病害,缺乏运营过程中的路况调查、病害预测以及适时养护决策和养护规划,导致养护体系不健全。要实现预防性养护应具备以下条件:

①机制条件。要实现预防性养护的目标,必须从体制和机制上入手;需要建立完善的养护决策、养护规划、养护调度及工程养护监理制度。

②技术条件。技术条件包括养护决策系统、道路及桥梁结构检测系统、路况评价预警系统及成套养护设备。

(4)养护机械的完好率和利用率比较低,设备闲置浪费现象较严重。目前还没有大规模推广使用新技术、新工艺、新材料,仍处于试验阶段;难以确保高速公路养护的及时性、快捷性和高效性;对一些国外引进机械的性能开发存在不足,使用频率低。

(5)养护科技含量、机械化水平低。高速公路因其特殊的使用需要,要求进行高标准的养护工作。从整体研究来看,我国高速公路的养护维修主要依靠传统养护方式,包括设备使用、方案选择、施工组织等,养护缺乏科技含量且机械化水平不高。

二、我国高速公路养护组织监管的特征和总体要求

1. 我国高速公路养护组织监管的总体特征

我国各省政府交通运输主管部门主管全省高速公路工作,各省高速公路管理机构——省高速公路管理局具体负责全省高速公路的路政管理和养护、经营服务、收费等监督管理工作。目前,各省高速公路的养护管理的组织,仍采用事业型的管理体制,不能完全反映高速公路社会化大生产的商品属性要求;养护经费来源仍采用财政拨款方式,不能完全适应高速公路管理企业经营性要求,这些都影响了养护技术水平的提高与管理机制的创新。

另外,省人民政府公安机关主管全省高速公路的交通安全和治安管理工作。省人民政府其他有关部门和高速公路沿线地方人民政府应当按照各自的职责做好高速公路相关工作。公

安机关高速公路公安交管部门具体负责高速公路的交通安全、交通秩序管理和交通事故处理工作。

2.我国高速公路养护监管的总体要求

（1）不断提升高速公路的养护现代化和决策水平，完善公路、桥梁、内河干线航道、长江地方性航道和沿海进港航道等的运行状态检测系统。建立与机械化养护相匹配的保养定额体系，按标准使用相应的养护机械，力争全省高速公路、一级公路养护机械化率达100%。

（2）高速公路的养护监管要全面推行国际质量体系标准，以保证各项工作的规范化、程序化和标准化。要制定高速公路养护管理各项规章制度、考核办法及养护工作质量目标，使高速公路养护管理更加科学化、制度化。要建立健全完善的养护监管机制，理顺监管体制，制定逐级目标责任制及岗位职责，做到逐级细化、层层分解、分工明确、职责清晰。最终要求达到健全机制、规范管理、完善制度、强化监督的目标。

（3）不断完善养护技术资料，建立高速公路养护管理动态数据库，实现高速公路养护管理的信息化、数字化、现代化。以"优""良"等实际评定的养护里程的百分比，即"好路率"作为评定养护质量的主要指标，确保高速公路安全、畅通、舒适、保值，是高速公路养护管理的根本任务。严格养护管理程序，使养护管理工作从计划、组织、安排、实施、监督、考核、验收等，形成一套规范、严谨的工作程序。

（4）逐步实施GBM工程，力争创建畅、洁、绿、美的公路交通环境。使道路始终保持快速、安全、畅通、舒适、整洁，充分发挥高速公路的社会效益和经济效益。保持路面整洁、横坡适度、行车舒适；路肩整洁、边坡稳定、排水畅通；构造物、桥涵及隧道完好；沿线设施完善；绿化协调美观。

（5）开展以节约土地、能源、材料，实现资源再生利用为重点的关键技术研究，重点突破路面和路基养护再生利用技术，提升沥青路面循环利用率和再生率。

三、高速公路养护监管组织体系建设

1.高速公路养护监管的主要内容

（1）高速公路养护生产任务全部通过建立合理的内部竞争机制交由高速公路养护专业养护企业来完成，将大量技术工作交由专业咨询顾问公司承担。各路段公司应根据所管辖里程，按规定配足养护各专业技术管理力量，内设管养部（科）或组建养护管理所。各路段公司养护管理机构负责对本辖区内公路养护进行具体的事务管理。建立所辖路段道路路况监管机制，包括养护工程的招投标，制订养护规划和年度养护计划，养护新技术的推广及应用，养护工程的质量监督、验收与评定等。

（2）提倡科学养护，首先要制定科学的养护方针，加强员工培训，坚持人才培养的方针。在维修作业中要特别注重水害和路面病害的根治、维修作业和病害根治并重、有计划地安排专项治理。路面养护单靠日常保养难以保证道路的安全畅通，要逐年安排专项治理，不断改善道路条件，以延长路面大修周期；在保证日常养护的同时，根据气候特点，要每年进行集中整治；在进行严格的交通管制、保证通车条件下进行高速公路维修，加强交通管制，保证维修施工安全；日常维修和集中整治相结合。

(3)未经批准或者未按照许可方案进行高速公路半幅封闭或者中断交通养护作业的,由省高速公路管理机构责令改正,并可处以1万元以上2万元以下罚款;高速公路经营管理单位未按照规定报送路况数据、路网信息或者未按照要求发布路网信息的,由省高速公路管理机构责令改正,并给予警告。

(4)高速公路经营管理单位在养护巡查、检查以及应急处置时,发现影响交通安全的情况,需要采取交通管制措施的,应当及时报告公安部门。

(5)建立全省高速公路道路路况监管机制,负责指导各路段公司养护管理业务,负责培育和规范全省养护市场,保证市场有序健康发展;控股集团应与高管局密切合作,在现有人员配备基础上增加养护管理部门力量,对全省高速公路养护行业行使宏观管理职能。

(6)高速公路经营管理单位未按照规定设置施工、安全标志的,由省高速公路管理机构责令改正,并可处以300元以上3000元以下罚款;对于经营公司下属的养护公司,实现养护单位企业化管理,建立竞争机制,降低公路养护成本,以适应公路养护市场发展的需要。

(7)高速公路经营管理单位违反规定时,省交通运输主管部门可根据国务院《收费公路管理条例》《江苏省高速公路条例》等法律法规的规定予以处罚和处理。对于省高速公路管理机构所提的整改要求,高速公路经营管理单位应当在规定期限内整改,并将整改情况报送省高速公路管理机构。

2. 高速公路养护监管组织体系建设的必要性

(1)加强养护监管、提高养护工作质量是保证高速公路畅通所必不可少的条件;"重建轻养、忽视管理"会对高速公路交通事业不利;高速公路的养护与管理工作,是高速公路建设事业的重要组成部分。

(2)为做好高速公路的养护工作,首先应从组织体系上下功夫和找原因,加强高速公路养护的监管组织体系的建设工作。高速公路养护需要政府、业主、施工、监理、设计、咨询等多部门(单位)的联合协作才能完成;高速公路养护与高速公路建设属于同类工程。

(3)根据《交通运输部关于全面深化交通运输改革的意见(交政研发〔2014〕242号)》,推进公路养护管理体制改革的文件精神,要求"根据公路的不同功能定位,建立健全政府与市场合理分工的公路养护组织模式"。

3. 建立并理顺高管局和控股集团"两级监管"养护责任体系

通过"管养分离"改革,逐步建立起高速公路养护管理网络框架,明确高管局和控股公司各自在高速公路养护问题上的职责。

4. 构建共同决策体系

基于以下内容,构建路基、路面管理系统和桥梁、隧道等管理系统平台的共同决策体系,实现科学决策的目标。

(1)高管局应对养护市场涉及的相关企业如设计、养护、监理、检测等单位加强准入、招投标、养护质量等方面的监管,以保障高速公路养护市场健康有序发展。

(2)控股集团则应根据两个评价系统的评价结果进行分析、论证,拿出合理的实施方案,指导养护工程计划、资金的安排,实现养护工程的决策由经验型向专家系统型的转变,养护质量评价标准由"好路率"指标向综合服务水平指标的转变。

5. 高速公路养护监管组织模式构成

因为交通运输厅和交通控股集团同属于省政府管辖的同级别单位,组织上无隶属关系,虽然高速公路养护管理的组织体系涉及政府部门,但事实上却游离于组织体系之外。然而,高速公路行业管理却是交通运输厅和高管局要承担的政府职能,作为行业管理代表的高速公路管理部门应该在此组织体系中履行应有的管理职能(图4-2)。

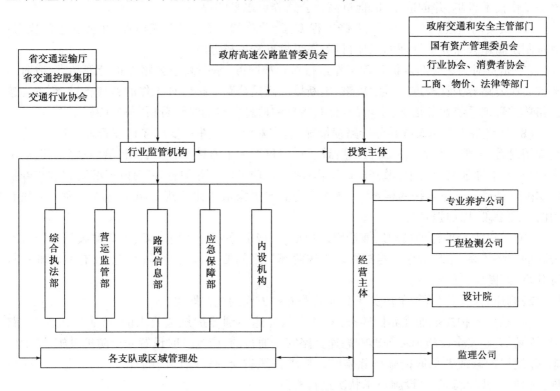

图4-2　高速公路养护监管组织体系框图

6. 高速公路监管各方的主要职责

1)省高速公路管理机构主要监管职责

(1)省人民政府交通运输主管部门主管全省高速公路养护监督管理工作,具体由省高速公路管理机构负责;建立健全高速公路养护监督管理机制和制度,加强监督指导,不断促进高速公路养护管理水平的提高。

(2)应当加强对高速公路及其附属设施技术状况的监督检查,并及时将发现的有关病害及问题通报高速公路经营管理单位;高速公路技术状况评定结果应逐步向社会公示;应每年组织不少于一次高速公路技术状况评定和养护管理规范化检查,并将检查评定结果向高速公路经营管理单位通报。

(3)加强对高速公路经营管理单位贯彻法律法规以及国家和省交通运输部门制定的规范、规程和标准情况的监督检查,并将发现的问题和改进完善的意见,及时书面通知高速公路经营管理单位。

(4)省高速公路管理机构应加强对高速公路养护的监督管理,定期分析公路、桥梁技术状况等路况数据,并对高速公路及其附属设施的完好情况和养护质量进行检查;对达不到高速公路技术规范要求的,应当责成高速公路经营管理单位限期采取相应措施整改;高速公路养护实行招标投标制度,应实行机械化、专业化和社会化养护。

(5)加强高速公路养护管理法律法规、标准规范的宣传贯彻,并做好高速公路养护技术管理人员的培训工作;建立高速公路养护管理工作交流平台,加强高速公路养护技术指导,推进养护工作技术进步,并创造条件,促进高速公路养护水平的提高。

(6)负责高速公路养护专项、大修工程方案、预算的审核、审批或申报,并负责监督执行;负责制定高速公路养护管理的工作目标、质量标准和考核办法。

(7)负责对高速公路养护管理工作进行指导和服务,掌握高速公路养护管理动态,适时对本省高速公路养护管理进行科学决策,不断提高高速公路养护管理工作的科技含量;负责高速公路养护管理系统业务培训,学习的组织、指导和信息资料的统计分析、整理归档工作。

(8)公路路政管理人员要分析路损情况、研究对策。应进一步加强路政管理工作,因为从路损情况看,大部分是人为故意损坏所致。这不仅增大了养护工程量,而且给国家财产造成重大损失;要求加强路政管理,做好协调工作;路政管理工作是养护管理工作的保障,路政与养护密切配合是搞好公路养护的根本,具体工作为需要国家从法律法规上赋予路政管理人员强有力的管理手段,以加强管理。

(9)可以为养护管理员颁发兼职路政员证,形成公路管理部门专职、兼职路政员共同管理公路的网络体系;路政管理与养护管理工作两部门之间要经常沟通,研究对策,有些基础资料可共享,以提高工作效率。

2)高速公路经营管理单位关于高速公路养护方面的主要职责

(1)按照养护规范加强养护巡查,对技术状况达不到养护规范要求的,或者发现路基、路面、桥涵、交通安全设施损坏等影响高速公路安全通行的,应当及时设置安全防护设施、警示标志,并组织抢修或者采取措施排除险情。要求按照省交通运输部门的规定,定期报送路况数据,对高速公路及其附属设施技术状况进行检测。

(2)建立高速公路桥涵与隧道专项检查、技术状况评定、养护工程管理、养护计划管理、养护作业现场管理、日常巡查与检查、科技推广应用、病害处治、突发事件应急处置等工作制度、技术档案管理与数据报送,并规范相应的工作程序;建立健全养护管理体系,落实养护管理人员、必要的经费和养护设备,保证养护工作正常开展;应将高速公路监管部门的检查评定结果作为年度工作考核的依据之一。

(3)应当按照现行《公路桥涵养护规范》(JTG H11—2004)等规范和规定要求,对桥梁结构等方面进行检查与检测。要求建立关于特殊结构形式的重要桥梁与隧道的结构安全、耐久性检测、监测制度和维修保养机制,专门制定养护技术手册;要求单位配备专职的桥梁养护工程师,负责桥梁养护技术管理工作,主持桥梁的经常检查和巡检,并负责组织桥梁养护工作的评定。

(4)应当根据高速公路技术状况,结合高速公路养护管理目标,经征求省公路管理机构意见,编制年度养护计划,并报省公路管理机构备案;高速公路养护巡查和检查应当按照养护技术规范要求做好记录,对发现的病害和问题应当及时提出处置意见。

(5)特殊检查结束后,检查单位或者检查人员应及时提交专题检查报告。对于四、五类桥梁,应当自评定之日起,中、小桥梁一年内,完成维修改造;对于大型、特大型桥梁,一年内完成维修改造方案论证并组织实施；对确需保持通行的四类桥梁，应制订专门的监测方案，于每月月中前向省公路管理机构报送监测结果。

（6）对巡查和检查中发现的高速公路病害和问题，应当及时处理。按照国家和省交通运输部门规定的技术规范、操作规程和养护规定加强高速公路养护，编制养护计划，安排相应的养护资金，对高速公路实行预防性、周期性养护，保障高速公路经常处于良好的技术状况。

（7）只有人员精干、技术全面、机械配套、安全措施完备的专业化养护队伍，才能完成高速公路各种突发事故的抢修工作，所以应具有与其承担的养护工程项目相适应的设备和技术、人员，建设专业化的高速公路养护队伍；养护监管要在用人机制和用工方式方面走向社会化，引进专业技术人才，培训现有养护人员，提升其专业素质。

（8）对严重影响行车安全的病害和问题，应当及时采取措施，排除险情，并在24小时内修复病害、解决问题；不能在24小时内修复和解决的，应当采取相应防护措施。对被评定为四、五类的桥梁以及严重影响桥梁结构安全的情况，应当及时采取相应临时处置措施，报告省公路管理机构，并组织制订大修、加固、改建或者重建方案。

（9）高速公路需要进行养护作业的，养护单位应当选择在车流量较少的时段进行，避开交通高峰时段；高速公路养护作业需要占用行车道的，应当事先通报高速交警机构、省高速公路管理机构；高速公路养护作业需要半幅封闭或者中断交通的，应当编制施工路段现场管理和交通组织方案，报省高速公路管理机构、省公安机关交通管理部门批准，在施工前5日通过新闻媒体和高速公路可变情报板发布养护作业路段、时间等信息，并在施工路段前方相关入口处设置公告牌。因高速公路养护作业造成交通堵塞的，应及时调整施工路段现场管理和交通组织方案，按照国家和省有关标准和规定，设置施工标志和安全标志。

第三节　高速公路养护技术和安全监管

目前，高速公路的养护技术管理工作越来越难以适应海量数据管理要求，难以满足工程项目信息化管理的要求，也不能很好地满足服务的需要。而互联网技术实现了一次真正意义上的信息技术革命。个人计算机的计算能力增长，智能手机、掌上电脑等移动设备的性能越来越趋近计算机，使得野外工程作业也可以充分利用信息技术带来的便利。这些最新信息技术成果，可以被用来为高速公路养护管理系统提供系统的解决方案。

高速公路养护工程施工安全监管，包括施工控制区布置、施工安全技术要求和施工机械设备操作安全要求等。对悬索桥、斜拉桥养护作业的安全技术要求，以及高速公路养护作业安全标志和隔离设施的摆放和撤除，特殊天气条件下的养护作业、养护机械设备的进出场等安全管理、操作的安全技术要求，依据《公路养护安全作业规程》（JTG H30—2015）、《江苏省高速公路养护工程施工安全技术规程》（DB32/T 1363—2009），针对不同车道高速公路，规定了不同警告区的最小长度。

本节主要介绍了高速公路养护技术监管、安全监管等相关内容。

一、高速公路养护技术监管的措施和要求

通过路面养护技术的研究可使公司决策者选择最适合的时机、最恰当的技术，安排在最合

适的地方进行养护活动,并使这些活动规范化、标准化。

高速公路养护,包括高速公路小修保养、中修工程、大修工程等。高速公路经营管理单位应当积极采用先进、环保的养护技术、材料和科学的管理方法,重视新技术、新材料和新工艺在养护工作中的应用,提升养护科技含量,大力推进机械化养护,不断提高养护效率和养护质量。

(一)高速公路养护技术监管的措施

依据《江苏省高速公路养护管理办法》《江苏省高速公路条例》等规定,高速公路养护技术管理的措施包括:

(1)省高速公路管理机构应当明确高速公路养护与检查标准,建立高速公路技术状况和定期评价制度,每年对高速公路技术状况进行评价认定,并根据评定结果,结合高速公路运行年限、交通量状况和实际运行情况等因素,向高速公路经营单位提出养护建议。

(2)省高速公路管理机构对于高速公路经营管理单位报送的路况数据及技术状况采取复核、复检的方式,可以委托第三方检测机构实行检测,以确保检测数据的科学性和可靠性。根据《公路养护技术规范》(JTG H10—2009)规定,公路养护质量的考核应严格按照现行《公路技术状况评定标准》(JTG H20—2007)规定执行。

(3)高速公路经营管理单位应当按照国家和省交通部门规定的技术规范和操作规程加强高速公路养护,并安排相应的养护资金,对高速公路实行预防性、周期性养护,保障高速公路经常处于良好的技术状况。高速公路经营管理单位应当按照省交通部门的规定,定期报送路况数据。

(二)江苏省高速公路养护监管的技术标准和要求

1. 养护的总体技术要求

(1)高速公路应当实行经常性、及时性、预防性和周期性养护。保障高速公路经常处于路面平整,路肩、边坡平顺,桥涵、隧道构造物及沿线设施完好,标志、标线齐全、规范等良好的技术状态。

(2)土建和交通安全设施工程考核应采用综合养护指数和国际平整度指数(IRI)双控指标,绿化养护工程应采用绿化养护指数。当一个阶段内的综合养护指数值、国际平整度指数值或绿化养护指数值低于设定的数值时,根据合同文件给予相应的处罚。日常养护管理即采用指数考核、指标管理,考核结果与计量支付挂钩,加强监管的成效。

(3)高速公路养护文件、台账、巡查记录、检查记录、交通情况调查、路况基础数据、年度养护计划、养护工程设计、施工和验收文件、图纸等应当真实、齐全、有效,并按照规定分类、归档;高速公路技术状况指数(MQI)季度评定结果应当在下季度的首月上旬报送;桥涵与隧道技术状况年度评定结果和交通量统计年报应当于次年1月底前报送。

(4)为了综合衡量公路养护质量,除统计"好路率"且指标外,还应采用"加权平均方法"求得"养护质量综合值",以便比较;算出各项分数及总分数,据以评定每公里的养护质量等级,然后分路线汇总优、良、次、差里程及"好路率"且逐级上报,作为基层编制养路作业计划的基础;检查时要求按百米记录病害数量,再按整公里累计。

(5)养护检查分为经常性检查、定期检查和特殊检查。发生洪水、台风、雪灾、地震等自然灾害和有可能对高速公路及其附属设施造成较大破坏的异常情况时,应当进行特殊检查。

(6)高速公路经营管理单位应当按照国家和省有关规定,制定养护巡查和检查制度,并按照养护技术规范要求,进行养护巡查和检查。养护巡查分为日常巡查和夜间巡查,日常巡查每天不少于一次,应重点检查路面、交通安全设施和路障;夜间巡查每月不少于一次,应重点检查照明和标志、标线。

(7)由于施工而开辟的便桥、便道及利用原路进行改建、改善、大修的路段,施工期间原路可暂不评定。路面因冰雪封冻等导致当月不能进行养护质量评定时,可按上月末路况上报汇总并予以说明。当公路因洪水、流冰、泥石流、冻害、沙害、飓风等自然灾害而遭到损毁时,为反映真实情况,应如实按标准评定等级,并予以注明。

(8)应当遵循"保障安全、优化服务"的原则,按照国家和省有关技术规范要求进行维护,及时维修和更换损坏部件,保持系统、设施经常处于良好的技术状态。高速公路经营管理单位应当根据年度养护计划,安排相应的养护经费,满足养护需要。高速公路经营管理单位应当每季度评定一次高速公路技术状况指数(MQI,见图4-3)。高速公路技术状况应当达到《公路技术状况评定标准》(JTG H20—2007)规定的良以上等级。

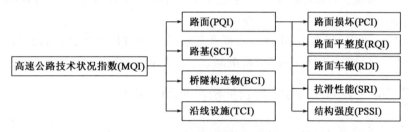

图4-3 高速公路技术状况指数(MQI)

2.高速公路养护沥青路面病害、缺陷的技术定义及量测要求

坑槽:路面破坏呈坑洼状,深度大于2cm,面积在0.04m² 以上,如小面积坑槽较多又相距很近(20cm以内),应合在一起丈量。

沉陷:路面、路基有竖向变形,路面下凹,深度在3cm以上。

波浪与搓板:路面纵向产生连续起伏,有似搓板状、峰谷高差大于1.5cm的变形。

网裂:缝宽在1mm以上或缝距在40cm以下,面积在1m² 以上的网状裂缝。路面上出现的长度1m以上、缝宽1mm以上的单条裂缝或深度在5mm以上的划痕也应纳入网裂病害中,其数量按单缝累计长度乘以0.2m计。

龟裂:缝宽在3mm以上,且多数缝距在10cm以内,面积在1m² 以上的块状不规则裂缝。

松散:路面结合料失去黏结力、集料松动,面积在0.1m² 以上。

拥包:路面局部隆起,高度在1.5m以上。

泛油:高温季节沥青被挤出,表面形成薄油层,行车出现轮迹。

车辙:路面上沿行车轮迹产生的纵向带状凹槽,深度在1.5cm以上,数量按实际长度乘以变形部分的平均宽度。

啃边:路面边缘破碎脱落,宽度在10cm以上,数量按单侧长度累加乘以平均宽度。

平整度差:用3m直尺沿路面纵向每100m至少量三尺。

脱皮:路面面层层状脱落,面积在0.1 m²以上。

3.高速公路养护桥涵隧道结构物、交通设施等病害和缺陷的技术定义和病害量测

(1)桥头跳车:桥梁、过水路面衔接处不平及涵洞顶纵坡不适。桥梁伸缩缝养护不良,引起行车颠簸者,每跳车一次记病害一处。

(2)构(部)件破损:人行道、栏杆、帽石、锥坡、端墙、墩台有缺件、断裂、破损及露筋等。伸缩缝、支座被杂物卡住或出现松动、锈蚀、老化现象。

(3)隧道损坏:包括隧道衬砌、拱圈、侧墙变形、裂缝,砌体脱落;无衬砌隧道出现危石或大量碎落石;洞身较大范围渗漏水;洞口端墙、翼墙倾斜、位移;隧道内排水系统淤塞;应有照明、通风设备而未设或效果较差者。

(4)沿线设施标志缺损:各种交通标志残缺,位置不当,式样、尺寸、颜色、不规范、不鲜明;安全设施损坏,护栏、隔离栅、隔离墩等安全设施有残缺者;标线不完整,按现行《公路养护技术规范》(JTG H10—2009)要求,应标线而未标线或已标线但有脱落、不清晰或未按标准标画的。

(5)绿化空白路段:宜绿化路段一侧连续未绿化长度在20m以上者。路肩不清洁,路肩上有杂物、垃圾、堆积物及15cm以上的高草。

(6)水沟淤塞:边沟、截水沟、排水沟有淤积影响排水者,以及应有边沟路段而无边沟者。

(7)构造物损坏:挡墙等圬工体断裂、沉陷、倾斜、局部塌陷、松动,较大面积勾缝脱落者。

(三)高速公路主要分部分项工程养护技术监管的实施标准

1.路面(包括硬路肩)养护技术监管的实施标准

(1)路面病害:对于翻浆、沉陷、车辙等路面病害超过50m²的处治,要根据情况报批处治方案,批复后组织实施。

(2)路面保洁:主线、匝道由养护施工单位负责每天清扫1遍,收费广场每日清扫两遍。

(3)路况巡查:由养护施工单位每日巡回检查1次,巡查人员填写"日常养护巡查记录表",发现问题及时处理,遇重大问题及时报告管理处。

(4)路基病害:通过对路基各部分的日常巡查和定期检查,发现病害及时查明原因,采取有效措施进行修复或加固,消除病害根源。

①定期检查。可根据需要每月检查1段,每季度检查1遍,发现病害提出整修方案,并实施。

②紧急检查。暴雨或洪灾后立即检查1次,填写路况记录,对于损坏部位,及时修复。

③排水井。养护施工单位每年于雨季及台风期前疏通两次。

④排水沟及两侧边沟。养护施工单位对有冲刷、损坏的部位,3日内修复,严重损坏的5日内修复(特殊情况除外),沟内垃圾、杂物每月清理1次,沟内杂草每年全面清除两次。

⑤养护施工单位对道路两侧、匝道、进出口两侧边坡及隔离栅上悬挂白色垃圾等废弃物,半年及全年检查前一周内,统一清检1次。

(5)裂缝维修:养护施工单位发现裂缝后应及时灌缝。

(6)沉降观测:养护施工单位对较严重的沉降路段、搓板路段应建立沉降观测点;沉降路

段每3个月组织一次观测;对观测数据进行整理归档。

(7)坑槽修复:一般情况下应在巡查发现后的24小时内进行应急填补,并在72小时内进行规范修补;如由于天气恶劣,无法进行规范修补,则应在天气好转后立即修补。

2.桥涵、通道、涵洞及其附属设施养护技术监管的实施标准

对桥涵、通道都要建立档案,实行一物一档,档案均要求配有立面照片、侧面照片,并建立电子档案。档案内容分为基本情况、经常检查情况、定期检查情况、养护情况等。桥涵、通道的养护检查工作由路产养护部负责,建立专人负责制,养护技术人员具体承担检查工作。

养护监管单位和经营公司应每1~5年组织进行1次专项检查,可自行组织检查或委托专业单位检查。对数量较大、普遍存在的病害,由养护单位统一安排组织实施;桥梁、通道每两个月检查1次,以目测为主,填写"桥梁经常检查记录表",登记所检查项目的缺损类型、范围及养护工作量,提出需要维修的小修保养措施,并组织实施;一般病害7日内修复,中等病害15日内修复;跨江大桥下部结构每年检查1次,桥下水深每两年测1次,可以考虑租船使用。

(1)桥面部分:对桥面进行经常检查,对一般病害7日内予以修复;检查桥面是否清洁,有无杂物堆积,杂草蔓生;检查桥面铺装是否平整,有无裂缝、局部坑槽、波浪、碎边,桥头有无跳车,泄水管是否堵塞和破损等;检查是否产生坑槽、波浪、严重裂缝,并及时维修;检查桥梁伸缩缝有无堵塞卡死现象,检查联结件有否松动、局部破损等,对伸缩缝损坏部位应在半月内修复;发生台风、洪水等重大自然灾害后,应在24小时内组织对桥梁结构进行检查并记录,对损坏部位进行紧急抢修,保证畅通。

(2)桥梁的桥墩、桥台及基础部分:混凝土墩台及帽梁有无冻胀、风化、腐蚀、开裂、剥落、露筋等;台背填土有无沉降裂缝或挤压隆起;有无滑动、倾斜、下沉现象;墩台顶面是否清洁,伸缩缝是否漏水。

(3)护栏等附属设施部分:因交通事故或其他原因造成护栏或其他设施损坏,护栏修复应在48小时内完成,特殊情况下5日内完成,并应设置临时警示标志;护栏上不得挂任何废弃物,不得有油污及其他污渍;桥梁钢护栏每2~3年统一油饰1次;护栏不顺直或高度不符合规定时,根据道路实际情况进行调整。检查支座活动是否灵活、实际位移量是否正常或有无老化、变形等现象。

(4)桥台、桥墩受冲刷情况,桥墩有无受碰撞:人行道、缘石、栏杆、扶手和引道护栏(柱)有无撞坏、断裂、松动、错位、缺件、剥落、锈蚀等;桥头排水沟和行人台阶是否完好;交通信号、标志、标线、照明设施是否完好;翼墙(侧墙、耳墙)有无开裂、风化剥落和异常变形;锥坡、护坡有无局部塌陷,铺砌面有无塌陷、缺损,有无垃圾堆放、灌木杂草丛生。

(5)混凝土表面状况:发生侵蚀剥落、蜂窝麻面病害,检查发现后视情况进行维修。对于混凝土构件,如发现露筋、剥落等现象,应将钢筋的锈迹清除,并将松动的保护层凿去,用环氧砂浆修补或喷注高强度水泥砂浆。混凝土结构裂缝处理要求:在允许范围内(表4-1)的裂缝,要采用环氧树脂封闭处理;当裂缝宽度超过规定时,应采用压力灌浆法灌注环氧树脂。

(6)涵洞:检查涵洞是否淤积,是否脱节,洞身是否完好,要求每年4~5月清淤1次,9~10月清淤1次。

裂 缝 限 值 表 4-1

结构类型	裂 缝 部 位			允许最大缝宽(mm)	其 他 要 求
钢筋混凝土梁	主筋附近竖向裂缝			0.25	
	腹板斜向裂缝			0.30	
	组合梁结合面			0.5	不允许贯通结合面
	隔离板与梁体端部			0.30	
	支座垫石			0.50	
预应力混凝土梁	梁体竖向裂缝			不允许	
	梁体纵向裂缝			0.20	
砖、石、混凝土拱	拱圈横向			0.30	裂缝高小于截面高1/2
	拱圈纵向(竖缝)			0.50	裂缝长小于跨径1/8
	拱坡与拱肋接合处			0.20	
墩台	墩台帽			0.30	
	墩台身	经常受侵蚀性环境水影响	有筋	0.20	不允许贯通墩台身截面一半
			无筋	0.30	
		常年有水,但无侵蚀性影响	有筋	0.25	
			无筋	0.35	
	干沟或季节性有水河流			0.40	
	有冻结作用部分			0.20	

3. 隧道养护技术监管的实施标准

(1)经常检查:对土建结构的外观技术状况进行巡视检查并填写"隧道经常检查记录表",发现大规模的早期破损、明显的病害或其他异常情况,要及时采取相应措施。检查要求是每两个月检查1次。

(2)定期检查:按规定周期对土建结构的基本技术状况进行全面详细检查。通过定期检查,要求系统掌握结构基本技术状况,评定结构物使用功能,为制订养护工作计划提供基本依据。检查要求是每年检查1次。

(3)特别检查:通过应急检查,要求及时掌握结构受损情况,为制订对策提供依据;当隧道遭遇自然灾害、发生结构严重损坏、交通事故爆炸、起火或者出现其他异常情况时,对遭受影响的结构要立即进行详细检查。

(4)专项检查:通过专项检查,要求全面掌握破损或病害的详细资料,为其是否需要处治以及采取何种处治措施等提供技术依据。根据经常检查、定期检查和特别检查的结果,或通过其他途径,判断需要进一步查明某些破损或病害的详细情况,而进行更深入的专门检测。要求对隧道每年组织2~4次清洗。

4. 路堤及边坡养护技术监管的实施标准

高路堤、高边坡是指高度大于5m的路堤和高度大于20m或3级以上的边坡。路堤及边坡的养护检查分为经常性检查、定期检查、专项检查和位移监测四种。

(1)路堤及边坡位移监测的要求。对于稳定性差的每个月监测一次,对于稳定性较差的每两个月监测一次;对于稳定性较好的每 3 个月监测一次,对于稳定性好的每 4~6 个月监测一次;雨季或台风暴雨期应加密监测。路堤及边坡位移监测以仪器监测和简易监测为主,按路堤及边坡稳定程度采用不同时间的监测工作。当发现路堤或边坡变形加大或坡体出现不良地质现象时,应加密监测。

(2)路堤及边坡的档案管理要求。各管理处的养护技术人员具体承担检查工作,如确系检查需要,可经公司同意外聘专业技术人员参加。路堤及边坡的养护检查工作由路产养护部负责,并对高路堤、高边坡检查建立专人负责制。要对每处路堤及边坡建立档案,档案内容分为基本情况(包含立面照片)、经常检查情况、定期检查情况、专项检查情况、位移监测情况、养护情况等。

(3)路堤有无出现裂缝、倾斜、空鼓、滑动、下沉等现象,泄水孔情况,浆砌是否松动、脱落、开裂;边坡截水沟、边沟外 3m 内边坡有无出现危石、浮石、裂缝,边坡碎落台、坡道等有无出现缺口、冲沟、沉陷、塌落,排水是否通畅,浆砌护面或喷浆护面是否松动、脱落、开裂,用锚杆或锚索加固的要检查锚头是否渗水等现象。

(4)经常性检查以直接目测为主,配合简单工具量测,每两个月至少进行 1 次。经常性检查的项目和内容:对锚索施工的边坡和地质情况较差的高路堤或高边坡检查频率应适当加密;遇台风、暴雨等自然灾害性气候,过后 1 天内组织检查。

(5)定期检查以目测结合仪器检查为主,对路堤及边坡各部位进行详细检查,一般安排在雨后进行,每年检查两次。定期检查的项目和内容:路堤有无出现裂缝、倾斜、下沉等现象以及整体稳定性情况;边坡排水情况及边坡上夹石、孤石有无松动、滑落等现象;岩层断层地带风化情况及其发展情况;防护加固构造有无损坏及锚索端头有无漏水现象;坡面有无变形、倾斜、滑移等现象;坡顶植被覆盖和坡面碎落情况等。

(6)专项检查的项目和内容:专项检查根据经常性检查和定期检查所发现的问题实际需要确定;在日常性检查和定期检查难以判明损坏原因、程度时,由相关部门及时组织技术人员进行分析研究,提出养护建议。

5. 标志标线和沿线设施养护技术监管的实施标准

(1)每月夜间检查 1 次。主要检查沿线标志标线反光效果是否良好,对反光效果不好的标志 5 日内修复或更换反光膜,对于已损坏无修复可能的 10 日内更换。主要检查内容包括沿线标志牌、支柱是否受到损坏,地面标线是否完整等。

(2)每半年检查 1 次。对护栏连接部位螺栓进行拧固,将缺损螺栓补齐,对隔离栅松动部位进行加固。要检查护栏、隔离栅有无异常,有无变形、损坏等,对损坏缺损及变形部位要在 2 日内修复或更换完成。

(3)其他情况。公路标志牌每年清洗一次;对损坏的公路标志,要求在发现后 24 小时内予以修复或更换;因技术等原因无法按时修复、更换的,应当设置临时公路标志;对于地面标线,因施工或其他原因损坏标线功能的路段,应及时恢复;对于路边轮廓标、公里牌,每季度清洗一次,保持公路标志、标线的清晰、醒目、准确、完好,符合公路工程技术标准的要求。

(四)路面管理系统的维护与完善、路面性能的定期检测技术体系

沪宁高速公路江苏段已经由东南大学建立了路面管理系统,正式运行后,由江苏省交科院配合江苏宁沪高速公路股份有限公司对该路面管理系统进行定期维护和完善,在做好数据采集服务及向路面管理系统输入数据并运行这一系统以获得路面现状、目前养护维修决策(路段、方案、费用等)、将来路面性能预测的同时,对系统提出改进意见,协助系统建立单位解决路面管理系统应用中出现的问题,促使沪宁高速公路江苏段路面管理系统能正常运行起来。

为了正常运行路面管理系统或在路面管理系统投入运行前,为了路面养护与维修方案的科学决策,必须对现有路面有比较详细的了解,因此应进行必要的路面性能定期测试(图4-4)。

图4-4　路面性能检测

(1)路面表面破损的定期调查:路面表面破损状况是道路工程师用来判断路面是否需要进行罩面的主要依据,应加强对路面表面破损的调查,可由江苏省交科院抽调人员组成路面表面破损状况调查组,采用人工方法对行车道进行定期抽样调查。

(2)摩擦系数的定期检测:路面抗滑性能直接影响汽车行驶的安全性。在汽车高速行驶的状态下,抗滑性能低下会使汽车制动失效而发生事故。为了跟踪沪宁高速公路江苏段路面抗滑性能的衰退情况,建议进行摩擦系数的定期检测。

(3)弯沉的定期检测:加强弯沉测试,可以及时掌握路面结构状况。为了进行路面结构性能评价,需要了解路面的承载能力,而弯沉是反映路面承载能力的重要指标。建议在行车道上进行定期弯沉测试。

(4)平整度与车辙深度的定期检测:平整度不良的道路会影响乘车舒适性、增加车辆运营费用、加剧路面破损。道路上较大的车辙深度亦会影响乘车舒适性、增加车辆运营费用,并会使路面减薄、加剧路面破损。因而有必要对平整度及车辙深度进行定期检测及评价。

根据上述路面性能定期检测数据、以前积累的路面性能数据及其初步分析结果,提出路面养护方案建议,主要包括:当前路面状况评价,结合以往路况数据来评价路面性能变化趋势,当前路面养护对策建议,未来各年度路面养护、维修策略及需求分析,提出近期养护对策和中、长期养护策略。此方面的工作在路面管理系统正式投入运行后,可由路面管理系统自动完成。

(五)桥梁管理系统的引进与开发、桥梁的定期检测和养护方案简介

桥梁养护通常是公路养护中的一个薄弱环节。沪宁高速公路江苏段共建有桥梁431座,

其中总跨长在 40m 以上的大、中桥有 126 座。科学化、规范化地管理桥梁的养护工作可以提高公路管理水平,实现显著的经济和社会效益。

对桥梁的病害进行初步分析,并有选择地定期观测,必要时进行桥梁静(动)载试验,为桥梁的养护与维修提供必要的技术数据;桥梁病害的种类很多,形成的原因也很复杂,拟对特大、大、中、小桥梁进行全面检查。桥梁的普查内容有桥梁总体、伸缩缝、桥面铺装、护栏、上部结构(梁、板等)、支座、桥台、桥墩、盖梁、立柱、锥坡、护坡等。

交通运输部曾通过技术引进,组织国内有关科研单位开发出适合我国国情的桥梁管理系统(CBMS)。我们可以将此套桥梁管理系统通过有偿方式应用到沪宁高速公路江苏段,并通过不断改进与完善,形成适合沪宁高速公路江苏段特点的桥梁管理系统。

桥梁养护方案建议:

(1)根据桥梁评定情况,桥梁养护对策如下:对一类桥梁,正常保养;对二类桥梁,需要进行小修;对三类桥梁,需要进行中修,酌情进行交通管制;对四类桥梁,需要进行大修或改造,及时进行交通管制,如限载、限速通过,当缺损严重时应关闭交通;对五类桥梁,需要进行改建或重建,及时关闭交通。

(2)根据桥梁普查、定期观察及必要时进行的桥梁静(动)载试验的结果,提出桥梁的近期养护对策和中、长期养护策略,包括当前桥梁状况评价;当前桥梁养护对策建议;未来各年度桥梁养护、维修、加固策略与需求分析;结合以往桥梁状况数据,评价桥梁性能变化趋势。这四方面的工作在桥梁管理系统正式投入运行后,将由桥梁管理系统自动完成。

(六)江苏省高速公路养护常见病害的处治技术

江苏省的多条高速公路病害由于通车时间与交通量的不同而异。沪宁高速和京沪高速病害相对较多、维护保养工作量较大。下面主要介绍江苏省高速公路路基、路面、桥梁工程等主要的病害及处治措施。

1.路基、路面工程主要病害及防治措施

(1)路面坑塘、车辙。一般采用修路王或 HD 综合修补车进行局部修补。对于沥青面层上面层的病害,如龟裂、蜂窝,1~2cm 以内车辙等路面变形不严重的点,采用热烘、掺料、补强的方法,即采用修路王热烘,适当添加新料,人工搅拌均匀,压实补强。路面病害已经波及中下面层,乃至基层的,必须挖除,分层填筑。

(2)路基边坡滑坡。防治措施是:当填土高度大于 3m 时,采用空心混凝土六角块铺砌,空心部位植草;当填土高度小于 3m 时,采用满砌混凝土预制块;粉砂土路基的边坡易被雨水冲刷,采取的加固方案根据填土高度而定。

(3)路面裂缝。路面出现裂缝但未出现明显错台(在 5mm 以内),也无啃边现象的,采用刻槽灌缝工艺进行修复,防止水的渗漏,对于病害比较集中段通过铣刨重铺方式维修;路面出现网裂,没有明显变形,也未出现唧浆的,采用涂胶防水,即采用修补胶薄薄涂一层,防止水的渗透。近年来还广泛采用了微表处和沥青路面就地热再生等预防性养护技术开展路面集中维修和裂缝处理,总体效果较好。但维修质量及使用寿命受材料供应、交通流量、老路结构、车辆荷载等因素影响较大。

2. 桥梁结构主要病害及防治措施

(1)桥梁上部结构主要病害(图4-5)。

图4-5　桥梁上部结构病害

①桥梁预应力混凝土空心板梁：铰缝两侧未按施工缝处理(凿毛)起拱度不够；剪力筋位置不准、遗失不补或马虎、不做平弯捆扎；顶层∩形弯筋遗失不补或马虎、平弯后紧贴面层；支座脱空或受力不均；铰缝混凝土不密实，尤其底部用砂浆涂表面。

②预应力混凝土组合箱梁：腹板纵向裂缝；横隔板裂缝；支座劣化、脱空、剪切变形大；底板横向裂缝；底板纵向裂缝；湿接缝横向裂缝。

③预应力混凝土连续箱梁：该箱梁的主要病害表现为腹板竖向裂缝、底板横向裂缝，以及翼缘板的横向裂缝、腹板斜向裂缝。

④桥墩和桥台：桥台背墙、耳墙裂缝；墩身裂缝；过渡墩墩顶、桥台顶有垃圾；墩帽裂缝；挡块破损等。

⑤调治构造物：桥头锥坡、台前溜坡、导流堤、护岸等。其病害主要有护坡土流失、锥坡沉降等。

(2)桥梁结构病害的维修措施。

①高速公路桥梁梁体的维修，根据桥梁结构形式和病害程度的不同而采用不同的维修方式，可采用体外预应力、贴钢、灌(封)缝、粘贴碳纤维布、结构胶修补等，有的需要更换梁体。

②板梁上部结构还有其他劣化现象，对目前结构的安全使用影响不大，但对桥梁的使用耐久性有影响，需要适当地养护、维护。这些病害有伸缩缝的老化、梁体白化水迹、梁体破损、露筋等。

③维修加固养护。裂缝较重的铰缝，特别是裂缝反射至桥面的情况，建议凿除部分桥面，裂缝压注环氧类材料(或凿除铰缝重新浇筑铰缝)，板梁之间用膨胀螺栓铆铁板仿T梁法加钢板横向焊接。

④检查铰缝底部轻微剥落，从底部凿除剥落部分，压注环氧类材料，修整铰缝。检查支座，如有脱空或局部受力，建议补以钢板在纵向两侧加顶，塞紧支座；个别或少量置换很难达到平整受力要求，需加强预防性养护。

3. 交通安全设施养护及处理方法

交通安全设施主要包括波形护栏、墙式护栏、防眩板、声屏障等。养护内容主要是事故损坏的更换和日常保洁。中央分隔带防眩板、波形护栏、声屏障损坏后更换及修复要及时,标线如果存在缺失或污染应及时补画,轮廓标要定期进行清洗和更换,保证引导效果和行车的安全,按照《公路交通安全设施施工技术规范》(JTG F71—2006)要求组织维修。

(七)江苏省高速公路养护新技术研究

1. 层间处理技术的研究与应用

沥青路面防水材料的研究与应用,主要是进行沥青路面防水材料的室内外试验研究,检验这些防水材料在沥青混凝土中的防渗效果、对沥青混凝土力学性能的影响、长期耐老化能力及其对路面抗滑指标的影响;沥青层间处理技术注重新材料、新技术、新工艺的推广应用,为高速公路路面保护性养护提供新的技术方法。通过合理的设计及严格的施工控制,可延长路面寿命,从而节约路面养护、改造费用。

近年来,为了获得更高的质量标准,在路面材料及其结构层方面进行了许多优化和改进;同时,为了使高速公路路面多层组合体系具有良好的结构承载力和耐久性,以及提高其水稳定性和抗侵袭能力,层间处理技术已经引起人们的足够重视。层间处理技术包括沥青面层、路面防水层、透层、下封层、桥面防水层、黏结层等内容见(图4-6)。

图4-6 沥青路面层间处理技术

(1)沥青路面薄层罩面层养护技术研究与应用。主要从沥青路面罩面技术着手,其内容有微表处配合比设计、微表处罩面施工工艺研究、微表处路用性能的研究、修筑试验路、旧路面弯沉、表面破损状况调查、摩擦系数、平整度与车辙深度检测、试验路检测、试验路跟踪观测、技术方案的经济分析等。对路面承载力较低或车辙较严重或病害较集中段的处治可采用 Pc-13 排水性路面、UTA-10 沥青混凝土、UTA-10 矿物纤维沥青混凝土和 SMA-10 沥青混凝土等多种类型薄层罩面技术。

(2)路面强化剂涂覆的研究与应用。

应用原理:路面强化剂能渗入沥青路面中,对沥青路面及其表面部分起到密封和保护作用,防止水分渗入路面结构内部,以免降低沥青和集料的黏结力;对于路面局部出现轻微网裂、松散、麻面等病害时,可直接采用特殊的路面强化剂进行表面涂覆处理。

材料特性及使用要求:常用的路面强化剂有 TL-2000、ERA-C 和 SEALSTAR 等,但各种材料在应用效果上存在一定的差异。ERA-C具有较好的流动性、较强的黏结性及泌水性能,能够有效地防止水的渗入,除用于路面表面防渗处理、麻面处理、事故造成的局部烧伤及划痕处理外,还可用于灌缝以及在坑塘修补过程中用作黏层油;TL-2000施工方便、快捷,有一定的抗老化能力,防渗水能力强,对于早期病害预防和浅表性病害处理有一定的效果,但是该材料稠度大,施工不易控制材料用量。SEALSTAR喷洒在路表后也能起到很好的隔离作用,不仅能隔离水,也能隔离车辆滴漏下来的汽、柴油,对保护收费广场及服务区停车场的沥青路面具有较好的效果;但在主线应用中,为保证抗滑性,需掺加一定量的石英砂。要求路况较好,全幅喷洒,养护时间较长,所以对交通影响较大。

(3)修路王热补技术研究与应用。对于路面局部轻微的网裂、松散、麻面、车辙、泛油、浅坑等病害,可采用该处理技术。该技术通过现场热再生,旧料可再生利用,既节约,又环保;且因修路王为综合修补设备,不需过多的配套车辆和设备,同时修补速度快,作业人员较少。

(4)微表处技术研究与应用。该技术是以聚合物改性乳化沥青为黏结料密级配快凝型冷拌沥青罩面层,具有良好的防水、抗滑、耐磨和填充作用,可显著改善路面的使用性能,延长路面使用寿命。适于处理路面早期出现的抗滑能力不足、轻微的网裂、松散、麻面和车辙病害,以避免病害的进一步发展,起到预防性养护和美化路面的作用。

(5)橡胶沥青灌缝法养护沥青路面。其方法是先将废旧轮胎加工成橡胶粉粒,再按粗细比例级配进行组合,同时添加高聚合物改性剂,并在充分拌和的高温条件下,在180℃以上与基质沥青充分融化反应后形成改性沥青胶结材料,以《半柔性路面应用技术指南》《公路工程沥青及沥青混合料试验规程》(JTG E20—2011)组织施工和检验。采用橡胶沥青灌缝法养护沥青路面,对单条裂缝处理有较大的优势。

2. 引进高速公路养护施工现场可视化实时视频监控技术

随着目前无线网络技术和数字视频压缩技术的发展,在无线网络上传输相关的视频及音频是高速公路养护监控的趋势。就高速公路养护而言,存在着点多、线长、面广、投入巨大的特点。为保证高速公路养护的质量和规范化作业,现场巡查需要一定的时间,往往花费大量的人力、物力和财力,工作效率低下,所以引进高速公路养护施工现场可视化实时视频监控技术必不可少。根据实践运用,通过无线网络可以把桥隧养护实时动态图像传送到各级用户最近的通信发射设备中,各级用户再通过无线接收设备,实时查看、浏览各视频点的动态图像。公路养护实时视频监控技术的特点和工作过程为:

(1)对桥隧养护现场施工安全全程监控,及时纠正安全隐患。实施视频监控可以节约监管人员往返施工现场的时间,极大地提高了工作效率。

(2)能监视区域内的全部人员活动、工作情况,包括人员的特征、姿态等,少留死角,并对需要的画面进行重点录像。

(3)高速公路管理机构或经营单位可以通过远程视频实时监控,对桥梁、隧道等重点结构物的养护施工进行实时监控,可以减少管理层现场巡查或检查次数,同时可以保证养护现场的实时远程控制。

(4)对桥梁隧道进行视频监控及时了解现场进度,加速解决施工问题。实现对养护现场施工材料设备的全程监控,预防丢失、盗窃等问题的发生。

(5)视频监控的工作过程(图4-7)。

①由前端信号摄取、中间信号传输和后端信号显示及储存三个部分组成。

②根据各养护现场的具体情况,在现场安装相应的监控摄像机,外围再各配备一台云台、防护罩及云台控制器。每个视频采集点各配备一台视频编解码器。

③视频摄像机用于采集状况视频信号,主要监控养护现场一定范围内的状况,云台可以由控制中心的计算机控制,用户可以对摄像机进行水平360°、垂直90°及变焦控制。

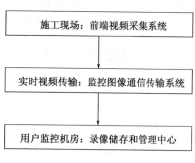

图4-7 视频监控系统拓扑图

(八)高速公路交通噪声管理相关问题分析

1. 高速公路交通噪声的危害

近年来,随着我国经济的飞速发展,高速公路的建设速度也明显加快,伴随着高速公路的建设和发展,交通噪声污染也愈来愈严重。大量研究表明,连续噪声可导致睡眠质量下降,使人多梦,而突发噪声可使人惊醒。交通噪声污染已经成为人们面临的一个突出环境问题,严重影响人们的正常工作、学习和休息。

2. 高速公路交通噪声的防治措施

综合比较国内外多年使用经验,道路声屏障可作为控制交通噪声的有效措施,一般3～6m高的声屏障,其声影区内降噪效果在5～12dB之间。降低高速公路噪声必须采用预防为主、防治结合的方针综合治理,主要包括高速公路合理选线和规划布局、交通管理措施和噪声防治技术。

3. 江苏省高速公路声屏障设置和养护过程中的主要问题

(1)伴随江苏省的高速公路建设和城镇化建设的加快,高速公路或高架两侧的居民区不断增加。

(2)声屏障养护工作或增设工作涉及高速公路管理、经营、公安、环保等多个部门。

(3)噪声污染的防治和声屏障的设置落后于原设计和规划,存在许多要变更的问题,包括变更设置声屏障的位置和数量。

(4)声屏障在高速公路养护或改建中的管理,包括:

①声屏障的设计审查。高速公路经营单位应组织审查设计的声屏障是否符合《公路环境保护设计规范》(JTG B04—2010)、《钢结构设计标准》(GB 50017—2017)、《声环境质量标准》(GB 3096—2008)等相关标准和规范。

②加强声屏障养护过程的管理,主要是管理养护工程施工控制区的设置。明确道路声屏障验收标准:《道路声屏障质量检验评定》(DB 32/T 943—2006)。

③《道路声屏障质量检验评定》(DB 32/T 943—2006)制订时,贯彻执行了《中华人民共和国环境噪声污染防治法》和《江苏省环境噪声污染防治条例》等,参照了《公路工程质量检验评定标准 第一册 土建工程》(JTG F80/1—2017)、《公路工程竣(交)工验收办法》《建设项目竣工环境保护验收管理办法》,统一了江苏省道路声屏障质量检验评定标准和方法,确保了交

通噪声环境保护设施的性能和质量。

④高速公路管理单位应参与相关设施的验收、评定工作。

二、高速公路养护安全监管(以江苏省为例)

(一)高速公路管理机构安全监管职责

根据《关于印发江苏省高速公路管理局(江苏省高速公路路政总队)主要职责内设机构和人员编制的通知》(苏交政〔2014〕25号)、《江苏省收费公路管理条例》(2012年2月1日起施行)的规定,经过梳理和研究,明确了高速公路管理机构安全监管的职责主要包括:

(1)检查施工单位是否具有相应的施工资质和安全生产许可证,未取得有效施工资质和安全生产许可证的施工单位不得从事养护工程施工作业;监督检查施工人员上岗前接受安全生产教育和施工作业规程培训,具备必要的安全生产知识,熟悉有关安全生产规章制度和安全操作规程,掌握本岗位的安全操作技能,否则不能从事相关职业;要求安全管理人员应做到持证上岗,未经安全生产教育和培训不合格的施工人员,不得上岗作业。

(2)对特种作业人员的管理应符合住房和城乡建设部建质〔2008〕75号文件的有关规定;施工人员应遵守各项安全操作规程;施工单位在采用新技术、新工艺、新设备、新材料时,应对施工人员进行相应的安全生产知识培训。

(3)江苏省高速公路管理局将养护安全工作纳入目标责任管理,分级进行考核,严格奖惩;对管理不善、监督不为、执行不力导致的重大以上养护安全责任事故,坚决实行责任追究制度;对于严重违反规定且拒不整改的单位,省高速公路管理局将依法报告上级有关部门要求其停业整顿。

(4)收费公路经营管理者进行收费公路的养护作业,应当按照有关规定设置道路交通标志和安全设施,加强养护作业人员和现场的安全管理,不得影响车辆通行安全;要求收费公路经营管理者对收费公路进行大修、改建等,影响车辆正常通行时,应当将工程施工信息提前5日向社会公布,并按期施工、竣工。高速公路经营管理单位在养护巡查、检查以及应急处置时,发现影响交通安全的情况,需要采取交通管制措施的,应当及时报告公安交管部门。

(5)收费公路经营管理者应当按照国家有关标准,做好交通安全设施的维护工作,发现其损毁、灭失的,应当及时修复;影响交通安全的,还应当设置警示标志;要求收费公路的交通标志、标线、隔离栅等交通安全设施的设置应当符合国家标准和技术规范的要求,与公路同时建设、验收、使用。

(6)交通运输主管部门应当结合标志、标线现状和公路通行、路网、沿线设施状况等,提出调整、完善交通标志、标线的要求,并由收费公路经营管理者组织实施。

(7)对养护工作规范、养护质量优良、完成年度养护目标情况良好的高速公路经营管理单位,省交通运输部门可以给予表彰和奖励。

(二)高速公路养护安全监管的主要内容

养护工程施工作业所设置的交通管理区域,分为警告区、上游过渡区、缓冲区、工作区、下游过渡区和终止区六个区域,各交通管理区域的设置应符合要求;根据《江苏省高速公路养护工程施工安全技术规程》(DB 32/T 1363—2009)、《公路养护技术规范》(JTG H10—2009)的相关规定,明确省高速公路监管部门安全监管的内容。

(1)贯彻执行《中华人民共和国安全生产法》《江苏省高速公路养护工程施工安全技术规程》(DB 32/T 1363—2009)国务院颁布的《建设工程安全生产管理条例》《安全生产许可证条例》,交通运输部颁布的《公路水运工程安全生产监督管理办法》《江苏省安全生产条例》《江苏省高速公路条例》等,规范和统一江苏省高速公路养护工程施工安全技术要求,确保高速公路养护工程的施工安全。

(2)为了道路施工及交通安全,没有批准施工安全预案的不准开工,没有施工作业许可证的不准上路,没有经过安全培训的人员不准参加现场作业;同时按规范规定保证道路施工标志、标灯全部落实到位,各级安全管理紧密配合、协调一致。尽量做到当天铣刨的路床当天完成摊铺。

(3)养护作业单位在高速公路上进行不良地质土石方开挖、高边坡处理、高空作业、高大支架模板搭设、构造物拆除或者爆破等具有较高危险性作业前,应当编制专项施工方案,进行安全论证,必要时应当组织专家论证。

(4)监督高速公路养护作业应当按照国家和江苏省有关标准和规定,设置施工标志和安全标志。养护作业区的施工标志、交通安全标志和设施应当始终处于良好状态,养护作业未完成前,不得随意撤除或者改变其位置、扩大或者缩小控制区范围。养护作业完成后应当及时清理现场。高速公路经营管理单位应当加强高速公路养护作业的安全管理,提高作业人员安全意识,保障作业安全。养护作业时,养护作业人员应当穿着安全标志服。

(5)养护过程中,要做到快速反应、协调应对,充分发挥驻地有关部门在预测、预防和应急处置中的重要支持和保障作用;预测、预防和应急处置工作应快速反应,运转高效;要求与驻地有关部门密切协作,建立联动协调机制,提升事故处置效率。

(三)养护工程施工安全合同的签订

(1)养护工程的施工安全责任必须纳入承包合同,运营管理单位要与所有进入高速公路养护市场的承包单位签订安全合同,明确安全管理要求,落实安全责任。

(2)建立"居安思危,预防为主"的方针。对重大生产安全事故,坚持预防与应急相结合,以预防为主,做好应对建设工程重大生产事故的各项准备工作。平时加强培训和演练,采用科学的预防和应急处置技术,提高预防预测水平。

(3)规范和统一江苏省高速公路养护工程施工安全技术要求,确保高速公路养护工程的施工安全,做好事故预防、预防预测、预警预测、应急处置、应急响应、事故报告、应急终止、应急保障、应急预案管理等内容。

(4)贯彻执行《中华人民共和国安全生产法》《江苏省高速公路养护工程施工安全技术规程》《建设工程安全生产管理条例》《安全生产许可证条例》《公路水运工程安全生产监督管理办法》《江苏省安全生产条例》《江苏省高速公路条例》等。

(5)提高养护管理人员业务水平,大力倡导吃苦耐劳的敬业精神,积极推广养护新技术、新工艺;定期选送员工进行培训。

(四)高速公路养护安全管理工作的实施

江苏省高速公路监管部门将养护安全工作纳入目标责任管理,分级进行考核、严格奖惩,对管理不善、监督不为、执行不力导致的重大以上养护安全责任事故,坚决实行责任追究制度;严重违反规定且拒不整改的单位,省高速公路管理局将依法报告上级有关部门要求其停业整顿;高速公路养护安全监管部门必须坚持安全检查和督察,常抓不懈,警钟长鸣。高速公路经营管理单位在养护巡查、检查以及应急处置时,发现影响交通安全的情况,需要采取交通管制措施的,应当及时报告公安交管部门。

1. 养护作业单位的相关规定

(1)提高养护管理人员的业务水平,大力倡导吃苦耐劳的敬业精神,积极推广养护新技术、新工艺;养护施工人员应遵守各项安全操作规程;施工单位在采用新技术、新工艺、新设备、新材料时,应对施工人员进行相应的安全生产知识培训;定期选送员工进行培训,培养造就一批既能"指挥"又能"战斗"的多用人才。

(2)养护施工单位应具有相应的施工资质和安全生产许可证,未取得有效施工资质和安全生产许可证的施工单位不得从事养护工程施工作业;养护工程施工安全设施应始终处于良好的工作状态,在施工未完成之前,不得随意撤除或改变安全设施的位置、扩大或缩小施工控制区范围,以保证其安全控制的有效性。

(3)在应急工作中要首先保障人民群众的生命财产安全,以最大限度地减少人员伤亡作为首要任务;实施中,要求统一领导,各司其职;事故现场应急预案在业主指导下,各相关单位负责各自工作;特别是养护施工单位要认真履行安全生产责任主体职责,建立安全生产应急预案和应急机制,服从现场指挥,配合事故救援和调查处理工作,落实主体责任。

(4)发生生产安全事故时,应立即向经营管理单位、监理单位和事故发生地的安全生产监督部门以及交通安全监督部门报告;建设单位、施工单位应当立即启动应急预案,组织力量抢救,保护好施工现场;施工单位应针对本施工项目的特点制订相应的生产安全事故应急预案,定期组织演练,应急预案的内容应符合 AQ/T 9002 和江苏省交通厅苏交质〔2007〕55 号文件的有关规定。

(5)应当建立快速反应和协调机制。为做到预测、预防和应急处置工作快速反应、运转高效,与驻地有关部门密切协作,建立联动协调机制,充分发挥驻地有关部门在预测、预防和应急处置中的重要支持作用。

(6)养护作业单位在高速公路上进行不良地质土石方开挖、高边坡处理、高空作业、高大支架模板搭设、构造物拆除或者爆破等具有较大危险性作业前,应当编制专项施工方案,进行安全论证,必要时应当组织专家论证;危险性较大的养护工程项目包括:不良地质条件下有潜在危险性的土方、石方开挖;滑坡和高边坡处理;桩基础、挡墙基础;桥梁工程中的梁、拱、柱等构件施工等;隧道工程中的不良地质隧道等;爆破工程;大型临时工程中的大型支架、模板、便桥的架设与拆除;桥梁的加固与拆除;其他危险性较大的工程。

(7)养护工程项目部对各施工队完善建设工程重大生产安全事故应急体系和应急预案实施进行指导、协调和监督。各施工班组,根据交通主管部门应急预案的原则和要求,结合工程特点,制订应急救援预案,建立应急救援组织,配备应急救援人员;定期组织演练,开展事故应急知识宣传,及时向有关部门报告事故情况;其主要职责是在股份公司总体框架下,对各路段进行日常养护项目工程重大生产安全事故总体应急预案编制和管理工作,指导日常养护项目各施工队重(较)大生产安全事故应急处置。

(8)对养护工作规范、养护质量优良、完成年度养护目标情况良好的高速公路经营管理单位,省交通运输部门可给予表彰和奖励。

2.道路养护作业现场的相关规定

(1)高速公路经营管理单位应当加强高速公路养护作业的安全管理,提高作业人员的安全意识,保障作业安全;养护作业时,养护作业人员应当着安全标志服;高速公路养护作业,应当按照国家和江苏省有关标准和规定,设置施工标志和安全标志;养护作业区的施工标志、交通安全标志和设施应当始终处于良好状态,养护作业未完成前,不得随意撤除或者改变其位置、扩大或者缩小控制区范围。养护作业完成后应当及时清理现场。

(2)为了道路施工及交通安全,应执行没有批准施工安全预案不准开工,没有施工作业许可证不准上路,没有经过安全培训的人员不准参加现场作业;同时按规范规定保证道路施工标志、标灯全部落实到位,各级安全管理紧密配合,协调一致。尽量做到当天铣刨的路床当天完成摊铺。

(3)养护作业需要占用行车道的,养护单位应当选择在车流量较少的时段进行,避开交通高峰时段,避免造成交通阻塞;养护作业需要半幅封闭或者中断交通的,高速公路经营管理单位应当编制施工路段现场管理方案,报省交通运输、公安部门批准,在施工前5日通过新闻媒体和高速公路可变情报板发布养护作业路段、时间等信息,并在施工路段前方相关入口处设置公告牌。

(4)强调养护工程施工控制区的设置。为养护工程施工作业所设置的交通管理区域,分为警告区、上游过渡区、缓冲区、工作区、下游过渡区和终止区六个区域;做好施工现场安全管理、高处施工作业安全管理、施工用电安全管理、施工现场防雷安全管理、施工现场防火、防爆安全管理等工作。

3.桥梁养护作业现场的相关规定

(1)进行桥梁上部结构养护工程施工中的桥面铺装、伸缩缝更换、栏杆维修等项目,以及在高架桥下行驶道路附近施工时,其安全标志和隔离设施的摆放与撤除可参照执行。

(2)对桥梁下部结构进行施工作业前,应在上、下游航道内设置安全警示标志,夜间需设置灯光警示信号,必要时与航道管理部门联系,取得配合方可行动。

(3)桥梁上部结构的桥梁支座、排水设施、桥跨结构等维修保养项目需要使用桥梁检测车或其他设备时,必须待设备停稳固定位置后,由安全员逆向先摆放相应安全标志,后摆放隔离设施;桥梁养护工程施工全部结束后,应及时撤除安全标志和隔离设施。

(4)在高架桥下非行驶道路施工作业时,应划定施工区域,并设置简易的隔离设施或装置,夜间需设置灯光警示信号。

(5)施工驻地内的沟、坑、水塘等边缘应设安全护栏或警告标志,对较高设施或建筑物需加设避雷装置,对现场临时道路应加强养护维修。

4.隧道养护作业现场的相关规定

(1)进行隧道通风设施施工作业时,应根据隧道交通流量和通风能力,对交通进行必要的组织和限制。当实测的隧道内一氧化碳浓度或烟尘浓度高于规定的允许浓度时,施工人员应及时撤离,并开启通风设施进行通风。

(2)隧道衬砌局部坍塌,需要清除山体边坡或洞顶危石时,应检测隧道结构状况是否会影响施工安全,并采取措施保证施工人员的安全;对隧道衬砌局部坍塌进行施工作业时,可在塌方范围选择适当位置做护拱,施工人员可在其掩护下作业,衬砌加固后应将护拱拆除。

(3)采用干法清洁时,应根据灰尘量的大小采取交通管制(单洞双向隧道)。供配电设施维护应严格执行相关设备的检修规程及《电气装置安装工程高压电器施工及验收规范》(GB 50147—2010)的有关规定;对隧道顶板、墙体及内装饰层进行保洁作业,若采用湿法清洁时,应注意保护隧道机电设施的安全。

(4)在隧道内进行登高堵漏作业或维修照明设施时,登高设施的周围应设置醒目的安全标志,高处作业人员应采取安全保护措施。

第四节　高速公路养护市场化和工程质量监管体系建设

高速公路是否安全畅通,行车是否舒适,路容、路貌是否美观,直接反映出管理水平的高低和服务质量的优劣,而高速公路养护的制度化建设为其科学养护提供保障;养护管理工作作为高速公路运营管理中最基础和重要的工作之一,直接关系到高速公路的通行效率和外在形象。目前,江苏省高速公路已经具备一定规模,公路运输网络已经初步形成,做到了县县通高速。各级交通主管部门要充分认识到现行管理体制的不足与弊端,从高速公路事业发展的大局出发,加快改革步伐,尽快建立精简高效、权责一致、运转协调、办事规范的新型公路管理体制;科学、高效的高速公路养护管理体制是做好高速公路行业管理工作的重要保证和必要条件。

根据《高速公路养护质量检验评定》(DB 32/T 944—2006)(江苏省地方标准),参照交通部《高速公路养护质量检评方法》(试行)、《公路养护工程管理办法》(交公路发〔2001〕327号)、《公路工程竣(交)工验收办法》(2004年第3号令)、《公路养护技术规范》(JTG H10—2009)等文件精神的规定,江苏省高管局参与省内高速公路养护验收和评定工作。

本节将对高速公路养护的市场化和养护工程交(竣)工验收等方面的监管进行说明。

一、高速公路养护的市场化、养护计划等监管体系建设(以江苏为例)

依据《"十三五"公路养护管理发展纲要》(2016年4月全国高管局长座谈会),"十三五"期间,高速公路养护监管重点是加快改革的深化,健全养护管理治理体系建设,包括稳步推进公路体制改革、有序推进综合执法改革、推进养护转型、分类推动养护市场化改革、加快构建现代化养护制度建设。实施养护决策科学化、推进养护工程精准化、推进养护管理制度化、实现人才队伍专业化、施行养护生产标准化、强化桥隧养护规范化和倡导养护手段集约化等。本部分将对江苏省高速公路工程养护市场化和高速公路养护的计划管理方面进行介绍。

(一)高速公路养护市场化监管

积极鼓励发展股份合作等多种所有制形式的高速公路养护企业、养护机械租赁中心等进入养护市场,逐步建立养护生产企业的资质评价和认证制度;加快培育和发展高速公路的养护市场,将高速公路管理部门所属的适宜于企业化运作的工程队、运输队、生产厂站和服务机构等与公路管理机构分离,使其成为自负盈亏、自主经营、自我发展的法人实体,参与市场竞争。

对原有的道班、工区进行合并和重组,扩大规模,并配备一定数量的机械设备,将其培育成"规模适度、技术先进"的具有一定竞争力的养护生产企业,并逐步推向市场。积极争取必要的税费政策,对公路养护企业进行扶持,为养护运行机制改革创造良好的外部环境。

1. 实施高速公路养护工程市场监管机制

(1)大、中修养护工程招投标应按《中华人民共和国招标投标法》《公路养护工程施工招标投标管理暂行规定》《江苏省高速公路养护项目招标投标管理办法》等有关规定执行。大、中修养护工程招投标工作由经营管理单位自行组织,严格执行相关招标投标规定的法定程序和要求。根据养护工程规模及性质,大、中修养护工程可采用公开招标、邀请招标、竞争性谈判、询价和单一来源等方式。

(2)依据《江苏省高速公路条例》,为充分发挥市场机制的作用,促进养护市场的竞争,以实现提高养护质量、节约养护资金的目的,推进高速公路养护工程市场改革,明确不同工程类型、投资规模采购方式,努力打破养护区域间的有形、无形壁垒,努力建立区域间统一、开放、公平竞争的养护市场;同时加强资质准入管理,明确养护主体人员、设备、技术条件,确保养护任务的及时、按质、按量完成,维护养护市场正常的竞争秩序。

(3)符合招标条件,但因突发事件、紧急抢险、战备需要的大、中修养护工程,可以不进行招标,经营管理单位应当在事后15日内向省交通运输主管部门提交书面报告进行备案。

(4)依据《江苏省高速公路大、中修养护工程监督管理办法》,高速公路大、中修养护工程的实施主体为各高速公路经营管理单位。大、中修养护工程应依照相关法律法规和相关规章的要求实行招投标制度、监理制度和合同管理制度。

2. 确定养护市场化的项目范围

涉及高速公路养护项目的勘察、设计、监理、检测、维修保养、专项工程、大修工程等以及与之相关的重要设备和材料等货物的采购达到规定的规模标准的,应当依法进行招标;高速公路养护项目范围,包括高速公路及其相关的安全设施、监控设施、防护设施、通信设施、绿化设施、收费设施、服务设施、管理设施等。

3. 高速公路养护工程招标制的阶段划分

高速公路养护工程招标制可以分为标段划分、制订标底、组织招标、签订合同、质量监督和计量支付六个步骤。

4. 高速公路养护工程招标相关规定

(1)任何单位和个人不得将必须招标的项目通过划分标段和标包、人为低估单项合同估算价等方式规避招标。严禁指定分包、违规分包、违法转包、指定采购或者分割工程。

(2)高速公路养护工程招标,根据工程性质、规模大小,分别由各高速公路公司的招标委员会进行,具有相应资质的养护单位均可参加投标。在养护施工过程中,高速公路管理机构应向养护公司派驻施工监理。

(3)高速公路养护项目招标投标活动应当遵守国家有关法律法规和规章的规定,遵循公开、公平、公正和诚实信用的原则。省交通运输主管部门依法负责监督管理本省行政区域内高速公路养护项目的招标投标活动。

(4)资格预审须按规定采用合格制,不得接受联合体形式参加的资格预审申请,亦不允许分包或转包。

(5)路面日常维修保养、道路清扫保洁、安全设施维护、绿化养护最小标段宜为连续20km以上或者小于20km的整条路段。路面日常维修保养、道路清扫保洁、安全设施维护、绿化养护、附属设施系统维护等项目合同年限最短为1年,最长为3年。

(6)高速公路养护项目必须进行招标的规定:

①单项合同估算价在30万元人民币以上的勘察、设计、监理、试验检测等;

②单项合同估算价在50万元人民币以上的路面日常维修保养、道路清扫保洁、安全设施维护、绿化养护、附属设施系统维护等;

③单项合同估算价在100万元人民币以上的专项工程(不含路面专项工程)、大修工程等;

④单项合同估算价在200万元人民币以上的路面专项工程;单项合同估算价在50万元人民币以上的重要养护设备和材料等货物的采购;

⑤单项合同估算价无法确定但预计年度合同总量达到上述必须招标规模标准的,可以采用预估工程量、按实际计量支付的方式进行单价招标。

(二)高速公路养护计划监管

1. 实现高速公路养护计划监管的依据

(1)《江苏省高速公路养护管理办法》规定,高速公路经营管理单位应当根据高速公路技术状况,结合高速公路养护管理目标,经征求省高速公路管理机构意见,编制年度养护计划,并报省高速公路管理机构备案。

(2)《公路安全保护条例》第五十条:"公路管理机构应当统筹安排公路养护作业计划,避免集中进行公路养护作业造成交通堵塞。在省、自治区、直辖市交界区域进行公路养护作业,可能造成交通堵塞的,有关公路管理机构、公安机关交通管理部门应当事先书面通报相邻的省、自治区、直辖市公路管理机构、公安机关交通管理部门,共同制定疏导预案,确定分流路线。"

(3)《公路养护工程管理办法(交公路发〔2018〕33号)》第六条规定:"公路经营管理单位和从事公路养护作业的单位应当根据交通运输主管部门或公路管理机构提出的养护管理目标,按照标准规范、有关规定及本办法要求组织实施养护工程,并接受其指导和监督。"

2. 实施高速公路养护计划管理的关键点

(1)明确就养护工程大修、中修和改建项目有关投资额、计划实施时间、完成时间、项目所在地等信息报高速公路管理机构备案,以便做好行业管理和相关服务。

(2)更好地督促经营单位对高速公路养护日常巡查、定期抽查和检测的整改。

(3)强化高速公路管理机构对养护作业的监督管理,争取尽快建立养护计划备案制。

(4)促进高速公路养护作业科学调度、统筹安排,合理确定施工时间和工期,尽可能减少对车辆通行的影响。

3. 高速公路养护计划管理的职责划分及运行机制

(1)高速公路管理机构加强对高速公路养护质量、养护工程招投标、工程质量及其验收等养护工作的监督,加强对高速公路养护资金、技术状况、作业现场的监管。

(2)高速公路经营公司对于高速公路的年度养护运行计划,应当书面征求高速公路管理机构的意见后组织实施。

(3)高速公路管理机构应当会同有关部门对高速公路养护资金的落实和使用情况进行监督检查。

(4)高速公路经营管理单位负责组织路况调查和养护质量评定工作,及时掌握高速公路各类设施的使用情况,科学编报所辖路段年度养护计划,负责养护工程的招投标工作,并负责养护工作的组织实施。

(5)高速公路管理机构负责审查批复维修保养(小修),对专项(中修)及大修工程的养护计划和立项进行审查,报省厅批复后监督执行。

(三)高速公路养护工程价格监管

1. 根据江苏省《公路养护工程预算编制办法及定额》(DB 32/T 1649—2010)的规定,进一步推进高速公路养护价格体制改革

(1)建立适用于江苏省高速公路养护成本分析方法及相关定额。针对江苏省高速公路养护工作的现状,参照公路工程基本建设概(预)算编制办法及相关定额、江苏省公路局编制的江苏省公路养护概(预)算编制办法及相关定额,经综合分析,并广泛征询公路养护管理、检测、设计、监理和施工单位的意见后,建立适用于江苏省高速公路养护成本分析方法及相关定额。

(2)将高速公路维修保养(小修)工程支付模式由"单价计量承包"转型为"总价计量承包"。日常维修保养工程应体现"费用包干、年度检评、目标管理"的模式。

(3)要大力推进路面管理系统和桥梁管理系统,实现养护决策的科学化,提高投资的使用效益。

(4)全面推行定额养护和计量支付。高速公路管理机构要采取公开招标或内部竞标的方式,选择养护生产企业,对于新建成的公路,原则上要采用市场机制,充分利用现有的养护力量进行养护。高速公路管理机构对养护单位的管理逐步实现合同管理。

2. 高速公路养护价格体制改革的特点

(1)日常维修保养工程、专项(中修)养护工程的招标主体为各高速公路运营管理单位。维修保养工程、专项(中修)养护工程施工招投标相关资料须报省厅高管局审查批准、核备,省厅高管局批复并报省厅备案后方可开展下一步招标工作。

(2)以"单价计量承包"为支付模式的维修保养(小修)工程具有不少缺点和问题。如部分日常养护施工单位从自身经济利益出发,不科学养护,对路面裂缝处理通常"大开大挖",造成对路面的更大损坏。

(3)目前,各独立工程项目价格的确定形式,主要通过计划指令、议标承包及招投标等方式确定;而符合市场化运作的行之有效的最佳方式应该是招投标,按工程量清单方式进行招投标是可行之路。

（4）经过大量调研后,从"科学养护、预防性养护"出发,确定以路面管理系统检评数据和养护维修率为基础的日常养护总承包模式是比较先进和科学的方式。

（5）报价形式的确定。日常维修保养工程报价可以实行按公路公里/年报价,在招标合同期内分年度报价,所有招标文件规定范围内的养护工作,以年度包干费用形式(公里/年)支付。合同期内(公里/年)报价应逐年递增。

（6）施工前,业主单位通过分析路面管理系统提供的路况数据信息,制订养护单位所承包路段在养护期内要达到的路况指标,养护费用的支付以合同总报价为依据,如达不到要求,则要相应地扣除养护施工企业的养护费用。

（7）承包人的驻地位置和用于本养护工程的设备材料仓库应尽可能设在标段中段的高速公路出入口附近,利于快速养护和节约成本。

3. 施行总价计量承包的模式

总价计量承包的模式的优势包括：

（1）由于实行总价合同制,除清单中列出的项目需要填报外,招标文件所提供的其他相关数据仅供投标人参考,不作为合同实施期内的工程量依据,亦无须列出主要材料和主要施工项目的清单单价作为计量支付的依据,对工程养护费用有较好的控制作用。

（2）从目前已实行了"总承包"的路段来看,这种养护管理模式不仅提高了作业效率,而且大大减少了施工时占用道路的时间,路面更加通畅。

（3）有效地杜绝了极个别养护单位追求利益而随意开挖、扩大和虚报维修数量的现象,达到了节约日常养护资金、延长高速公路路面使用寿命的目的。

二、高速公路养护工程质量监管体系建设

（一）高速公路养护工程监理制度体系建设

1. 实行高速公路养护工程监理制的主要依据和必要性

（1）实行高速公路养护工程监理制的主要依据。

①《建设工程质量管理条例》第十二条规定,五类工程必须实行监理,即国家重点建设工程、大中型公用事业工程、成片开发建设的住宅小区工程、利用外国政府或者国际组织贷款、援助资金的工程、国家规定必须实行监理的其他工程。《中华人民共和国建筑法》第三十条规定："国家推行建筑工程监理制度。国务院可以规定实行强制监理的建筑工程的范围。"所以,自从建设工程监理制度实施以来,有关法律、行政法规、部门规章等逐步明确了建设工程监理的法律地位。

②依据《江苏省高速公路大、中修养护工程监督管理办法》,高速公路大、中修养护工程的实施主体为各高速公路经营管理单位(以下简称经营管理单位)。大、中修养护工程应依照相关法律法规和相关规章的要求实行招投标制度、监理制度和合同管理制度。

③《建设工程监理范围和规模标准规定》(建设部令第86号),进一步细化了必须实行监理的工程范围和规模标准。其中,国家规定的必须实行监理的其他工程,包括项目投资额在

3000万元以上关系社会公共利益、公众安全的铁路、公路、管道、水运、民航以及其他交通运输业等基础设施项目。

④依据《公路工程施工监理规范》(JTG G10—2016)总则第一条、第二条规定:为落实公路工程施工监理制度,使监理工作标准化、规范化,制定本规范。本规范适用于施工工程监理制度的公路工程项目的施工监理,养护工程的监理可参照执行。

(2)实行高速公路养护工程监理制的必要性。

①建立和培育符合社会主义市场经济发展规律的公路养护市场,引入竞争机制势在必行。

②为适应养护运行机制改革,提高养护效益。

③随着社会主义市场经济的迅速发展,公路养护也必须走向市场化、规范化、科学化。

④合理优化各种养护要素,发挥专业化养护工作优势,用培育竞争有序的养护市场,对公路养护工程实行养护工程监理制度是十分必要的。

2. 实行高速公路养护工程监理制的具体内容

(1)养护监理单位应具有公路工程乙级及以上监理资质。

(2)对养护工程的合同管理、质量管理、进度管理、费用管理和施工现场、安全管理和文明施工等进行全过程监督检查。

(3)监理工程师办公室应配备满足需要的工程师代表、巡查工程师、桥梁工程师、合同工程师、绿化工程师、安全工程师和助理工程师等。

(4)监理工程师要按照"严格监理、热情服务、秉公办事、一丝不苟"的方针履行监理职责。

(5)招标文件中应明确对监理工程师的业绩要求、具体岗位和人员数量等。

(二)高速公路养护交(竣)工验收制度建设

1. 交工验收应具备以下条件

(1)合同约定的各项内容已完成;

(2)施工单位参照交通运输部制定的《公路工程质量检验评定标准 第一册 土建工程》(JTG F80/1—2017)及相关规定的要求对工程质量自检合格;

(3)质量监督机构按交通运输部规定的公路工程质量鉴定办法对工程质量进行检测(必要时可委托有相应资质的检测机构承担检测任务),并出具检测意见;

(4)监理工程师对工程质量的评定合格;

(5)各参建单位已完成各自的工作总结。

2. 交工验收程序

(1)工程竣工验收合格后,经营管理单位应向设计、施工、监理单位签署合同段竣工验收证书,并及时完成竣工验收报告,报省高管局核备。

(2)各合同段符合交工验收条件后,经监理工程师同意,由养护施工单位向高速公路经营公司提出申请,高管局应及时参与对该合同段进行交工验收。

(3)通过竣工验收的工程,由管理单位负责对验收中提出的工程质量缺陷等遗留问题进行处理和完善。

3. 高速公路养护质量检验评定和竣工验收的主要工作内容

经营管理单位宣读工作报告并听取设计单位、施工单位、监理单位的工作报告;检查工程实体,审查有关资料;根据实地检查评比结果,对工程质量进行评分,确定工程质量等级;签署设计、施工、监理单位竣工验收证书。

4. 交工验收的主要工作内容

(1)签署合同段交工验收证书;对设计单位、监理单位、施工单位的工作进行初步评价。

(2)检查合同执行情况;检查施工自检报告、施工总结报告及施工资料。

(3)核查工程完工数量是否与批准的设计文件相符,是否与工程计量数量一致;对合同是否全面执行、工程质量是否合格得出结论。

(4)检查监理单位独立抽检资料、监理工作报告及质量评定资料;检查工程实体,审查有关资料,包括主要产品质量的抽(检)测报告。

5. 关于竣工验收委员会的相关内容

(1)竣工验收委员会由交通主管部门、高速公路管理机构、质量监督机构、造价管理机构等单位代表组成。可视具体情况,邀请有关专家参加。管理、设计、监理、施工等单位参加竣工验收工作。

(2)竣工验收委员会的主要职责是负责对工程实体质量等内容进行全面检查;对工程质量进行评分,对各参建单位进行综合评价,对养护工程项目进行综合评价,确定工程质量和建设项目等级,形成工程竣工验收鉴定书。

(3)整个养护工程项目竣(交)工验收期间,质量监督机构进行工程质量检测所需的费用由高速公路经营公司承担。交(竣)工验收证书、交(竣)工验收报告、各参建单位评价内容、竣工验收鉴定书等具体格式参照《关于贯彻执行公路工程竣交工验收办法有关事宜的通知》(交公路发〔2004〕446号)的规定执行。

(4)竣工验收结论的内容。通过竣工验收的工程,由质量监督机构依据竣工验收结论,对各参建单位签发工作综合评价等级证书。各合同段交工验收所需的费用由施工单位承担。

(三)实行高速公路养护资料报送制度

江苏省高速公路管理机构根据《中华人民共和国公路法》《公路安全保护条例》《江苏省收费公路管理条例》《公路养护报表制度》《国家干线公路网技术状况监测数据报送制度》等,结合实际情况,执行《江苏省高速公路养护资料报送制度》的规定,实施高速公路养护资料报送制度,其主要内容包括:

(1)需报送的高速公路养护资料包括即时报告资料、季度报送资料和年度报送资料等。应当分别反映高速公路路桥运营中突发的重大事件及更新情况、季度管养情况和年度管养情况等。

(2)各类需要报送的养护资料应当由高速公路经营管理单位相关负责人对内容进行审核,确保准确无误加盖报送单位公章后予以报送,并同时附电子文档。

(3)季度需报送的养护资料为季度公路技术状况评定汇总表,包括即时报告资料,即经评定为三类及以上等级桥梁、B类及以上等级隧道和高速公路路基、路面运营中突发的重大病害、导致高速公路单向交通中断的事件等。

（4）高速公路经营管理单位应根据所辖高速公路路桥的技术状况，结合自身的养护管理目标，应当按照交通运输部《国家干线公路网技术状况监测数据报送制度》的有关要求，编制高速公路养护管理年度报告。

（5）即时报告资料应当于事件发生24小时内报送，季度养护资料应当在下个季度首月10日内报送，年度养护资料应当在下个年度首月底前报送，养护管理年度报告应当于2月底前报送；所有需报送的资料应当按照时限的要求及时报送。

（6）年度需要报送的养护资料包括高速公路年度养护经费统计表，公路技术状况评定汇总表，高速公路大、中修养护工程统计表，年度高速公路养护作业单位统计表。高速公路经营管理单位应当做好所辖路桥基础等管理、检查、养护维修、特殊情况资料的收集整理、更新工作，保证资料档案的真实、完整，并按照规定及时予以报送。

（四）加强高速公路大、中修工程质量监管

（1）依据《江苏省高速公路大、中修养护工程监督管理办法》（苏交高监管〔2015〕第77号），加强高速公路大、中修工程质量监管。

①高速公路大、中修养护工程的实施主体为各高速公路经营管理单位；高速公路经营管理单位应根据当年路况检测结果，结合历年的路况检测情况，对照相关养护技术规范、标准和要求，在认真分析公路技术状况和养护运营管理实际需求的基础上，编制年度大、中修养护工程计划。

②省高速公路管理机构参加大、中修养护工程中重点监督项目的交（竣）工验收。大、中修养护工程验收通过后，各经营管理单位应对工程质量进行后期跟踪观测和评估。

（2）大修养护工程，是对公路及其工程设施的较大损坏进行综合修理，以全面恢复到原设计标准，或在原技术等级范围内进行局部改善和个别增建，以逐步提高公路通行能力的工程项目；中修养护工程，是对公路及其工程设施的一般性磨损和局部损坏进行定期修理加固，以恢复到原有技术状况的工程项目。

（3）关于工程质量监督手续的规定。

依据《公路大中修工程质量检验评定标准》（SZ-24-2006）和《公路工程竣（交）工验收办法实施细则》（交公路发〔2010〕65号）的相关内容，明确工程质量验收的程序，未进行前一阶段验收或者前一阶段验收不合格的，不得进行后一阶段的验收；公路大修工程项目应在工程开工前到质量监督机构办理工程质量监督手续，并同时报送工程项目划分表及所采用的质量验收标准；项目法人认为有必要的公路中修项目也可以向质量监督机构申请工程质量监督。

第五节　高速公路养护监管的信息化与沥青路面的快速养护

随着互联网、物联网技术的飞速发展，国外发达国家已从大规模修筑高速公路全面进入道路的使用、管理阶段，因而十分重视用高新技术和先进的机械设备来从事高速公路的改造、养护等工作。

同时，随着高速公路的快速发展，公众、政府要求的提高，路网结构不合理、运营效率不高、服务质量欠缺等问题愈发凸显。因此下一步工作的重点是高速公路养护监管工作转型,由传统养护监管向现代化养护监管过渡。加快实施"互联网+养护"的监管模式,建立健全跨区域、跨部门的信息共享和交换机制,构建政府和社会互动的信息采集、共享和应用机制,完善养护监管和考评机制,为用路者提供更加快捷、高效、优质的服务。

本节将从高速公路养护监管的信息化与沥青路面快速养护两方面来简单说明高速公路养护监管重点发展的目标。

一、高速公路养护监管信息化

(一)运用信息技术,解决巡查过程中巡查记录真实性与完整性问题

1. 高速公路养护巡查监管的主要内容和要求

(1)高速公路经营管理单位应当建立高速公路技术状况评定、养护计划管理、养护工程管理、日常巡查与检查、桥涵与隧道的专项检查、病害处治、养护作业现场管理。

(2)高速公路经营管理单位应当按照国家和省有关规定,制定养护巡查和检查制度,并按照养护技术规范要求,进行养护巡查和检查。

(3)高速公路巡查和检查应当按照养护技术规范要求做好记录,对发现的病害和问题及时提出处置意见;对严重影响行车安全的病害和问题,应当及时采取措施,排除险情,并在24小时内修复病害、解决问题;难以在24小时内修复和解决的,应当采取相应防护措施;特殊检查结束后,检查单位或者检查人员应当及时提交专题报告;高速公路经营管理单位对巡查和检查中发现的高速公路病害和问题,应当及时处理。

(4)养护检查分为经常性检查、定期检查和特殊检查。养护巡查分为日常巡查、夜间巡查。日常巡查每天不少于1次,重点检查路面、交通安全设施和路障;夜间巡查每月不少于1次,重点检查照明设施和标志、标线。

2. 路政巡查过程中的信息化监管

(1)基于信息化手段实现巡查监管。巡查监管时,为保证公路养护经营管理单位巡查记录的真实性和完整性,可以考虑一些可操作的方式,例如,考虑实现采用"路政巡查打点器"的方法。

(2)采用路政巡查打点器的优点:由于地点卡无须供电、内有唯一编号,而且配有安装固定架、防水、防腐、不易丢失,操作者无法伪造巡查记录,是巡查监管的有效工具。

(3)路政巡查打点器的工作程序。将地点卡作为巡查地点或设备的电子标识→将标识安放在巡查路线、桥梁等关键点上→巡查人员用巡查棒读取地点卡→将巡查时间和地点记录在巡查棒中→定期将巡查棒中的巡查记录上传到计算机中。

(4)巡查成果。管理软件将事先设定的巡查计划同实际的巡查记录进行比对,就可以得出正常、漏检等统计报表;通过这些报表可以真实反映巡查工作的实际完成情况。

(二)高速公路养护过程监管的信息化

1. 可视化平台系统在高速公路养护的信息化管理方面的应用

对于高速公路养护工程的小修与保养工程,为加强信息化监管水平,提高小修与保养的养

护效率,加快推广可视化平台系统的应用势在必行。

(1)应用"互联网+"技术,提示动态管养水平;将公路的"身体状况"信息直观地显示在数字地图上,一旦公路"身体微恙"时,"公路医生"和"公路卫士"们将迅速出动,尽快解决各类病害和管理瑕疵,进一步提升高速公路动态管养水平。

(2)平台有多个模块,包括路政管理、路面管养、联合巡检系统等模块,通过联合巡检服务,养护人员采用智能移动终端APP,对巡检的路面病害、维修过程、维修结果进行实时数据上传,信息推送,管理人员可以直接了解相关工程是否及时处置、处置结果等情况,建立了一整套高效、便捷、科学、规范化的日常管养流程,解决了传统日常管养可能出现的上报不及时、维修不及时、验收不及时等弊端。

(3)平台以养护业务实际需求为依托,以网络技术、地理信息系统(GIS)技术、全球卫星定位(GPS)技术、移动终端、信息技术等先进技术为主要手段,首次将地理信息系统、三维实景、动态空间信息采集等引入公路养护管理之中,实现了高速公路信息结合卫星影像的三维动态显示和数字化管理。

(4)结合电子地图系统,实现公路网的仿真。管养人员只要在计算机或移动设备上就可直接查看和了解所有高速公路属性信息,还能清晰地进行现场漫游,可视化展示各类数据。

(5)平台融入各类数据源,开放各类数据接口,有效分析、利用各类数据,包括路网数据、交通量数据、日常管养数据、路面性能检测数据、养护历史数据等,能快捷、方便地进行养护历史数据统计,对毫无规律和复杂的数据进行科学分析,为高速公路养护的决策提供科学保障。

(6)实践运用。该平台路政管理系统模块的路面管养系统经过相关单位的试运行和不断完善,已经基本稳定成熟,并在"十二五"全国干线公路养护管理检查中成为瞩目亮点。可视化平台系统在高速公路养护的信息化监管方面将大有可为。

2. 高速公路桥梁养护的信息化监管

(1)高速公路桥梁养护信息化管理系统,严格按照规范技术标准,将评分评价流程封装为核心算法程序包,由用户调用,从而实现桥梁评价快速生成或更新;系统采用对桥梁部件损坏程度进行评分,并依照部件重要程度进行加权平均算法,求解整桥评分,进而再依照评分的方法来判定桥梁技术状况等级,即通过桥梁评分,间接获得桥梁评价。

(2)基于专家系统的桥梁等级直接评价技术,是对上述规范方法的有效补充;直接评价技术依托的专家系统,包括一套能够基本覆盖现有各类病害类型的知识库、一套进行桥梁评分评价有效而客观的规则库,以及将前述两者整合起来进行逻辑整合的推理机制。

(3)开发并建立开放式的高速公路桥梁养护管理系统,利用基于专家系统的桥梁技术等级智能评价系统、区域桥梁信息的互联网在线发布以及在线统筹管理系统、现场数据采集系统等关键技术,同时实现桥梁养护管理全过程"无纸化"目标。

(4)开发利用高速公路桥梁养护管理系统网络版平台。

①建立桥梁预养护制度、加强高速公路管理系统建设,利用信息技术实施科学养护管理,采取有力措施,一手抓系统研发,一手抓实际应用,向着开发的深度和应用的广度发展,推进养护管理方式的转变;要求尽快形成全省高速公路养护的基本措施和成套技术;要加强对预防性养护制度内涵的研究,提出适合本省情况的预防性养护工作总框架。

②通过用户权限控制,在保护内部养护管理资料不外泄的前提下,为各级用户提供强大

的、方便的网络信息服务。同时,多平台信息管理系统则易于实现桥梁检测信息分级管理。

③桥梁养护管理过程由于涉及业主单位、各级养护管理部门以及加固单位等多方的协调合作,网络版平台为多方的信息共享提供了方便的渠道。

3.利用高科技检测技术,促进工程质量监测和高速公路养护智能化

通过利用高精度传感器、雷达技术、RS技术、自动存储技术和无线传输技术等高科技手段,实现人工检测向自动化检测发展,由破损类检测向无损检测技术发展,使高速公路质量的检测、评估和病害分析更加快捷,结合"云计算"和大数据,使高速公路养护更加科学、先进、经济。

二、高速公路沥青路面快速养护

(一)国外高速公路沥青路面快速养护情况

以下分别介绍英国、美国、日本的高速公路沥青路面快速养护情况。

1.英国

英国是世界上公路最发达的国家之一,公路的养护分别由国家运输部门和地方政府负责。公路管理部门为了刺激承包人在不降低施工质量和安全标准的前提下,尽可能提前完工,以减少对交通的延误和行车道占用时间。经过多年实践,车道租用合同被认为是适合于高速公路快速养护作业的一种合同形式,并得到广泛应用。车道租用合同要求承包人不仅需对工程项目报价,同时应根据业主提出的最长工期,报出自己的施工工期,迫使业主在使用快速养护机械及其施工工艺上下大功夫,全面提高养护作业的效率和质量。

2.美国

美国对高速公路的发展策略进行了系统全面的研究,提出的公路养护技术包括预防性养护、修复性养护、面层翻修工程和道路重建,并得出采用预养护可节省45%工程费用的研究结论;美国的公路建设已经基本完成,高速公路的投资已主要用于道路的改造、维修和养护,公路的养护全面实现了机械化。同时对出现的公路突发事件,也提出了具体的快速响应方法,达到保证公路畅通和安全的目的。

3.日本

日本的高速公路建设在世界上是走在前列的;其不但重视对高速公路的检查、清扫、绿化和修补,而且制订了详细的路面改善对策、环境保护对策、桥面补强对策、交通安全对策、防灾对策、冰雪对策、交通堵塞对策等。日本道路公团根据高速公路交通量不断增长、货运量大、车辆运行速度快、使用时间昼夜化的新特点,为保持高速公路状况的完好,加强对路面检查和维护修补工作。随着信息处理技术和传感器技术的进步,开发使用了各种检测仪器,能对路面各部损耗情况作出准确评价。

(二)高速公路沥青路面快速养护的必要性

1.快速养护成为高速公路沥青路面养护新趋势

伴随车辆保有量逐年大幅提高、路面破损加剧、路面施工的组织管理难度大、路面维修费

用增长明显;为了确保高速公路的畅通,更好地为经济建设服务,方便人们的出行和商务活动,要求养护工作应及时、安全、快速、可靠,尽量缩短养护作业时间,一般情况下不得封闭交通。因此,快速养护成为高速公路路面养护施工发展的必然趋势。高速公路的养护方向是:不断采用先进的养护机械和施工工艺,缩短养护施工作业占用车道的时间,减少交通阻塞,最大限度地实现快速养护目标。

2. 实现高速公路沥青路面快速养护将有助于促进高速公路养护作业效率的提高

实行高速公路快速养护作业后,可通过缩短养护时间,减少车道占用时间,从而有效缓解高速公路的拥挤度,有利于高速公路通行能力、营运效率和服务水平的提高,实现高速公路的可持续发展。因此,沥青路面快速养护有利于高速公路通行能力和营运效率的提高。先进的机械化养护设备是依靠其良好的技术性能、智能化操作程序来完成养护作业的,从而使养护施工标准较易掌握,且操作简便、作业过程可控、效率高、质量好。

路面快速养护与单纯人工和一般技术含量的机械设备养护作业相比,由于人工养护必然受到人员素质、技术水平、时间、空间及天气等一系列因素的制约,影响了养护施工的速度及质量;针对沥青路面不同的破坏形式,选用先进的养护机械组合,通过高效合理的快速养护施工工艺,能够促进高速公路养护作业效率的提高。

3. 沥青路面快速养护可以促进高速公路养护施工安全性的提高

进行高速公路路面的快速养护,可大大提高高速公路养护作业的效率,有效缩短养护时间,减少车道占用时间,促进高速公路养护作业安全性的提高。因此,在保证养护质量的前提下,应大力推广快速养护施工。

(三)高速公路沥青路面快速养护及其养护机械的相关内容

针对沥青的路面的破坏形式,选用先进的养护机械组合,使用可靠的沥青路面维修养护材料,制订高效合理的快速养护工艺,通过养护机械施工设备安全、快速地完成沥青路面的养护作业(图4-8)。

图4-8 沥青路面快速养护施工

发展高速公路沥青路面快速养护及其养护机械设想如下。

1. 加快发展性能先进的沥青路面快速养护机械

加快发展性能先进、机动灵活、系列化的高速公路沥青路面快速养护机械,如国外自动化程度高、专业化水平强、故障率低的机电液一体化的养护设备,正在完成从电子控制阶段到以环保和信息技术为中心的飞跃,其主要施工设备采用计算机智能化控制技术,可实现各种工作状态下整机自动判断、姿态调整、减少各种物料的损耗,能够自动诊断机器各部分的技术状态,及时有效地提示操作人员,并可实现远程故障排除和维修,从而达到性能先进、操作方便、使用快捷可靠的要求。

2. 高速公路沥青路面快速养护机械配置是高速公路沥青路面快速养护的必要条件

为满足快速养护的目标,养护单位配备的设备必须具有以下性能:安全性高、操作简单;设备体积小、效率高,尽量减少对交通的影响;施工速度快、机动性能好;噪声、振动、空气污染等公害少;在夜间也可以施工。

3. 开展高速公路沥青路面养护及其施工工艺的研究

尤其在当前我国能源、环境问题突出的大背景下,应重点围绕沥青资源再利用进行公路快速养护技术及其施工工艺的研究,通过推广应用先进的养护施工工艺,缩短养护施工作业占用车道的时间,减少交通阻塞,实现高速公路营运事业的科学发展。同时,应充分利用网络技术,尽快建立高速公路沥青路面快速养护管理、养护机械、施工工艺、人员培训、技术交流等方面的信息服务体系。

4. 实现养护机械的科学化组织

应重视适合于我国高速公路沥青快速养护机械设备配置的研究,实现养护机械的科学合理组合,并有效保证公路施工作业人员的安全。尽可能做到一机多用,采用一个底盘配置多种工作装置,实现一机多用,既可以满足不同作业内容的需要,又提高了养护机械设备的使用效率。

5. 带动了新型快速养护机械的研究与应用

快速养护机械只有与高速公路沥青路面养护新技术、新工艺、新材料的发展紧密联系起来,并得以健康发展。近年来,由于高速公路沥青路面养护新技术、新材料、新工艺的不断发展,也带动了新型快速养护机械的研究工作,先后推广应用了沥青路面就地再生机组、小型沥青混凝土摊铺机、小型铣刨洒布摊铺多功能机、稀浆封层机械、多功能养护车、路面喷补设备等。此外,为了尽量少占用车道面积,养护机械设备应尽量做到小型化,使其在高速公路上实施养护作业时仍能保持双向通车。

第五章　高速公路收费监管

第一节　中国高速公路投资体制分析

一、投资体制的发展与演变

根据我国经济发展的情况,按照所处阶段和水平的不同进行划分,我国高速公路项目的投资体制的发展主要可以分为以下几个阶段:

第一阶段,政府全权负责的投资体制。政府部门统一安排高速公路项目投入,资金全部来源于养路费、交通部补助、国债等财政资金。在当时的行政体制下,这种完全由政府来负责的投资方式,出现了项目的建设成本加大、运营成本较高、项目运作效率不高等问题。

第二阶段,政府主导型的投资体制。这种模式仍由政府进行高速公路的项目投资,资金来源开始增加举债方式,改变了原来单一的财政资金。建立举债机制,通过以土地为代表的资源性资金及其他规费收入来确保还款。山东和辽宁等省基本都采用了这种模式。这种模式增加了资金来源,弥补了政府财政资金不足的问题,但是由于项目仍然由政府主导进行建设和收费运营,导致项目的投资和运营成本有所增加。

第三阶段,市场化主导的项目投资体制。在这种高速公路投资体制下,企业起主导性作用,政府只起引导作用。引导企业进入高速公路项目投资,实现实施高速公路建设规划,同时企业实现从高速公路的收费经营中获取利润。企业为了收回投资并获得利润,必然会优化高速公路的项目建设方案,降低建设成本,控制运营成本,这就使得项目建设和运营效率更高,社会效益和企业的经济效益达到了双赢。对于具有可经营性的高速公路项目,应尽量利用各种融资手段进行市场化融资,由企业作为高速公路的投资主体。浙江省较为提倡这种投资体制,对这种方式的运作也较为彻底和完全。2003年开工建设的杭州湾跨海大桥是第一个由民间资本控股50.25%的重点工程,其余部分由几个大企业投资。1998—2003年的5年内,浙江省温州市完成交通基础设施投资137亿元,其中100亿元来自民间。

采用市场化的投融资模式后,我国高速公路得到了跨越式的发展。但从浙江省、广东省等大力发展市场化的几个省份的实际发展和经验来看,高速公路这一准公共产品的私人化凸显出了一些问题,阻碍了高速公路的进一步发展。高速公路社会准公共性的产品属性与企业市场化运营的商品逐利性之间的矛盾,社会效益目标和建设发展的效率要求之间的冲突,信息评判的不对称导致高速公路准公共性产品的属性难以落实等问题越来越突出。因此,对政府主导及公共属性回归的呼声越来越高,在市场化发展积累了一定的经验和成果的同时,需要不断探索寻求更合理的投融资体制和模式。

二、现行的投资体制分析

1. 投资模式分析

目前我国的高速公路投资建设,主要有能够实现全省统筹的事业制或企业制两种相对统一的模式,以及介于两者之间的混合模式。高速公路建设投资模式及其特点见表5-1。

高速公路建设投资模式及其特点　　　　　　表5-1

投资模式	投资特点
政府主导: 非营利及事业化模式	省级交通主管部门负责全省公路包括高速公路的统一规划,由其下属的公路局负责建设、运营和收费的监管,高速公路建设局(或指挥部)负责组织建设,高速公路管理局负责全省高速公路的建设资金筹措与收费管理及贷款偿还,实现省内高速公路的"统一规划、统一建设、统贷统还、统一管理"。在这种模式下,高速公路实际上属于收费还贷性质,高速公路管理局负责筹资和收费管理与贷款偿还,相关的监管应由公路局执行。湖南、辽宁、山东等省为该种模式的典型省份
市场主导: 盈利及企业化模式	与上一种模式相比,省级交通主管部门及其下属的公路局的职能相同,但特许机构的性质是企业性质。在该种模式下,企业自主性较强、市场化程度较高,可通过国有企业购买经营权、外资、民营资本购买经营权,以及多家单位及外资集资建设经营高速公路,采用诸如BOT、PSAOT、PFI、TOT、养护招投标等多元融资方式。该种模式在收益较高的路段、融资相对容易的发展阶段和省份采用得较多,可在一定时期内使高速公路行业得到快速发展。但由于利益主体的分散和经营目标的分歧,也导致了高速公路行业的一些问题。浙江、广东等省为该种模式的典型省份
介于政府主导与市场主导之间的混合状态模式	鉴于目前各地复杂的实际情况,很难一步做到全部高速公路选择一种管理模式,期间的过渡可能是两种模式并存的混合状态,介于政府主导与市场主导之间,这也是目前很多地区以及今后一定时期很多省的实际状况。江苏省为该种模式的典型省份

2. 建设投资分析

2010—2017年公路建设累计投资变化情况见图5-1。

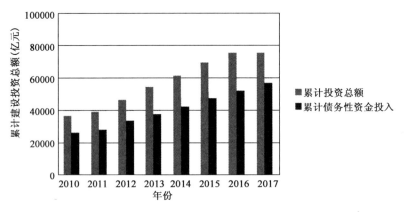

图5-1　2010—2017年公路建设累计投资变化情况

(1)2015年建设投资情况

2015年末,全国收费公路累计建设投资总额为69488.5亿元。其中,财政性资本金投入为12045.8亿元,非财政性资本金投入为9773.9亿元,举借银行贷款本金44012.8亿元,举借其他债务本金3656.0亿元,分别占收费公路累计建设投资总额的17.3%、14.1%、63.3%和5.3%。全国收费公路年末债务余额为44493.7亿元。其中,年末银行贷款余额37839.0亿元,年末其他债务余额6654.7亿元,分别占收费公路债务余额的85.0%和15.0%。

(2)2016年建设投资情况

2016年末,全国收费公路累计建设投资总额为758575亿元。与2015年相比,全国收费公路累计建设投资总额净增6369.0亿元,增长9.2%。在累计建设投资总额中,资本金投入为23518.2亿元,举借债务本金为52339.3亿元,分别占收费公路累计建设投资总额的31.0%、69.0%。与2015年相比,全国收费公路累计债务性资金投入由47668.8亿元增加到52339.3亿元,净增4670.5亿元,增长9.8%。全国收费公路债务余额为48554.7亿元。

(3)2017年建设投资情况

2017年末,全国收费公路累计建设投资总额82343.9亿元,较上年末净增加6486.4亿元,增长8.6%。其中,累计资本金投入25614.2亿元,资本金比例为31.1%;累计债务性资金投入56729.8亿元,债务性资金比例为68.9%。全国收费公路债务余额52843.5亿元,比上年末增加4288.8亿元,增长8.8%。其中,年末银行贷款余额45674.2亿元,年末其他债务余额为7169.3亿元,占比分别为86.4%和13.6%。

3. 资金运作分析

随着我国经济体制改革的不断深化与发展,高速公路建设的融资体制改革也逐步展开。国务院《投资体制近期改革方案》下发后,为提高基础设施建设的融资能力和建设资金的使用效益,各地区相继建立了政策性投资公司,初步形成了以高速公路投资公司为主,结合政府资金资产注入、政策性贷款、经营性转让、资本市场融资、项目融资、投融资中介机构融资服务等多种渠道的投资资金运作(图5-2)。

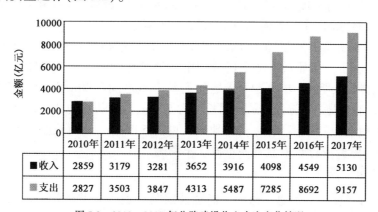

图 5-2 2010—2017 年公路建设收入支出变化情况

根据《2017年全国收费公路统计公报》,2017年度,全国收费公路通行费收入5130.2亿元,比上年增加581.7亿元,增长12.8%;支出总额9156.7亿元,比上年增加465.0亿元,增长5.3%;通行费收支缺口4026.5亿元,比上年减少116.8亿元,下降2.8%。2017年度支出总额中,偿还债务本金4952.8亿元,偿还债务利息2495.7亿元,养护支出533.9亿元,公路及附属设施改扩建工程支出153.7亿元,运营管理支出627.6亿元,税费支出359.9亿元,其他支出32.9亿元,占比分别为54.1%、27.3%、5.8%、1.7%、6.9%、3.9%和0.4%。如图5-2所示。

第二节　高速公路收费管理体系

一、高速公路收费现状分析

1. 高速公路收费具体办法制定进度缓慢

《江苏省高速公路条例》第四十三条规定,省交通运输部门及其高速公路管理机构以及省价格、财政等有关部门应当加强对高速公路收费的监督管理。具体办法由省交通运输部门会同有关部门制定。但是到目前为止,江苏省在高速公路通行费征收秩序方面并没有出台相应的具体办法,导致日常工作中出现很多争议。例如免费政策推出时,相应的鉴定办法不明确,高速公路管理机构在日常的执法过程中可操作性不强,所以法律法规和规章制度与政策要配套,要进一步完善。

2. 监管职责交叉重叠

高速公路的各个管理部门监管权力交织,出现"多头监管"或"监管空白"两个极端。例如,发生故意堵塞收费道口、强行冲卡、破坏收费设施等扰乱收费公路经营管理秩序行为时,收费站应当及时报告公安机关,由公安机关依法处理。但在实际日常工作中,高速公路经营公司经常报告所辖高速公路路政执法大队,出现职责不明现象。

3. 200m 免费放行执行标准不明确

根据规定,在收费窗口全部打开的情况下,车辆排队超 200m 要免费放行,很多高速公路使用者都很清楚,但是在实际免费放行政策的执行过程中,高速公路经营公司在碰到 200m 免费放行情况时,往往执行力度和执行时效性不强,同时高速公路经营公司在高速公路收费道上设置 200m 免费放行线时,江苏省内各收费站的位置不统一。

例如,2015 年有南京市民在"南京网络问政"上公开质疑:为什么南京的几个收费站所立的牌子都超过了 200m 这个距离?该市民分别用"谷歌"地图测了禄口机场收费站及沪宁高速马群收费站的免费放行距离,方式为测量地面上两个点之间(200m 免费放行线为一个点,收费站为一个点)的直线距离,前者显示地图长度为 500m,地面长度也为 500m。而同样,沪宁高速马群收费站的免费放行距离更长一些,地图长度为 538.1m,地面长度为 538.39m。上述案例反映了对 200m 免费放行政策监管界定概念不明确。

4. 信息不透明

高速公路通行费征收的信息不透明。高速公路公司属于公共机构,提供社会服务过程中的信息应当公开,收费情况也应公开。"这种收费是公益性的,不是民事关系。"

目前,高速公路的投资、建设、运营、收费及管理均属于封闭运作模式,政府行政部门有极大的话语权。高速公路使用者很少有渠道获得全面信息并发表意见,最典型的暗箱操作就是"政府还贷"转"经营收费"。根据相关规定"政府还贷公路"收费期限最长不得超过 15 年,而"经营性公路"收费期限可放宽至 30 年,一些地方政府借此找到寻租空间,悄然改变高速公路性质,以实现继续收费目的。而在这一转变过程中,往往只是地方政府一文发布,没有具体详细的公开,相关的公众更没有发表权利的机会。由此导致的结果就是(20 世纪 80 年代提出

"贷款修路、收费还贷"政策)无论高速公路还贷实际情况如何,地方财政和高速公路管理机构(高速管理公司)一直延续其收费。

高速公路的信息不透明,大部分公众对所收费用的具体细节一无所知。高速公路收费中有多少份额用于还贷和公路养护,又有多少资金被公路机构纳为己有,高速公路收费管理机构(高速公路上市公司)有义务向公众解释高速公路通行费收取的合理性及持续性。只有公路收费体制公开透明,包括对高速公路投资总额、里程长度、贷款期限、维护成本、服务质量水平、社会承受能力、收费的用途等相关信息的公开,才能使高速公路车辆驾驶员、使用者维护切身权益,参与高速公路收费的监督作用。

目前我国首条免费通行的沪嘉高速公路,其经验不可能很快地在所有高速公路中复制,但却给高速公路的乱收费行为带来警示。可见,阳光才是最好的防腐剂,公开透明的收费信息足以让公路乱收费冲动无所遁形。

5. 高速公路通行费征收标准的确定和调整未能反映各方利益诉求

由于公路属于准公共产品,主要满足社会成员的共同需求,其收费标准的制定和调整属于政府定价的范畴。因此,在高速公路通行费征收秩序收费标准的制定和调整过程中,要广泛征求各界意见,充分反映投资者、经营者和使用者的利益诉求。按照《收费公路管理条例》规定,高速公路收费标准的确定和调整前应召开各种形式的听证会,广泛地征求高速公路使用者的意见。但在现实中,很少举行高速公路收费听证会,即使举行也多流于形式。价格主管部门与经营者基本达成了一致意见,而为数众多的高速公路使用者未能在收费标准的制定和调整中发挥作用。

6. 对冲卡、计重和冒充"绿优"逃费缺乏处置手段

近年来,由于公众认为公路收费过高和不合理,我国部分高速公路发生多起车辆冲关逃费事件,甚至出现非法团伙策划预谋、持刀持枪、暴力威胁、恐吓、殴打收费人员,打砸路政稽查车辆和收费站亭,集中组织货运车辆强行冲关的情况,严重扰乱了我国高速公路交通秩序和社会治安秩序,社会影响极坏。国家为了补贴菜农,推出农副产品运输车办理绿色优惠标志上高速公路免费(以下称为"绿优"),但是在实际中,很多物流公司利用"绿优"免费通行的政策,干起了"挂羊头卖狗肉"的勾当,经常在"绿优"货车的外面包裹一层农副产品,从而冒充运输农副产品进行逃费。

政府在监管处置冲卡、计重和冒充"绿优"逃费方面的力度不够,处置方法和手段不多,导致冲卡、计重逃费等违法成本低,违法发生率高,违法者违法被抓最多补交过路、过桥费,不会受到任何其他法律制裁。

二、高速公路收费监管措施

目前我国高速公路通行费的制定大都是由高速公路经营管理公司提出具体方案,交通主管部门和物价管理部门进行审批。收费标准一般采取成本加成的方法。这种制度设计可以保障高速公路经营单位的基本利润水平,但存在因信息不对称造成的成本虚高的可能性。因此,加强收费监管和完善收费监管措施是高速公路行业监管必须解决的问题。

1. 继续完善高速公路收费的相关法律法规

第一,修改相关法律,改变高速公路固定不变的经营期限。可以根据某些因素的变化,采用测定或者协商的方式相应地调整经营期限。允许一些投资成本高、车流量偏小、地理位置偏僻的高速公路适当延长收费期限。效益好的高速公路到贷款还清时,则大幅度降低收费标准,收费额能满足养路维护即可。

第二,明确高速公路收费标准确定的构成要素和各要素所包含的内容。对高速公路收费标准确定所需的建设运营成本,应明确开支范围和开支项目,明确审核的方法,尽快出台高速公路收费标准,确定所需的建设运营成本审核办法,应进一步明确高速公路投资回报率的标准和计算方法,明确高速公路收费标准的确定方法。

2. 加强高速公路收费制定中的信息披露和监督制度

应进一步提高价格主管部门在高速公路收费标准确定前期和后期工作的参与程度。在项目审批阶段,价格主管部门要参与项目审批过程,项目能否审批应考虑价格主管部门的意见;项目建设过程中要考察项目建设进度,资金使用是否合理,为今后核定高速公路收费所需要的成本提供依据;价格主管部门应对现行高速公路收费的还贷情况及贷款余额、车流量变化情况进行及时的信息搜集,以掌握变动中的高速公路经营单位与收费确定有关的数据,根据情况变化,定期进行信息披露。

3. 优化路政执法队伍

如果说健全相关法律法规,完善特许经营制度,可以使高速公路管理部门应有监管职能、职责更为明晰,那么不断优化路政执法队伍,能使路政监管职责得到更好的履行。当前高速公路路政执法人员的整体素质不高,队伍构成结构不合理,是造成政出多门、争权夺利、执法冲突等路政监管无力、无序与混乱局面的重要原因,高速公路路政监管执法队伍亟待优化。

一是提升监管执法人员的素质。提升素质的内在要求提升监管执法人员思想政治素质、法律素质和业务素质,其中最为重要的是提升思想政治素质和法律素质。高速公路属于政府垄断行业,路政执法人员在执法中容易遭遇权力、金钱、人情的诱惑,路政执法部门应该遵照党和国家有关规定,对执法人员进行思想政治教育、法制教育和廉政教育,促使其严守各项规定和纪律,忠实履职、依法监管,增强路政执法队伍的战斗力和凝聚力。

二是优化路政执法队伍的结构。目前路政执法局限于各行业行政管理领域里的一线执法人员,由于他们多不在一个统一的执法队伍里,物价、审计、质检、交通、路政等执法业务极其分散,只能各自多基于自身行业行政执法角度分别进行单独执法。政府主管部门应该进一步对以上执法业务进行适当整合,培养并吸纳更多具有综合执法能力的从业人员,进一步优化监管队伍专业结构。同时,对于同一个执法队伍,应该考虑执法人员的知识结构,参照国际上比较成功的做法,广泛吸纳高速公路技术、产业、经济、法律等方面专家的成果,由他们辅助行政领导进行决策,同时对一线路政执法人员进行定期业务培训,使之了解国内外高速公路建设、经营、管理过程中所涉及的技术标准、产业政策和法律知识,培养更多业务知识全面的专业执法人,使其执法行为更为合理、合法、专业、有效。

4. 依法处置冲卡、计重和冒充"绿优"逃费等行为

为拒交、逃交、少交车辆通行费而故意堵塞收费道口、强行冲卡、殴打收费公路管理人员、

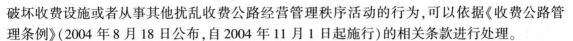

破坏收费设施或者从事其他扰乱收费公路经营管理秩序活动的行为,可以依据《收费公路管理条例》(2004年8月18日公布,自2004年11月1日起施行)的相关条款进行处理。

"第三十三条:收费公路经营管理者对依法应当交纳而拒交、逃交、少交车辆通行费的车辆,有权拒绝其通行,并要求其补交应交纳的车辆通行费。

任何人不得为拒交、逃交、少交车辆通行费而故意堵塞收费道口、强行冲卡、殴打收费公路管理人员、破坏收费设施或者从事其他扰乱收费公路经营管理秩序的活动。

发生前款规定的扰乱收费公路经营管理秩序行为时,收费公路经营管理者应当及时报告公安机关,由公安机关依法予以处理。"

"第五十七条:违反本条例的规定,为拒交、逃交、少交车辆通行费而故意堵塞收费道口、强行冲卡、殴打收费公路管理人员、破坏收费设施或者从事其他扰乱收费公路经营管理秩序活动,构成违反治安管理行为的,由公安机关依法予以处罚;构成犯罪的,依法追究刑事责任;给收费公路经营管理者造成损失或者造成人身损害的,依法承担民事赔偿责任。"

由于高速公路营运公司不具有执法资格,因此,在打击车辆逃费行为方面还必须充分利用相关执法部门的执法权限,充分发挥路政管理部门、交警和公安联动机制,充分发挥"一路三方"的力量,这将在一定程度上给予逃费车辆有效的打击。

应采用先进的防逃费系统解决逃费的取证问题,同时建议江苏省地方立法对有违规行为车辆进行加重处罚,明确规定在一定期间内不得上高速公路。

路政部门和高速公路运营公司可以共同建立车辆牌照诚信库,全路段对冲卡、计重和冒充"绿优"逃费的车辆牌照进行全省高速公路信息公示,并阻止有不良记录的车辆上高速公路。

5. 完善高速公路价格听证制度

1998年5月1日,我国颁布实施的《中华人民共和国价格法》(以下简称《价格法》)首次确立实行价格听证制度。《价格法》第十八条规定,对于自然垄断产品,重要的公用事业[公用事业(Public Utilities)是指邮政、电力、电信、供水、供气、铁路、交通运输、有线电视、污水处理以及垃圾处理与回收等通过基础设施为公众和个人提供普遍必需品和服务的产业。]和公益性服务的价格,政府在必要时可以实行政府指导价或政府定价,即对价格进行管制。2001年,全国正式实行《政府价格决策听证暂行办法》。

听证会不仅可以消除道路使用者与高速公路经营者之间的矛盾,还可以制约高速公路行业垄断经营。但是高速公路价格听证会实行多年,收费标准高、收费不合理的现象仍然存在,说明听证会并没有真正落到实处,很多地方把听证会当作走过场。我们认为,高速公路管理局应该组织和监督听证会的召开,使收费价格更加民主、科学、公正。

6. 完善市场准入制度

虽然目前我国已经形成了较为多元化的高速公路准入渠道,但依然以国有控股为主体。国家可以通过完善市场准入机制,推进投融资主体多元化,特别是银行外的金融机构资金、高速公路建设债券、项目BOT融资、高速公路收费权益转让融资、民间融资等,畅通资本进入高速公路建设领域的渠道,从而提高高速公路运营效率。

7. 推进高速公路网络管理信息化进程

我国现有的高速公路是根据国家总体规划或地方政府的规划分批分期建设的,除了少数几个省市基本形成高速公路网络之外,大部分项目里程较短,没有形成长距离的运输通道。高速公路应有的网络便捷性和效益难以得到充分体现。每条道路和独立桥梁的收费标准和收费办法也不尽相同,主线收费站点多,收费管理人员多,投入大,车辆停车次数多,环境污染严重。因此,推进高速公路联网收费管理,打破条块分割和地方保护主义,充分发挥高速公路性能迫在眉睫。

第三节 高速公路收费监管技术体系

一、加强公路使用者合法权益维护

为切实履行收费监管职责,维护公路使用者的合法权益,依据《公路法》《收费公路条例》《江苏省高速公路条例》等有关法律法规,联合省有关部门加强收费站设置、收费标准、收费年限等报批前的技术性、专业性审查;积极提请省政府及有关部门在对收费标准、年限批复时,明确其养护质量和运营服务水平,探索建立通行费收费标准与养护质量、运营服务水平的挂钩机制,通过市场机制和价格杠杆引导经营单位自觉地提升养护质量与运营服务水平;充分利用视频监控、通行记录等信息数据,加强收费政策、收费标准等投诉调查处理,切实维护驾乘人员的正当权益。

二、推进收费服务信息公开

严格按照国家、省法律法规的要求,全面推进高速公路收费服务信息公示和公开,接受社会监督。除在收费站区显著位置公示收费审批机关、文号、收费公路属性、经营管理单位、收费标准、收费起始时间、监督电话等信息外,推进经营单位定期向社会公布投资总额及构成、债务余额、收入与补贴、还本付息与养护及经营管理支出等信息。

为更好地提高、改善收费服务增值水平和配套服务质量,切实提高收费站通行效率,国家鼓励经营单位不断完善ETC配套服务网络,特别是借鉴公共事业项目交费的经验,开通苏通卡充值业务,加大预交费优惠力度,借助第三方支付方(如银联在线、支付宝、财付通)进行充值、交费;不断改善产品服务网络和服务体系,尽可能满足用户需求,提高苏通卡覆盖率和使用水平。

三、高速公路收费豁免政策改革

高速公路收费豁免制度应以高速公路公共产品属性的层次性和阶段性为基本出发点,以制度经济学中的交易成本与制度效益比较角度为原则,实际考虑我国的公共财政能力、高速公路存量债务等情况,按照局部试点到整体推进的方法适时、逐步推出。

根据我国经济实力及公路建设的资金来源等因素,同时充分发挥高速公路的准公共产品的属性,我国按照"贷款修路、收费还贷"的政策,根据《收费公路管理条例》中的相关规定普遍实行收费制度,坚持交易成本与制度效益比较的原则,制定合理的收费标准。

从长远来看,随着我国公共财政能力的增强,存量债务的减少,应充分发挥高速公路的公共产品属性,要求各级政府加大对高速公路的财政投入,逐步降低收费标准,采取分区域方法先进行试点,进行经验积累,待《收费公路管理条例》规定的收费年限到期后可仅收取运营管理费用,最终根据国家及各地财政能力实现高速公路收费的普遍豁免。当然也应根据经济规律在部分时段(如节假日)对部分路段采取收费政策。

就目前已经实施的重大节假日小客车免收通行费应该叫停,继续收费,但要重新测算重大节假日时的收费标准,且收费应该包括两部分:一是建设成本;二是拥堵产生的社会成本。其中收费收入中的建设成本归建设者,拥挤成本归公共财政,用于偿还贷款或其他社会公益。2009年、2010年交通运输部出台的关于农产品运输绿色通道免费政策并不违反经济规律,不会造成高速公路特定时间段的拥堵,同时出台该项政策的同时,交通运输部也要求各地就绿色通道政策对经营性收费公路企业的影响进行研究,对于影响较大的经营性收费公路企业视情况给予补偿。因此此项政策应该坚持,并完善对经营性收费公路企业的补偿机制。

四、收费经营性高速公路合理投资回报率的确定

政府还贷性高速公路制定收费标准主要是为了在收费期内偿还完贷款,所以只要弄清楚贷款额度和成本费用,考虑级差效益约束即可,而收费经营性高速公路还要对合理回报进行界定。在2013年5月份交通运输部出台的《收费公路管理条例(公开征求意见稿)》中,拟规定"经营性公路投资的合理回报率可在上海银行间同业拆借利率(Shibor)基础上通过适当上浮的方式确定。具体的上浮幅度在特许经营协议中确定"。目前一般的银行间同业拆借利率在4.5%~8%之间,规定上浮一定幅度如3%,则经营性高速公路的合理投资回报率在7.5%~11%之间,保证合理投资回报率超过存款利率。这种做法是正确的,它可以使收费标准在一个可控的范围内,保证收费经营性高速公路经营者不会获得超额利润,兼顾了高速公路的公共产品属性。

五、建立详细的收费标准调整方法、程序及听证制度

制定收费标准的另一个重要影响因素是对未来交通量水平的预测,而受到预测手段、预测方法及技术条件的限制,对未来的预测尤其是中长期预测在很大程度上与实际水平相偏离,同时影响未来交通量的因素也有不可控特征,所以单纯依靠交通量预测制定合理收费标准的思路不具有可行性,应该是对其可能发生的变化制定相应的调整机制,即当现实中交通量与预测存在较大差距时,在既定的收费标准下会影响高速公路经营企业或者使用者的利益,这种情况下就需要对收费标准进行调整。因此,适当时候应通过政府有关部门的规定、办法等形式对收费标准的调整方法、具体程序予以确立,其中最主要的是对于收费标准影响因素的分析及不同影响因素下的收费标准调整幅度的确定。同时,在高速公路的收费标准形成机制中要坚持听证制度,尤其要充分考虑高速公路使用者对收费标准的意见,使得听证真正成为高速公路通行者表达诉求的渠道。

六、收费期满后的权益界定及管理创新

收费期结束后,高速公路的经营管理主体由企业转变为政府。此时,相对于收费期,交通量仍处于自然增长的状态。为了限制城际高速公路交通量的继续增长、筹措养护资金和考虑社会接受程度等方面,城际高速公路在收费期结束后的收费策略上应该站在养护成本导向视

角下,必须能够长期地、可持续地保证城际高速公路充分发挥其服务功能。

为了保持高速公路在收费期结束后还能够正常有序运营,进行公路养护工作是十分重要的。养护成本是指维护高速公路道路畅通而发生的日常养护费、专项养护费及维修费。高速公路建成通车后,随着运营时间的推移,交通量和设施使用频率的增加,高速公路及其配套设施会出现不同程度的损坏,及时发现并有效修复这些损坏有利于保持高速公路良好的使用状态和服务水平,最终提高高速公路的经济效益和社会效益。因此,城际高速公路每年收取的费用至少应该满足该年所需的养护与管理费用。此时,无须考虑城际高速公路建设成本和融资成本,应对城际高速公路养护与管理成本进行测算,然后根据该线路交通量分车型进行差别定价。高速公路养护费用的确定可以采用如下计算方法:

$$Y = K_{日} \times K_{车道} \times (3.873 + 0.386 \times X_1 + 1.965 \times 10^{-4} \times X_2 + 6.157 \times X_3 - 2.639 \times X_4 - 2.576 \times X_5) \times \left(\frac{K_{固定}}{100}\right)^{(预测年份-2014)}$$

大修费用模型:

$$Y = 17 \times K_{车道} \times (3.873 + 0.1386 \times X_1 + 1.965 \times 10^{-4} \times X_2 + 6.157 \times X_3 - 2.639 \times X_4 - 2.576 \times X_5) \times \left(\frac{K_{固定}}{100}\right)^{(预测年份-2014)}$$

式中:Y——费用(万元/km/年);

$K_{日}$——日常维修费用系数;

$K_{车道}$——车道修正系数;

$K_{固定}$——固定资产投资价格指数;

X_1——通车年数;

X_2——交通量(pcu/d);

X_3——桥隧比;

X_4、X_5——路面类型的虚拟变量。

第四节 高速公路通行费征收秩序监管创新

为进一步规范高速公路收费行为,保护广大驾乘人员的合法权益,依据相应法律法规规定,高速公路应完善收费服务监管措施,推进收费服务信息公开,不断提高收费服务质量,确保高速公路为通行车辆和驾乘人员提供便捷、文明的服务。

一、监管标准化和特色化相结合的收费站建设

高速公路收费站是交通运输行业服务与经济社会发展的重要窗口,关系到广大群众的便捷安全文明出行,推进标准化收费站建设是实现高速公路交通全面、协调、可持续发展的客观要求。作为高速公路监管部门要基于江苏省高速公路收费站的工作实际,坚持从"标准化"与"特色化"相结合进行监管,督促高速公路经营公司统一高速公路收费站外观设计,推进收费站形象标准化工程;完善运营管理规章,推进收费站制度规范化;强化业务窗口和流程,监管促进收费站服务优质化和文明化;加强收费站环保和卫生清洁检查,推进收费站环境和谐化。在

此基础上严格收费站管理监督和考核,引导创建江苏省高速公路收费站品牌建设。同时,应该对高速公路收费站的称重系统建设过程中增加信息化监控,在定期进行标定、校核,予以公示的基础上,可以对其进行远程信息化监管,通过技术监管达到制约高速公路经营公司规范,高速公路收费站称重系统的标准化建设。

二、进一步完善高速公路通行费征收方面法律法规

《江苏省高速公路条例》第四十三条规定,省交通运输部门及其高速公路管理机构以及省价格、财政等有关部门应当加强对高速公路收费的监督管理。具体办法由省交通运输部门会同有关部门制定。可见,江苏省在高速公路通行费征收秩序方面没有出台相应的法律法规,其他多数省份在通行费征收方面做法各不相同。建议交通运输部在高速公路收费方面出台一部具有可操作性的具体办法,便于一线执法人员执法处理,使高速公路经营公司明确权利和义务,强化行政执法手段。

三、制定 200m 免费放行的可操作性规章制度

《江苏省高速公路条例》第五章收费与服务中第四十六条规定:"收费站应当开足收费道口,保障车辆正常通行,避免车辆拥挤、堵塞。因未开足收费道口而造成平均十台以上车辆待交费,或者开足收费道口待交费车辆排队均超过二百米的,应当免费放行,待交费车辆有权拒绝交费。"从这条规定来看,200m 并不是简单认定的(图5-3),高速公路在接近收费站时基本上都形成一个喇叭口,两侧的收费通道喇叭口弧度往往直线距离达不到200m,有的甚至只有二三十米,大多数人对免费200m 的放行理解都是从收费站到免费放行线的一个直线距离。从立法的本意来看,也是保障车辆畅行对社会的一个公开承诺,但遗憾的是,法规里面没有明确这个200m 免费放行线该如何设置。我们研究认为,《江苏省高速公路条例》应该完善这一内容,明确该 200m 免费放行线的设置和收费道数折算。

图 5-3　免费放行标准

监管部门应该出台 200m 免费放行的可操作性规章制度,明确 200m 放行车辆到底是全部放行还是 200m 线内车辆放行,明确 200m 拥堵的标准,在具体的执法过程中具有可操作性。

监管部门还应该在各收费站 200m 免费放行线位置处设置一个远程联网监控摄像头,当车辆在收费站口拥堵到 200m 免费放行线处,从远程联网监控摄像头看到排队时,可以及时通知高速公路经营公司进行免费放行。

四、加强公路使用者合法权益维护

为切实履行收费监管职责,维护公路使用者合法权益,依据《公路法》《收费公路条例》《江苏省高速公路条例》等有关法律法规,联合省有关部门加强收费站设置、收费标准、收费年限等报批前的技术性、专业性审查;积极提请省政府及有关部门在对收费标准、年限批复时,明确

其养护质量和运营服务水平,探索建立通行费收费标准与养护质量、运营服务水平的挂钩机制,通过市场机制和价格杠杆引导经营单位自觉地提升养护质量与运营服务水平;充分利用视频监控、通行记录等信息数据加强收费政策、收费标准等投诉调查处理,切实维护驾乘人员正当权益。例如台湾高速公路采取多项措施保护用户缴费合法权益,为加强监督远通电收公司改善重复扣款情形,提升收费的正确性与稳定性,台湾高公局委托运输学会,由交通、法律、信息及电机等专家学者,成立"计程电子收费系统重复扣款稽核委员会"。自2014年2月1日起,委员会执行3个月的稽核作业,并订定严格的两个关键绩效指标(KPI):单一收费站抽样的车辆为全天99.9%的交易数和所有抽样收费站的车辆为全天99.98%的交易数。每天进行严格的双KPI值计算,任何一项KPI值没通过则按日罚款50万新台币。2月1日至4月22日总计受稽核车辆数为170800辆次,每个收费站至少稽核过1次,共有5笔车牌因人工误判出现错误,高公局已要求远通电收公司双倍偿还客户储值金,并要求其加强对工作人员的训练。

五、推进高速公路通行费征收信息公开

严格按照国家、省法律法规的要求,全面推进高速公路通行费征收信息公示和公开,接受社会监督。除在收费站区显著位置公示收费审批机关、文号、收费公路属性、经营管理单位、收费标准、收费起始时间、监督电话等信息外,推进经营单位定期向社会公布投资总额及构成、债务余额、收入与补贴、还本付息与养护及经营管理支出等信息。

《收费公路管理条例》第四十六条规定:"省、自治区、直辖市人民政府应当将本行政区域内收费公路及收费站名称、收费单位、收费标准、收费期限等信息向社会公布,接受社会监督。"

《收费公路管理条例》第四十七条规定:"收费公路经营管理者应当按照国务院交通运输主管部门的要求定期向社会公布以下信息:

(1)收费公路项目和属性;
(2)里程规模和技术等级;
(3)累计投资总额及构成;
(4)债务余额;
(5)年度通行费、广告、服务设施运营收入,年度财政补贴;
(6)年度还本付息、养护、运营管理、税费等费用支出;
(7)年度通行费减免情况。"

六、强化行政执法手段

公路路政执法是交通行政执法的有机组成部分,是交通行政执法的重要内容,也是路政行业管理过程中不可缺少的中间环节。任何行政管理活动都可以分为事先管理与事后补救两个过程。在前一个过程中,行政机关根据法律、法规、规章的规定,预先设定行为规范,主动干预社会生活,调整社会关系;在后一过程中,由于相对人对具体行政行为提出不服,有关国家机关必须对具体行政行为进行审查,作出维护或撤销原决定的裁决,从而解决行政争议。在这两个过程中,行政执法起着承前启后的作用,它是前后过程中不可缺少的中间环节。抓住这一环

节,对于把握路政行业管理的全过程,实现高速公路路政管理的合法化有着重要的意义。

七、鼓励完善 ETC 收费配套服务

为更好地提高、改善高速公路通行费征收服务增值水平和配套服务质量,切实提高收费站通行效率,国家鼓励经营单位不断完善 ETC 配套服务网络,特别是借鉴公共事业项目交费的经验,借助第三方支付方(如银联在线、支付宝、财付通等)进行充值、交费;或者加强与实体的第三方支付方进行合作,开通苏通卡充值业务,如遍布社区、超市、银行网点的拉卡拉业务,不断改善产品服务网络和服务体系,尽可能满足用户需求,提高苏通卡覆盖率和使用水平。

本课题研究发现,路政执法的法律法规和各类文件中都没有对高速公路设备的监管,需要完善高速公路设备监管的法律法规和加强对设备的监管。提高高速公路设备现代化,便于提高路政执法部门的执法效率,丰富执法部门的执法手段,便于取证和处罚。

例如日本截至 2014 年 4 月,已经在全国范围内的所有高速公路收费站点开通了 ETC 系统,ETC 用户已超过 6077 万,全国平均利用率达到 89.7%(图 5-4)。日本的 ETC 车道系统由道路公团(业主)负责建设和管理,根据政府的要求,每个收费站至少修建一条 ETC 车道,主要的收费站都修建了两条以上的 ETC 车道。硬件的广泛布局也"迫使"日本的车主必须选择 ETC 装载进行缴费。

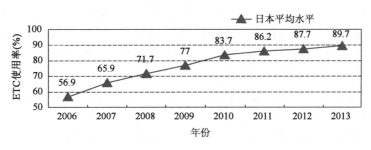

图 5-4 日本 ETC 使用率

(1)日本把发展 ETC 系统作为缓解交通堵塞、拉动经济增长的国家级项目来推动,由政府直接推动,除了颁布法规保障和全国统计的技术标准外,还在各级政府和道路公团成立了 ETC 推进委员会,并专门成立了 ORSE 负责 ETC 系统的安全、认证和数据管理工作。

(2)日本采用了"政府为主导、市场为主体、各类社会企业参与和推动"的运作模式,统一规划、统一标准、统一法规,确保系统安全。政府在长远规划、ETC 的标准和应用技术、配套的法规制度、设备认证等方面做了大量工作。在政府的推动下,市场各类企业积极参与了 ETC 系统的标准研究、设备研制、系统建设和营运推广工作,配合政府发挥了积极的作用,共同促进了系统的完善。

(3)采取灵活的商业手段促进 ETC 产业的迅速发展。日本政府通过为电子标签的购买提供补贴,促使道路公团实行路费折扣等商业手段,促进了 ETC 用户的迅速增加,从而使整个 ETC 产业都得到了较快的发展。

由日本 ETC 使用的成功经验可以看出,ETC 推广使用应该由政府主导,出台相应法律法规和文件,相关政府部门配合宣传和监管,真正使 ETC 技术广泛应用,同时用户的大数据也能掌握在政府手中,便于执法部门监管。

八、绿色通道监管创新

从 2010 年 12 月开始,所有收费公路全部实行绿色通道免收通行费政策,在中央和地方的大力推动下,鲜活农产品运输的"绿色通道"快速发展。

随着"绿色通道"政策的实施及其政策长期性的影响,高速公路鲜活农产品绿色通道的车流量大增。为了更好地贯彻国家鲜活农产品"绿色通道"政策,加强对绿色通道车辆的管理,避免假冒绿色通道车辆逃避正常规费,搅乱正常的通行秩序,需要对绿色通道中违规夹带和伪装的车辆进行鉴别。那么绿色通道车辆检测管理系统的建设就成为管理工作中的重中之重。

(1)鼓励高速公路经营公司在绿色通道收费站安装数字辐射透视成像等检测设备,提高鲜活农产品运输车辆检测和通行效率。目前我国已经研究开发出了 TC-SCAN、X 射线等绿色通道检测设备,并在河北、吉林、山东、陕西、江西、广西、广东、贵州等省、自治区试行使用,取得了显著效果:一是查验速度大幅提高,每次验货时间由过去 10~15min 降低到 1~1.5min,验货时间提高了 10 倍;吉林省高管局组织研发的 X 射线绿色通道检测设备,平均检测时间仅为 10s/台,包括正常缴费时间在内,每辆鲜活农产品运输车辆通过收费窗口的时间只需要 45s,极大地提高了鲜活农产品运输车辆检测和通行效率。二是货物图像清晰,易于识别,可有效杜绝以往争执货物真伪的现象。对于混装车辆,能够清晰分辨混装货物的比例和位置,解决了容积率难以计算的问题,有效制止不法车主假冒骗逃行为。三是数据自动抓拍上传,便于统计、备查,既解决了以往依靠人工检查存在的需要人员多、工作强度大等问题,节约了人力成本,又对验货人员实行收费员、查验员、监控员三方监督,有利于杜绝营私舞弊行为。

但是,由于上述检测设备的成本较高(每台造价 80 万元以上),各地推广应用的积极性不高,需要国家尽快研究出台相应的政策制度予以鼓励和支持,特别是在鲜活农产品运输交通量较大的收费站率先推广和应用。

(2)鼓励配置和使用便携式检测仪。鼓励高速公路运营单位结合鲜活农产品运输交通量情况,配置和使用便携式绿色通道检测仪,在满足快速检测的同时大幅降低配置成本。

(3)鼓励高速公路经营单位与大型鲜活农产品运输企业开展免检试点工作。鼓励鲜活农产品的主要运输通道的收费公路经营单位与大型鲜活农产品运输企业利用物联网技术开展免检试点,即大型运输企业在整车鲜活农产品装载完毕后实行电子封签,在收费站绿色通道检测处扫描封签确认后即可免费放行,以此减少查验时间,提高车辆通行效率。

第六章 高速公路服务区经营监管

第一节 高速公路服务区经营监管概述

一、高速公路服务区功能介绍

高速公路作为国计民生的交通动脉,主要功能是为人们提供交通运输便利,带动区域经济的快速发展,体现国家基础设施的公益性。但是,高速公路及其服务区的建设耗资巨大,一般由国家直接管理、企业参与共同管理,对道路使用者采取收费管理形式,体现服务区经营性的特点。因此,高速公路服务区具有公益性和经营性双重属性。

为满足道路使用者的基本需求,高速公路服务区通过建设比较完善的服务设施,给道路使用者提供必需的停车、休息、加油、检修、餐饮、如厕等服务,同时缓解驾乘人员的疲劳、紧张状况。随着国民经济的发展,为满足高速公路上日益庞大的消费群体,对于高速公路服务区,除了要满足基本功能之外,对其他服务功能的要求也在不断提升,需做到功能完善、服务到位,服务质量优化,由此作为高速公路行业展示文明形象的重要窗口。

二、高速公路服务区服务项目

高速公路服务区是高速公路的附属设施,高速公路服务设施的功能可分为基本功能和延伸功能。它的基本功能是满足驾乘人员旅途中的基本需求,有效预防和缓解驾驶员疲劳驾驶,为车辆提供停车、加油、维修等服务,并消除安全隐患。延伸功能是超出基本功能以外的个性化、多样化服务功能,其设置的服务内容可分为餐饮、洗浴、购物、汽修、信息查询、卫生间以及一些游乐休闲功能等。另外,高速公路服务区还可以在抗击自然灾害、重特大移民、军事机动等紧急情况下提供特殊服务等。具体见表6-1。

高速公路服务区功能及服务对象 表6-1

设 施	主 要 功 能	服务对象	功能属性
停车场	车辆停放、检查、理货等	车辆	基本功能
公共厕所	如厕、盥洗等	驾乘人员	基本功能
餐厅	餐饮、休息等	驾乘人员	基本功能
加油站	加油、加水、洗车等	车辆	基本功能
保洁保安	卫生打扫、秩序维持	驾乘人员	基本功能
超市	购物	驾乘人员	延伸功能
修理厂	检修保养、加注机油、出售零件等	车辆	基本功能
土特产展厅	宣传地方特色	驾乘人员	延伸功能
仓储设施	货物中转、储藏	货物	延伸功能

续上表

设　　施	主要功能	服务对象	功能属性
医疗救助站	药品、医疗救助服务	驾乘人员	延伸功能
园地	休闲、娱乐	驾乘人员	延伸功能
客房部	住宿、休息等	驾乘人员	延伸功能
附属设施	锅炉房、变电站、净化槽等	—	—
环保设施	生活污水处理、环境美化	—	—
其他设施	车辆降温、公用电话、问讯处等	车辆、驾乘人员	延伸功能

根据不同区位服务区的实际情况以及服务设施的配置需求,有的服务区综合功能较完备,配置有各项设施,既有基本功能又有延伸功能;有的服务区仅具备诸如停车、加油、超市等基本设施,通常不设餐饮住宿;还有的服务区仅仅具备临时停车休息的停车区。

三、高速公路服务区行业管理内容

高速公路服务区运营管理包括业主自营、全部外包、部分自营等多方面内容,涉及领域广泛,是一项庞大而复杂的系统工程。目前全国高速公路服务区的经营模式一般分为三种:一是全部由业主自营,该模式难度较大,需要的人员较多,员工竞争、服务意识差,企业负担重,由此也衍生出业主整合服务区资源,成立了专业的服务区管理公司,实施专业化的经营管理;二是全部外包,将所有项目全部承包出去,业主只设立服务区监督管理委员会,负责催收租金、监管日常环境卫生和对外形象考核,此种模式经营压力小,经济利益可以保障,但是不利于维护业主的设施设备,不利于维护社会形象,公益属性发挥差;三是部分自营,部分租赁,将自营难度较大、专业化程度较高的项目外租(如汽修厂、特色餐饮特产、酒店住宿等),引入专业公司经营,可利用专业公司有效的经营管理保证服务区的特色服务。例如有的高速公路服务区引入肯德基等连锁快餐店,发挥这些品牌的示范作用,也会引起与服务区内部自营项目的冲突。

高速公路服务区管理是高速公路管理部门及服务区经营部门对高速公路服务区的有关服务设施、停车设施、辅助设施等进行的规划、投资、建设和经营活动的总称。服务区管理的目的是完善高速公路服务功能、提高高速公路服务水平、确保高速公路运营工作正常进行,最终实现高速公路多功能、高效率与高效益,体现高速公路的服务性与经济性。

《江苏省高速公路条例》中涉及的服务区管理主要有以下两条:

第五十一条:高速公路经营管理单位应当加强服务区、停车区日常管理,保持秩序良好和环境整洁,保证服务设施正常运行。

服务区、停车区内的停车场、公共厕所、供电、供水、加油、汽车维修等应当昼夜提供服务。停车场、公共厕所、供水服务应当免费。

服务区、停车区因故无法提供部分服务的,高速公路经营管理单位应当通过可变情报板等设施及时发布信息,并采取措施尽快恢复服务。

第五十二条:在高速公路服务区内提供商品或者服务,应当明码标价,价格不得明显高于本地区同类商品和服务的市场价格。

高速公路服务区所在地工商、价格、环保、卫生、食品药品等行政主管部门应当依法加强服务区经营活动的监督管理。

四、高速公路服务区行业经营管理现状

1. 江苏省高速公路服务区概况

江苏省高速公路服务区共101个,服务区建设具有美观、实用、结构新颖独特以及总体布局合理、装修标准高等特点,充分体现了高速公路这一现代化交通基础设施的服务特色,为整个江苏省高速公路建设和管理增添了亮点。江苏省高速公路交通运输执法总队盐锡支队管辖范围内的服务区有广陵服务区、堰桥服务区等9个。

整体上,江苏省高速公路服务区注重公共服务,整体形象好。服务区保洁保安工作按高标准配备人员,成本投入大,确保了服务区的卫生环境和现场秩序。如广靖锡澄高速广陵服务区占地194亩❶,建筑面积6500m²,共有保洁人员41名,保安人员21人;广靖锡澄高速堰桥服务区占地170亩,每年花费90万元聘请专业的公司负责服务区的保洁保安工作。服务区绿化率普遍较高,一般都不低于30%,高的达到50%。区内花草树木搭配合理,色彩鲜明,为过往旅客提供了优美舒适的休息环境。服务区主体建筑建设档次较高,多采用江南古典园林风格,注重与区内绿化浑然一体,而且装修标准高,满足了过往旅客使用时的精神需求。

2. 江苏省高速公路服务区经营现状

目前江苏高速公路服务区经营项目主要包括餐饮服务、商品销售、加油站、汽车维保、保洁、保安等方面。一般情况下,加油站业务主要由公司与石油公司合作销售,公司提取部分利润(100元/t);保洁保安采取服务外包形式;餐饮业务、商品销售有外包和自营两种形式;汽车维保一般是公司与高速公路区域外汽车维修点联系,公司主要提供充气、换胎等简单业务。较大的服务区也会有其他服务项目,这些项目一般都具有经营性质。如图6-1、图6-2所示。

图6-1 浙江某服务区连锁超市

图6-2 台湾某服务区连锁超市

高速公路管理部门承担停车场、公共厕所等公共设施的日常维护工作,免费供驾乘人员使用。通常情况下,大多数高速公路服务区上缴的经营收入略大于该服务区公共设施的日常维护成本,但在扣除固定资产折旧后,绝大多数服务区仍处于亏损状态,还有少数服务区的经营收入甚至不能填补公共设施的日常维护成本。在保障基本的使用功能之外,有些服务区增加

---

❶ 1亩=666.6m²。

了土特产品小卖店、住宿、餐饮等扩展服务。有的结合服务区毗邻旅游景点的优势,增加了旅游服务项目,从而提高了服务区的经营收入,改善了服务区的运营财务状况。

3. 服务区经营存在的主要问题

(1) 服务区人员管理难度大。

管理主体方面:服务区管理主体多元化,规划不统一,管理分散,路政及行政执法主体缺位,工作协调难度大,管理体制不健全;在高速公路服务区现有的经营管理主体中,有的是专业管理公司,有的是非专业管理公司,甚至层层转包产生了其他经营管理主体。在这种混合分散式、多元化的管理主体的经营管理格局中,各主体之间各自为营,缺乏横向沟通,造成了管理模式、服务标准、公共形象难以统一、多头管理等管理难题。

目前全省范围内大多数服务区的加油站、餐饮、超市、汽修项目分割,保安、保洁各自为政,履约监督不到位。由于管理主体不一,监管尺度和标准也难以统一,监管执法不到位,致使服务水平日益下降,品牌信誉降低。经营管理主体不统一,则难以形成统一的考核体系,无法充分调动员工的积极性和主动性,竞争力水平下降。

管理对象方面:高速公路的管理对象主要是驾乘人员,由于人员纷杂、流动性大、素质参差不齐,难免出现车辆乱停、生活垃圾乱扔等现象,难以统一管理。

(2) 服务区倒客运营现象普遍存在。

在节假日、旅游旺季,有的服务区的车辆进出频繁、旅客上下车杂乱,由于对进出车辆缺少管理,服务区内倒客现象屡禁不止。江苏省部分高速公路服务区客车的倒客、揽客造成超员现象十分严重,带来重大安全隐患。据调查资料显示,沪宁高速公路无锡梅村服务区、常州芳茂山服务区、苏州阳澄湖服务区等倒客运营现象尤其突出。

客运能力不能满足出行需求是服务区倒客运营现象的重要原因。高速公路及其服务区周边村庄,大多远离城镇,居民要正常乘车,需要先乘车到市区再换乘长途客车,这样费时且麻烦,路费也相对高,因此居民有中途转车出行的需求。例如无锡梅村服务区附近有多个经济开发区,外来人口有10余万人,服务区距离无锡市区客运站约20km,而且没有便捷直达的公交线路,很多当地居民和外来人员选择在此服务区乘车。另外,现有客运线路的安排和站点的布设与居民出行的实际需求有差距,有的区域公路网还不够密集,长短途换乘衔接不畅。

服务区主要由高速公路公司经营,大多采用租赁经营,许多高速公路服务区公司只重招商,不重管理;场地租赁出去之后,日常管理不到位。加上倒客运营不直接涉及高速公路公司的利益,因此高速公路公司对此一般采取不作为。而路政等执法部门由于人员、条件有限,对倒客现象只能采取突击式打击惩处,不能有效地根治此问题。

(3) 服务质量、商品性价比低。

目前,高速公路服务区零售市场问题多。据报告分析,超过85%的服务区商业处在亏损状态,而服务区商业给消费者的体验通常是价格高、品质低、选择少,如超市平均产品溢价率为80%,小吃平均产品溢价率为150%。如有的服务区提供的服务及商品大多分散、凌乱,有几瓶很贵的水、很难吃的便当,厕所卫生也极其脏乱。服务对象多是"不得已进入休息区"的顾客,很多店方工作人员的服务理念较差,客户投诉服务人员态度差的现象时有发生。

公益性质的驾乘服务方面,有的重口号轻实践;经营性质的商品零售方面,有的重利益轻品质。高速公路服务区内的餐饮、住宿、购物、通信、加油、汽车修理等经营项目大都采用承包经营方式,由于驾乘人员上了高速公路后,只能在服务区内加油、就餐和消费,服务区内的经营单位实际处于垄断地位。垄断往往使得经营承包人只讲经营、不讲服务,只顾自身的利益、不顾消费者利益。服务区内商品的价格远高于市场价格,而服务质量却远低于普通经营场所,服务区内超低的性价比降低了驾乘人员的满意度,使其通常会尽量减少在服务区内消费。

(4)服务区经营市场化、规模化程度不高。

运营方式上服务区存在较多的多次租赁转包、以包代管等层次较低的运营模式,分散经营的后果就是产业规模的小型化。这种分散经营往往不能形成有效的资源配置,浪费严重,在统筹管理上面难度较大,难以发挥更大规模的经济效益,更不用说统一形象。另外,这种独立经营的市场化程度不高,全面的市场意识淡化,虽然具有灵活性,强调自负盈亏,但是可持续发展的能力反而不足。

(5)特殊时段服务区服务能力不足

在周末、重要节假日等特殊时段,高速公路车流量将大增,对服务区的需求量也剧增,服务区服务能力不足的矛盾较为突出。多数服务区普遍面临场地面积、停车位使用、车辆加油速度、资源供应等需求问题。

第二节 高速公路服务区经营监管组织体系

高速公路是公益性基础设施,不能将追求商业利益放在服务区经营管理的首要位置,经营管理应该以公益性为主。特别是在公路交通由传统产业向现代服务业转型的过程中,应更好地发挥高速公路服务区的基础功能和窗口功能,为道路使用者提供更人性化、更舒适、高质量和有竞争力的服务,寻求最优的运营和管理流程,形成全面系统的管理体系。要实现此目标,必须加强高速公路经营的监管。

一、高速公路服务区行业管理机构与职责

高速公路服务区行业管理一般建立了专门的服务区监管机构:①根据国家法律、法规和相关政策,负责沿线服务区的统一管理与指导。②按照分级管理的原则管理沿线服务区。在各服务区内设置管理办公室,履行监管和协调职能,指导服务区各项经营活动的正常开展,督促服务区经营者合法经营。高速公路营运监管信息系统建设体系框架见表6-2。

高速公路营运监管信息系统建设体系框架　　　　表6-2

	服务区基本信息子系统
服务区监管系统	服务区经营业户子系统
	服务区运行状态子系统

高速公路服务区管理涉及的部门主要有负责服务区经营的高速公路服务区公司,负责运输执法的政府主管部门(高管局、支队、大队),负责道路交通安全的公安机关。尽管这些部门各司其职,但因职能交叉,有些方面实际上形成了一个"都不管、不愿管"的真空区;而有些方面,出现"抢着管"的现象,如执法部门变换名目多头下达罚款任务,对进入服务区的车辆找理由处罚,超范围执法,超标准收费,以罚代管,重复处罚等。因此,服务区管理需要理清各部门

的职责,发挥多方作用,加大高速公路行业监督管理力度。

构建由政府主管部门,高速公路管理机构、经营公司、相关单位如物价部门、税务部门、立法机构、相关专家等组成的服务体系,对服务项目进行特许经营许可、价格审批、经营质量监管,形成高速公路营运监管信息系统建设体系框架。服务监管机构应按规范制订各项岗位职责和操作规程,按要求制订各类公共突发事件应急处置预案,建立快速、有效的应急处置机构和机制;及时向上级管理部门报告服务(停车)区的经营管理动态,向区内的各单位、部门传达上级管理机关的指示和要求;对区内各经营服务项目和公益性项目及时地进行监督和检查,制订整改措施并落实到位;及时做好各类管理和检查记录,建立完善的档案管理系统,按类别将文件、资料进行存档,以备日常的监督检查和上级管理部门在各项评比活动中考评(见表6-3)。

高速公路服务区监管架构　　　　　　　　表6-3

监管对象	监管内容	监管方法	监管机构组成	监管依据
服务区	基本建设设施	建立标准化管理制度	高速公路管理机构 行业协会 服务对象	《江苏省公路条例》 《江苏省高速公路条例》等
	基本服务保障	执法检查		
	服务水平与质量	经营状况调查 星级评比 满意度调查		

二、高速公路经营监管组织体系设计

1. 构建服务区标准化服务监管体系

《江苏省高速公路条例》第四十三条规定:"高速公路经营管理单位应当健全规章制度,坚持守法、诚信,公开服务标准,接受社会监督,为通行车辆和驾乘人员提供安全、便捷、文明服务。省交通运输部门及其高速公路管理机构以及省价格、财政等有关部门应当加强对高速公路收费与清障救援、服务区经营等服务的监督管理。具体办法由省交通运输部门会同有关部门制定。"但目前还未形成标准化管理办法,建议出台高速公路服务区监管办法,划分监管职责,明确监管职责。

就标准化管理研究,国内主要侧重以下几个方面:一是总结归纳国外相关标准化的现状和管理经验;二是研究成熟行业标准化管理的经验;三是研究标准化管理的现实应用。

就高速公路服务区的标准化管理而言,无论是交通运输部还是各省市的高速公路管理部门,都在积极探索和研究"标准化管理"理念在服务区运营管理中的推广和运用。在一些发达地区,高速公路服务区的标准化管理手段已经取得了显著效果。"标准化管理"已逐步演变成我国高速公路服务区运营管理领域管理水平提升的新手段。

根据《交通运输部关于进一步提升高速公路服务区服务质量的意见》和《高速公路服务区质量等级划分与评定》等法律、法规、政策和标准,结合江苏省高速公路服务区服务工作的实际情况,研究建立服务区服务标准规范体系。根据《全国高速公路服务区服务质量等级评定办法(试行)》,开展高速公路服务区等级品牌创建,切实提高服务区的服务水平。

(1)服务区基本运营功能检查。

各级管理部门应当制订服务区标准化设施配备标准,加强对服务区标准化经营行为的监督、检查与指导。

服务区标准化设施配置应具备加油、餐饮、购物、公共卫生间、汽车修理、停车服务等基本功能;停车区应具备加油、餐饮、购物、公共卫生间、停车服务等基本功能。服务区夜间照明设施齐备,有完善的消防设施、排水设施、污水处理设施和备用电源设备及监控系统。有条件的服务(停车)区还可以提供汽车加气服务、信息服务、客房服务等。

(2)基本服务保障检查。

服务区应该制订包括安保设施中的监控设施、通信设备、巡逻设施、执勤设施,环保设施中的污水处理系统、垃圾处理系统,保洁设施中的垃圾清扫车、高压水枪、垃圾分类存放设备,信息设施中的电子触摸系统、多媒体视频设施,导向设施中的外盖识别设施、交通导向系统等设施在内的标准化配备数量和工作要求。

(3)经营状况、服务水平与质量检查。

服务区的标准化日常管理分为安保管理、保洁管理、质量监管、应急管理、环保管理五大体系,五大体系的运转确保了服务区运行安全有序、服务温馨、环境干净整洁、食品卫生健康、商品规范合格、价格标示合理。

①制订标准化的停车场、经营场所、安全监控、巡逻管理等安保行为的规范和工作标准,以及服务区标准化安全生产管理的工作职责、工作内容;制订电瓶巡逻车及清扫车、污水处理系统、电子触摸屏及液晶显示屏、垃圾处理系统等方面的日常管理及维护标准。

②制订标准化的保洁管理体系,从保洁人员管理和经营场所门前卫生管理两方面入手。

③制订标准化质量管理体系,包括餐饮、超市、加油站、汽修、客房等经营场所,提高服务的内容、价格卫生等方面。

④建立标准化应急管理体系,标准化安全预警体系、应急预案体系、水电保障体系、维修管理体系等方面的工作要求、内容及流程。

⑤建立标准化环保管理体系,从环保工作和水电节能管理的标准、行为规范两方面制订标准化环保管理体系。

对日常经营活动进行规范和监管,是从业人员和经营者为驾乘人员提供优质服务的保证,也为驾乘人员与管理者的沟通架起了桥梁,具体分为标准化工作规范体系和标准化服务监管体系两类。标准化工作规范体系指制订统一的服装、用语、仪容规范,保安员、保洁员、餐厅服务员、超市营业员、客房服务员、加油员、汽修员等专业员工标准化的工作要求、行为规范及工作流程。标准化服务监管体系指制订标准化的服务水平问卷调查、服务投诉管理、遗失物品管理等工作的要求、行为规划和工作流程。

2. 管理方式

(1)对采用统一管理、承包经营模式的服务区,考虑到开业之初服务区自身的精力、能力、经验都不足以依靠自己直接经营。为了更有效地管理和发挥服务区的功能,保证服务区一定的运行效益,可以将服务区商场、餐厅、住宿等方面的经营权承包给经验丰富、合作真诚的专业公司,服务区的工作重点从直接管理转变为监督管理。

(2)加强外部监督,在各服务区设立监督台,落实社会监督员,向社会公布监督投诉电话、被监督人员姓名、工号,接受社会监督,及时处理投诉事件。接受食品市场监督管理局的卫生监督,通过食品卫生量化分级管理,进行食品卫生信誉度分级。

(3)应理顺产权关系,走一体化经营管理之路。高速公路服务区投资主体多,多数是单独规划建设和经营服务区,效益好的服务区大家抢着经营管理,效益差的都不愿管。按照一路一个业主的建设管理模式来经营服务区,不利于提高对路网整体资源的利用。在服务区及经营产权上,应明确高速公路管理机构与其他道路公司的关系,加大协调力度,避免矛盾,统一化、专业化、规模化、集团化的经营开发,有利于服务区的整体管理。

高速公路经营单位必须设置负责服务区运营管理的分管领导及部门,设置专职管理机构。服务区自身建立年度考核制度,每年对管辖范围内服务区工程检查4次以上,对自主经营的企业有明确的目标责任考核制度,建立服务区运营巡查记录台账,记录服务区每天发生的情况。

3. 服务区管理考核评价

服务区管理考核评价是实现标准化管理的保障体系,为各项管理工作的正常进行提供保证,主要内容包括考核机构和各部门的管理职责、从业人员考核、服务监管考核、星级评比等方面。

(1)监督检查。

通过时时检查、层层管理,加强服务区的日常工作,把各项事故隐患消灭在萌芽状态。根据高速公路的运营需要,对管理过程中反映突出、易发生的问题,加强行业监管。按照服务区星级评定标准,完善服务区设施和功能,加强服务区的环境卫生、停车场秩序及商品和餐饮质量监督。严格把关食品采购流程,严格控制加油站油品质量,避免或减少质量投诉。做好服务区内防火、防盗、防爆等工作,加强安全生产和社会治安综合管理。设立安全领导小组和联防组织,制订安全生产管理制度,建立健全安全消防管理制度、消防器材管理制度,严格执行和实施各项安全制度(表6-4)。

高速公路管理机构主要监管事项 表6-4

监管项目	监管对象	方式
基本建设设施达标	服务区经营公司	日常检查
停车秩序	服务区经营公司车辆驾驶员	日常检查
危化品车辆停放	服务区经营公司危化品车辆驾驶员	专项检查
服务区上下车	服务区经营公司车辆驾驶员	专项检查
服务水平与质量	服务区经营公司	评比、考核

(2)星级制度考核评比。

①评比活动。在积极响应交通部关于高速公路服务区服务质量评定的同时,优化服务标准,完善考评机制,在全省定期开展服务区星级制度考核评比活动。通过评比活动,对全省各服务区划定星级等级,按等级制度定期进行考核。积极创优争先,努力实现服务质量的全面升级提档,把高速公路服务区真正建设成为公路出行途中的"温馨驿站",更好地服务公众安全舒适出行。

②组织专项检查。由高管局或路政支队组织各公司有关部门负责人进行互检和明察暗访,对星级服务区的实际运营情况进行跟踪监督管理,把星级服务区跟踪管理落到实处。对星级服务质量下降,达不到规定服务标准的服务区和停车区,或撤销或下调星级。

③满意度调查。客观、公正、公平的评价体系能有效促进高速公路服务质量的监督与管理。服务区设计评价体系时,应当考虑评价的可操作性与可比性。顾客满意度可以衡量服务

水平的被接受程度,调查包括很满意、基本满意、不满意、很不满意四个标准。采取这种面向顾客的方式,不会引起被调查者的反感,将满意度问题放置于问卷调查前端,可以使其很快地进入被调查的状态,提高可操作性。

调查对象应包括客货运输企业驾驶员、管理人员、乘客、轿车驾驶员。根据预调查,提出高速公路营运服务调查应着手于通行服务、收费站服务、交通信息服务以及服务区、停车区布置位置与便民服务的完善性与满意程度,并采取现场问卷调查与运输企业座谈访问的方式进行。服务设施的满意程度、商品价格、设施的完备性、服务区驾驶员与乘客的行为密切相关。

第三节　高速公路服务区经营监管技术体系

一、高速公路服务区管理技术体系设计

(一)扩大服务区经营范围,提高服务区人性化管理水平

目前,高速公路服务区普遍存在功能模式单一、资源浪费与不合理配置问题。江苏省的绝大部分高速公路服务区的功能,大都定位于加油、休息、停车、餐饮、住宿、购物等基本功能上,缺乏地域、人文特色,而且相对缺乏综合拓展功能,如旅游、教育、社会文化、区域经济、国防、应急救灾等功能。目前加油站、快餐和小卖部这些简单经营范围已经无法满足人们对生活质量的要求,高速公路服务只有提供更丰富、更具特色和个性的商品和服务,才能满足驾乘人员的需求。有的即使设置了儿童乐园、休闲健身区,但利用率极低,有的甚至成为摆设,无利润可言。

现有超市不应是提供矿泉水、香烟、零副食的小卖部,其经营品种应更具个性化和地方特色,尤其是当地特有的水果、药材、工艺品等具有地方特色的产品将成为服务区的销售重点。在有条件的服务区应增设遮阳休息区、儿童游乐设施、ATM 取款机、自动贩卖设施、吸烟室等,适当增加残疾人停车位、残疾人轮椅扶凳、母婴室、夜间女性停车位、第三卫生间等设施,进一步提升服务区的人性关爱服务,提高服务区的人性化水平,并实现服务与效益的相互促进,不断提升服务区服务品质。

服务区除了为驾乘人员提供基本服务外,还应拓宽服务项目,以满足驾乘人员的需求为出发点,为地方经济和旅游提供越来越多的宣传服务,起到旅游推广作用。服务区内餐饮服务可将具有当地特色美食小吃作为经营重点;服务区除了提供快餐外,还应建立一些连锁经营的中高档餐馆,以满足一些自驾游和高端商务人士的需求。服务区内可增加休闲娱乐方面的服务,如足浴、推拿、桑拿、客房等,可供驾乘人员休闲、保健。

服务区以高速公路为依托,完成主要服务功能,搞好假日经济,还可充分利用有利的交通条件,加快开发广告、旅游、运输等业务;利用立交桥和边角土地,开办苗圃或发展配货中心等,通过"靠路生财"多渠道拓宽经营范围,创造新的利润增长点,稳步推进相关增值业务。

因此,服务区应结合自身特点及区域位置,积极拓展服务业务,扩大经营范围,从而拉动服务区的经济效益。同时,进一步统一经营思路,对经营管理的服务区资源进行重新洗牌和整合,向集约化、市场化、规模化、效益化、社会化的方向改进。

(二)服务品牌策略

当今世界已经进入品牌竞争时代,品牌成为企业进入市场的"敲门砖"。通过引进品牌服务,创立服务体验区,可提升消费者的体验,也将给服务区带来更多消费客流。通过建立合资企业、战略联盟等渠道快速培育服务区品牌。服务区中的品牌可为顾客提供有效的信息,来识别特定公司的服务,因此树立服务区品牌至关重要。同时应对服务区所有服务设施统一标准,工作人员按要求着装,制订工作程序并严格操作,在提高硬件质量的同时,不断提高服务质量,针对客人的不同需要,提供相应的服务(图6-3、图6-4)。

图6-3　渭南西服务区　　　　　　　图6-4　京沪高速公路服务区服务站

(三)连锁经营理念将改变服务区简单的垄断经营模式

随着家庭汽车规模的不断壮大,高速公路上的车流量不断上涨,驶入服务区的车和人在不断增加;单一功能、低性价比的现行服务区无法满足人们的需求。这种高需求水平与低服务质量的矛盾带来了无限商机,引发高速公路经营模式的转变;连锁经营将作为改变矛盾实现转变的一种经营模式进入高速公路服务区。例如,一些连锁经营经济型酒店、连锁经营餐饮店和连锁经营休闲娱乐品牌,将陆续进驻高速公路服务区,以提高服务区的服务质量和形象。

借鉴连锁经营的管理模式,与专业的高速公路服务区管理公司达成协议,由其负责服务区的考察、调研、评估等,针对服务区所在区域的特点规划相应的经营战略,以解决服务区存在的突出问题,发挥连锁经营的优势,发展区域特性,实施系统化培训和激励机制,以提升服务理念和服务质量,树立良好的品牌形象,扩大品牌的认知度、美誉度和忠诚度。

连锁经营网络促进连锁经营品牌的扩散。由于高速公路在物流运输中的重要地位,高速公路服务区也将成为商贸流通的重要平台。随着高速公路货运系统的建立,物流业的配送中心向高速公路服务区转移,服务区内连锁经营单位也将实施分区统一配送、统一经营管理,规范服务标准、提高服务水平。通过连锁经营网络,一些地区的特色产品会出现在高速公路其他区域服务区内,以增加货运流通,提高地方特色商品知名度和竞争力,同时促进地方经济的发展。

随着服务区的发展和服务质量的提高,高速公路对驾乘人员的吸引力将会不断提高,从而也会促进整个高速公路的经营能力和盈利水平。高速公路服务区经营对高速公路运营形成良

第六章 高速公路服务区经营监管

性互动,有些品牌特色也可以从高速公路服务区向其他经营场所延伸,促进连锁经营品牌的发展。

(四)整合资源

整合服务区内资源,克服分散经营存在的难以实现规模效益的问题。充分发挥服务区作为高速公路重要资源和配套设施的优势,创造最大的经济效益和社会效益。全面统一规划布置和设计宣传栏、公示栏、地图栏、指令牌、引导牌、商店标牌等。

目前我国高速公路服务区多是单个经营或承包经营。经营主体分散、规模偏小、效益不突出、有限的资源不能得到充分利用。这将会对服务区未来向一体化方向发展带来一定的不良影响,按照高速公路服务区一体化经营管理的需要,应该逐步构建高速公路服务区餐饮住宿连锁网络、便利店连锁网络、汽车修理网络、广告媒体网络等连锁网络,提供高品质的连锁服务,克服分散经营存在的难以实现规模效益的问题,充分发挥服务区作为高速公路重要资源和配套设施的优势,创造最大的经济效益和社会效益。此外,高速公路服务区的建设可以大胆引进外部资源资金,一方面引入外部资源资金参与服务区的建设,能够减少政府的财政投入;另一方面可以借鉴国内外优秀企业先进的管理经验和创新能力。

二、高速公路服务区经营监管技术措施创新

结合调研过程中,目前高速公路服务区运营过程中出现的一些问题,我们总结和提出了以下监管措施。

(一)创建服务区交流平台

借鉴路网管理"一路三方"的成功经验,依据《江苏省高速公路条例》关于服务区监管的总体要求,探索建立高速公路、公安、工商、环保、卫生、食品药品等单位协调,进一步明确监管工作模式、重点内容等,通过定期专项检查、明察暗访等方式加强服务区监管,切实提高服务区综合治理能力。定期由高速公路经营公司牵头召开服务区运营管理情况交流会议,对一定时期内服务区各方面出现的问题进行探讨并协商解决,开展经验交流学习活动,推广各服务区的好的做法和经验,进而形成措施与制度。高速公路管理机构作为监管主体,应建立完整的服务质量投诉机制,设置好旅客意见箱及投诉电话,并对旅客提出的意见及时处理和答复。通过服务区管理考核评价,进行奖惩并举,提高服务效益和质量。

充分利用互联网+、大数据等科学技术的发展成果,创建服务区交流平台,快速、高效地实现服务区管理中的计划、组织、控制、信息反馈等职能。

(二)客运中转

如前所述,有的服务区内倒客现象屡禁不止,旅客出行不能得到充分满足,带来了一定的安全隐患和亟待解决的交通服务需求。因此,一方面高速公路监管部门需要遏制违法倒客带来的安全等方面的危害;另一方面,要采取合理措施和相关政策对倒客进行疏导,倒客对缓解乘客出行需求、高效利用资源等有一系列的益处,使服务区成为合理、合法、合情的客运中转便利站。

建议解决途径:利用高速公路本身配有的通信系统设施,提供车流人流数据交换平台,建立的客运信息系统具备专用通信、紧急电话、信息采集、信息显示和发布以及监控管理等基本服务功能。可以借鉴或者利用滴滴打车系列相关 APP 软件的原理来实现,开发一套专门用于高速公路客车运营状况的 APP 软件或系统,其运营模式是由乘客端、营运车辆驾驶员端、路政管理端 APP 组成,乘客通过 APP 查询既有线路、服务区乘车要求、购买车票、实时查看车辆位置等,在服务区按需搭乘"顺风客车";营运车辆驾驶员可以根据车辆乘载情况和线路,选择服务区乘客乘车等;路政管理部门查询营运车辆运营情况、高速公路运行数据、高速公路路产路权破坏图片上传和查询,以及乘客投诉等。

充分利用便利的移动终端,高效整合资源,可以有效减少超载、违法倒客现象,同时又使运行成本降低,提高上座率。路政管理部门可以充分利用高速公路大巴驾驶员的资源,实现路政和运政管理有效结合,降低路政管理的难度,提高路政管理效率,集中精力对管理难点进行管理。该 APP 软件可以基于百度地图,根据行驶里程动态调价,供需调节。在乘客到达目的地下车需要支付车费时,即可使用微信和支付宝等方式进行线上支付,减少了买票的烦琐,让乘客的出行尽在自己掌握中。

但此措施需要得到运输管理相关法规政策的支持,通过试点实施,建立规范有序的服务区客运组织疏导体系。高速公路服务区客运中转站应由当地行政区域内的运输管理部门在服务区内批设站点,与服务区联合组织经营管理。运输管理部门主要负责对客运线路的运营进行监督与协调,制订本区域长途过境客车的流向时间表,对有空余座位的车辆进行无线调度,将需要配客的车辆和需搭乘的旅客进行有效引导。服务区管理部门负责监管客运中转站的总体运营情况,配合运输管理部门处理好客运过程中的技术问题,保障客运中转站的秩序。

(三)物流集散

目前物流运输中,进出城市的货物都先经过中转站进行分配后,再进入高速公路网络配送,因此许多物流中转站大多设在毗邻高速公路入口的城郊。这种传统的在高速公路网络以外的物流中心进行中转的物流方式增加了进出高速公路的物流时间,降低了运输效率,在高速公路服务区内进行货物中转将成为一种趋势。

服务区一般占地较大,具备一定的堆存能力,具有建设物流仓库和配送中心的土地资源,具有点多面广、交通便利的特点及优势,具备作为物流集散地的条件。在此基础上可建立小件货物快速运输系统,开展运输、仓储、配送、中转、包装、报关等综合性物流服务,道路货运、仓储服务,再加上现代化的管理技术,可降低社会物流成本,带动区域经济发展。当然,服务区向物流区转变还需要一个过程。

在高速公路服务区建立物流集散中心,是以 GPS、GIS 等技术支撑的综合运输,依托交通通信系统,搭建高速公路电子物流网络,为物流系统提供物流数据交换平台。同时建设一个现代化的集货源车源发布、车辆追踪与救援、车辆跟踪、仓储管理及交易管理为一体的信息平台,此平台应以国际互联网为媒介,以网络数据库为基础,以 EDI 电子数据交换技术为手段,并通过资源共享的方式实现同其他物流平台的物流信息互通。

在物流集散的监管过程中,需明确各参与方职责,协调高速公路经营管理公司、物流中心和运输企业个人利益关系,避免多头管理主体之间的权责和经济利益冲突。

（四）服务区停车面积和停车秩序

随着交通流量、物流运输总量的逐年递增,半挂列车等大型货车车辆激增,有的服务区停车面积已经不能适应新的需求,驾驶员遇到找不到停车位的情况时有发生,特别是在黄金周、重要节假日等特殊时段,高速公路车流量将大幅增加,对服务区的场地的需求量也会剧增,服务区服务经营能力不足的矛盾较为突出(图6-5)。因此,在规划服务区面积时应充分考虑货车平均车辆数、车长不断增长的因素,合理规范服务区停车面积和停车秩序。

停车秩序也是服务区停车服务的重要方面。比如,在卫生间附近应划定大客车的专用车位,保证班线和旅游车乘客如厕方便。加强治安秩序管理,积极配合当地政府和公安等部门,及时制止、处理影响服务区经营秩序、环境和交通安全的行为。加强停车秩序管理,将高速公路服务区按照"禁停放""仅限加油"和"可停放"三类进行分类,及时制止车辆乱停乱放行为。发生交通拥堵时,要有专人负责疏导,确保服务区道路安全、完好、畅通。

图6-5　江苏某服务区高峰期停车区状况

为及时掌握高速公路服务区运行动态和相关技术信息,提高监督检查工作效率和针对性,应加强各管理部门、运营单位、服务对象的沟通、协调和信息数据共享,为加强跟踪监管提供信息保障。在进入服务区入口一定距离内,设置好信息发布的平台设施,及时通报该服务区的运营状况。

（五）住宿问题

根据高速公路夜间行车管理规定,凌晨2点至凌晨5点是强制休息的时段,从安全等角度考虑,为了使驾驶员休息好再行车,势必涉及服务区住宿问题。然而,目前各服务区现有的住宿条件设施水平参差不齐,有的没有住宿功能,有的设施简陋满足不了顾客需求,有的具备了住宿条件,但是入住率极低,总的来说,服务区住宿功能发挥不理想。在服务区住宿调查中,由于考虑车辆、财物安全和服务区宾馆价格因素,车辆驾驶员与旅客更多地会选择在车内住宿。

由此,要改变目前服务区住宿经营服务状况,应从市场角度出发,满足顾客的服务需求,对住宿条件及服务质量等进行改善和提高。如在一些较大型的服务区设立吃、住、玩一条龙服务,按照星级宾馆的要求进行经营管理,并根据地域的不同增加特色服务,吸引回头客。

推广房车服务区建设：目前房车旅游是中国旅游业的新兴业态。房车的优势在于自由、灵活、方便、舒适和相对经济,发展潜力巨大。据中国旅游协会的数据,未来10年国内房车旅游市场规模将超过百亿元。近几年,从国家到地方政府,都高度重视房车旅游的发展,也相应出台了一些鼓励房车旅游发展的政策及措施。为引导规范长三角区域房车服务区的整体服务质量,保障消费者合法权益,长三角旅游部门发布了《房车旅游服务区基本要求》,对房车旅游服务区的选址、功能区与服务项目、水电设施、卫生设施、信息服务、安全管理、环境与节能管理等方面提出了基本要求。如房车营位区要提供至少两个房车营位,营位可与乘务车(自驾车)停车位互换使用,房车营区每个营位最小占地面积为 $48m^2$,房车营区应预设给水、排水和电源等接口,除车辆驻停之外,房车旅游公共配套功能区主要提供含餐饮、购物、健身娱乐等配套服务的功能空间。这些功能要求在房车服务区较容易实现。

(六)服务质量问题

不断完善服务区各项服务功能,拓宽服务项目,以满足驾乘人员的需求为出发点,在条件允许的情况下增设服务设施和服务项目。鼓励服务区结合广大驾乘人员的个性化需求和国内外先进经验做法,积极加强新型、个性、多样的便民服务项目的提供。积极与通信营运商协调,实现沿线服务区无线网络的全覆盖,为驾乘人员的旅途提供休闲乐趣和便利;同时,增加信息发布的途径。此外,参考发达国家服务区建设经验,不断提升服务区服务品质。

应对服务区所有服务设施统一标准,工作人员按要求着装,制定工作程序并严格操作,在提高硬件质量的同时,不断提高服务质量,针对客人的不同需要,提供相应的服务。加大对服务人员的服务意识的管理,通过开展月服务之星、年优秀员工等评比活动,肯定服务人员的付出和成绩,增强服务人员自身成就感和归属感。积极开展员工业务核心能力培训,开展礼仪规范学习,组织素质拓展训练,提升服务人员综合素质。针对高速公路服务区人才流动大、工资差异化等情况,完善薪酬制度,建立激励机制,充分调动服务人员的工作积极性。

(七)安全保障设施问题

服务区逐步建立相对固定的运政执法检查点,建议服务区安置摄像头,加强夜间治安巡逻,保证服务区封闭性等,加强监控设施的建设。

规划好特殊运输车辆,尤其是危化品运输车辆专用停车场或空旷停车区。抽调精干力量组成运输稽查队,加强对未设固定站点的收费站、服务区的监督检查,并将责任落实到人。

1. 服务区应急保障建设

高速公路服务区是高速公路应急保障的重要一环,在突发事件发生时可发挥以下功能:作为气象和交通信息的发布点、应急指挥中心、紧急医疗救助点、滞留旅客临时休息地、救灾物资(水、食品、衣物和燃油等)补给点,或作为除雪剂、铲雪车、工程抢险等救灾车辆的临时停靠点,有与外界公路直接连通的服务区,在高速公路车辆大量拥堵时,还可作为受困车辆的紧急疏散通道,以及抢险、救护车辆的通行通道。

2. 危化品车辆管理

服务区经营公司:根据法律法规指引停车和入口源头管理,在进入服务区的路口地面上用醒目的颜色标注危化品车指引标识,引导危化品车到规定地点停车。在高速公路入口处对危化品车进行源头管理,对危化品车标识采取全程跟踪监控措施。

高速公路管理机构:检查服务区关于危化品车辆引导与停放设施、标志等是否到位;突击检查车辆证与人员证是否齐全。将日常的巡逻管控同严查严处危化品运输违法行为相结合。结合日常工作,协助公安交警在执勤中加大对危险化学品运输车辆的检查力度,及时掌握高速公路沿线的剧毒化学品运输车辆的通行情况。发现危化品运输车辆的无证运输、不按规定的通行时间路线速度行驶、不配备押运人员等违法行为及时举报;对未达到安全行驶标准的危化品运输车辆,一律不允许驶入高速公路。对运输危险化学品车辆进入高速公路服务区实行管控和临时停靠管理,严禁其进入不符合临时停放安全条件的服务区。

(八)服务区加油和维修问题

不少货车驾驶员在服务区加油站有过加不上油的经历,特别是在夜间。一些服务区的加油站位置太靠近服务区的入口,排队等待加油的货车往往排到高速公路上。个别加油站还强行搭配销售"燃油宝"等货品。加油站的服务要求要规范,才能解决驾驶员的后顾之忧。

驾驶员对服务区维修站点不满,价格高是普遍现象。建议服务区内维修站应让有品牌的维修企业派驻经营,并规范服务要求和各类服务价格上限。

建议推广充电桩服务建设。按照《国家能源局关于进一步落实分布式光伏发电有关政策的通知》(国能新能〔2014〕406号)要求,未来将鼓励在高速公路服务区等公共设施系统大力推广光伏发电,集约化利用土地,提高单位国土面积财富输出价值。

据2017年资料统计,我国新能源汽车的产量是79.4万辆,完成销量是77.7万辆,产量占比达到了汽车总产量的2.7%,连续三年位居世界首位。个人汽车消费市场正在快速兴起,2016年新能源乘用车销售的占比接近75%。私人电动乘用车数量的不断增加,也让高速公路上电动汽车行驶需求开始显现。但是,目前乘用车主流车型的续驶里程多集中在300km左右,加之充电站布局有限,驾驶员总是会担心半路没电、没处充电,续航里程限制了新能源车在跨城际区间的使用。在高速公路沿线服务区修建新能源汽车充电桩服务站,能够快速充电的高速公路,将彻底改变这种局面,同时也便于车主的休息和等待。目前,高速公路服务区车桩比只有3.5∶1,随着新能源汽车数量的持续增长,充电基础设施结构性供给不足的问题日益凸显,整体规模仍显滞后。目前,应用典型实例如京沪高速公路,其全程1262km,国家电网公司在沿线建成了50座快充站,平均单向每50km设1座快充站。

有些服务区还可以利用太阳能所发的清洁电力为车充电,使之真正成为绿色环保之车,确保畅行无忧。在服务区的入口处,可以设置LED电子显示牌,清晰地显示出该服务区当日利用太阳能所发出的电量"年累计所发电量",以及各类节能减排指标。让每一个驱车驶入服务区的人,都能亲身感知绿色能源带来的生活便利,推广绿色科技的应用。

(九)服务区"新零售"探索

随着汽车在中国家庭的普及,高速公路出行人群结构由以往的货车、大客车为主转向以私家车为主,服务区顾客人群的需求更加多样化。另外,国庆、春节等节假日期间的高速公路服务区人满为患,从而对服务区的商业实体提出了更高的要求,使现有高速公路服务区的服务品质需提升,产品品类需增多。以现有相关数据和汽车业、高速公路未来发展趋势看,服务区的商业相当于一个全新而丰富的零售新业态,具备一个相当规模的城市购物中心的发展潜力。RET睿意德商业地产2017年8月的一份报告称,国内高速公路服务区数量为2600对,商业体量3600万m^2,每年将有2000多亿元的消费需求,倘若运营得当,可以支撑多个百亿级连锁零售企业,未来几年会是高速公路服务区零售体验升级之战。如果能解决客户的需求,提供较好的服务,经济效益明显,提供巨大商机,对各大零售商具有独特的吸引力,高速公路的服务区将作为各大商家的新零售战场。

高速公路服务区"新零售"连锁便利店可通过引进如星巴克、肯德基、麦当劳、五芳斋、永和大王等业内知名连锁品牌,提升消费者的体验,也可给服务区带来更多消费客流。还可通过建立高速公路服务区"新零售"体验店,产品按"线上线下同品同价"的原则,用实惠亲民的价格、"高颜值"的产品、跨界融合商品打破顾客对实体店消费"贵""差""缺"的印象。可通过跨界融合顾客的关联消费需求,提升顾客的服务体验,让来往服务区的顾客第一时间了解到当前最先进的科技生活产品,消费者可以用支付宝、微信、网银等方式付款。以用户为核心,通过大数据用户运营、统计分析,不断地调整适配的产品系列、运营策略,以用户定产品,以数据定运营,规避盲目的、千篇一律的产品运营方式。打造"智能科技+时尚潮品+网红商品"的"新零售"体验模式,给服务区消费树立新零售、新业态风貌。

第七章　高速公路清障救援管理

第一节　高速公路清障救援管理组织体系

一、清障救援现状分析

1. 没有建立有效的清障救援系统,各方权责不清晰

清障管理涉及的部门较多,普通群众对高速公路事故报警专用电话不是很熟悉,在高速公路上发生事故时,情况比较突然,一般拨打96777电话的比较多,但由于管理部门较多,96777电话接听部门与高速公路事件处理部门不是同一部门,高速公路事件需要经过公安交管等部门,最终到达高速公路监管中心,事件传递及确认时间较长,导致效率低下,到事件最终确认得到回应的时间有时超过了公众等候的期望时间。

高速公路主管部门下属的路政部门具有高速公路的清障和救援监管的责任义务,但是路政部门不直接具备监控通信、专用车辆机械等硬件设施设备,更不具备快速反应能力,没有快速反应基础信息;也不具备训练有素的清障和救援的专业人员以及必需的支援力量。而清障和救援的目的是服务于管理的社会效益而不是追求经济效益,高速公路控股公司及清障救援大队没有利益驱动的积极性。交管部门是执法部门,其性质决定了他们不宜从事带经营性的活动,同时也不允许其他组织或个人进入高速公路来扰乱正常的管理秩序。

2. 救援能力水平有提升空间

专业的清障救援是一个复杂的运行体系,从事清障救援业必须从人员、设备、呼救回应信息系统等多方面构建专业的救援服务,不仅要有经验丰富的专业汽车维修人员,熟悉各类车型的性能、结构,能够在事故现场快速诊断出不同车型的各类故障,具备现场排除简单故障的能力,还要配备大型的专业拖车、吊车设备,建立完善的信息处理系统,便于第一时间接到救援信息,运用现代化定位系统定位求救车辆的地点,更要有科学的施救车辆调度能力和快速的行动能力,以上所有的救援力量还必须保持365天、24小时全天候待命状态,而被施救车辆的出现却是随机的、不确定的。

3. 高速公路清障管理队伍专业化程度有待提高

由于在人员配置、机构设置、规范管理上都还没有完全规范化、标准化,所以道路清障未达到专业化水平。社会劳动部门未将高速公路清障人员纳入专业技术工种,实行持证上岗管理,对排障人员进行专业培训,尚未建立考核体系,对排障人员提高个人业务素质也没有形成激励机制。多数路段的排障人员归属高速公路公司管理,但是对于专业排障人员与路政人员在个人素质、工作性质方面是有所区别的。随着恶性交通事故频率的上升,车辆燃烧、危化品车辆事故的增多,对排障人员的素质要求也越来越高,一个合格的排障人员除应掌握路政常识外,

还要具备熟练的操作、维护保养清障机械的能力,具有一定的医疗救护、心理救护、危化品处置、消防灭火等知识。

4. 排障机械配置种类有待增加,设备先进化程度有待提高

随着车辆数量的增加,驾驶员操作不规范等原因导致发生事故的比例逐渐增加,高速公路清障的难度和要求也相应提高,原来各个清障公司配备的清障设备已经不能完全适应现代社会形势发展的需要,与一些大吨位的车辆相比,它们实施清障作业时如同"小马拉大车",自身就存在较大安全隐患。考虑到投入的成本大、利润回报小,多数清障公司没有配齐需要的清障救援设备,如大型吊车和平板车等。而且,清障车、拖车功能单一,不具备背、拖双重功能,在发生多车事故时,拖车一对一作业,造成往返作业时间过长,这就使得没有及时被清理出现场的事故车辆仍然存在诱发二次事故的可能。

5. 高速公路清障作业收费有待进一步理清

在实施过程中,一方面,社会公众对高价拖车费怨声载道,要求相关部门尽快出台制约政策的呼声日益强烈;另一方面,拖车施救业普遍处于亏损经营状态,客观上,拖车施救收费与成本之间存在着很大落差。为了维护法规的严肃性,现在一些高速公路公司在严格执行收费标准的原则下,承诺用"自掏腰包补差价"的方式来解决目前外援收费的问题。即便如此,一些高速公路公司还没有兑现"承诺"。另外,一些外援单位采取变通的方式,以多开材料费,或与事故车主商量,通过保险公司,绕过"高速公路清排障服务收费标准",变相地达到收费的要求。"补差价"对高速公路管理部门来说,是无奈之举;与事故车主商议,通过关系网得到保险公司的理解和认同,绕过"高速公路清排障服务收费标准",是冒投诉之风险,前者相对来说是权宜之计,后者是违规行为。两者都不能解决根本问题。

二、清障救援组织体系设计

1. 理清路政、高速公路经营公司、交警等各部门的权责关系,建立专门的应急救援机构

理清清障救援的组织管理体系,有利于推进清障救援工作,为了加快信息在三个部门之间的流通、处理,提高清障救援的整体效率,缩短公众的等待时间,建议清障救援相关单位和部门通过联合办公的形式,共同处理清障救援工作内容。并在工作开展过程中进一步宣传推广高速公路的报警、投诉专用电话,进一步提高报警、投诉专用电话在公众中的认知度,提高整个事件接警、判断、处理等程序的效率。

为了最大效率地使用清障资源,提高清障效率,节约清障资源,应进一步整合现有清障配置模式,从距离、路网密度等因素考虑,可以实现在一定区域(比如省)范围内统一配置清障救援资源,同时根据大数据,不断更新清障资源的排布距离、密度,不断进行优化调整,目的是以最短时间到达目的地并设置清障点,这样,在同样的事件处理过程中可以缩短清障救援时间,同时可以减少整个区域配置的清障点的数量,重复配置的清障设施数量可以减少,同时减少了相关单位的设施、设备的购置费用和设备的常规保养费用。

2. 进一步提高清障救援队伍的建设水平和完善清障设施配置

(1) 清障救援队伍建设。

提高清障救援人员的业务素质、责任心,制定和完善相应的清障救援规章制度,在工作中定

期进行法制和纪律教育,避免救援人员在工作中产生救援工作不到位或者违反法律法规现象。

(2)清障救援设备配置。

在现有设备的基础上,按清障救援的标准配置数量配齐救援车辆设备、设施等,包括小型工具、各种警告标志、标牌、工器具等,提升单个设备救援能力,同时做好所有设备、设施、工具、车辆的维护保养工作,做到能够随时出动。同时充分利用现有设备资源,以减少收费矛盾,也增加了清障收入。如目前不少高速公路购置的清障车上大部分备有吊机装置,对一般性的、近距离的且负荷允许下的吊拽拉移作业,都有能力实施。

(3)组织一支抢险预备队。

为了应对突发情况,各个相关部门紧密协调,努力培养并发展一批民工抢险队伍,该队伍平时可以辅助相关部门做好设备保养、绿化保洁、简单维修等工作,遇有需要可随时到清障或救援现场,进行装卸货物或抢险作业。这样可以避免发生重大交通事故或者恶劣天气下的交通事故的更大损失,优化人员配置保障,能更好地服务公众。

3. 协调清障救援相关部门通力合作

(1)加强与各种媒体的沟通联系。

清障救援和事故现场的管理离不开广大驾驶员的密切配合,虽然每一名驾驶员进入驾校开始就应熟悉高速公路上的驾驶常识和各种规定,但是部分驾驶人员难免忘却高速公路行驶注意事项,清障救援部门应根据部门特性,加强通过交通广播电台、电视台、各种网络、报刊等媒体宣传有关交通事故的危害及交通安全的重要性。使驾驶员从思想上重视,减少事故发生率,减轻人员伤亡损失,进一步发挥驾驶员的主观能动性。

(2)加强与监控部门的沟通联系。

由于高速公路线长面广,事故发生后指挥部工作人员无法看清现场状态,只能通过电话,影响指挥人员的决策,因此清障部门要与监控部门加强联系,提供现场监控画面,平时通过高频联系,熟悉监控点的布设,便于判断和决策。另外,紧急电话亭在没有通信工具或者通信工具不能使用等情况下方便事故现场和指挥部的联系。

(3)加强与公安交管部门的沟通联系。

应加强与交通警察的联系,交警的工作是交通事故处理过程中不可或缺的一项程序,为了顺畅地进行清障救援,最好与交警联合办公,协同处理交通事故,同时也要与公安部门建立紧密联系,遇有重要物资、危险品车辆发生事故时,防止发生哄抢、打斗以及其他治安问题,公安部门提前预警能确保清障救援工作的顺利进行。

(4)加强与大型吊装运输特种设备企业的沟通联系。

常规救援设备即可满足清障救援部门的日常工作要求,但是遇到特大型交通事故,则需要大型特种设备,这就需要与具有这种特种设备的公司取得联系,因此,平时就要与这些企业签署战略合作协议,以备不时之需,使特殊情况下清障救援工作能顺利进行,同时避免清障救援部门购置大型特种设备使用频率不高,浪费资源的问题。

(5)加强与汽修厂的沟通联系。

高速公路上常有抛锚车辆或者因事故车辆无法行驶的情况,高速公路上行驶的车辆车速较快,容易引发二次事故,此时需要在最短时间内通知就近汽修厂工作人员来进行应急修理,或者在技术上给予清障救援人员指导,使清障救援工作得以顺利进行。因此,在平时就要与一些汽修公司签署应急抢修合同,在高速公路服务区或者出口处设点,便于清障救援工作顺利进行。

(6)加强与气象部门、养护部门等相关部门联系。

及时了解常规气象信息,适当了解针对恶劣天气的应对措施,比如夏天气温高,汽车轮胎容易爆裂,这时需要有业务联系的汽车修理部门准备常用的汽车轮胎型号,方便修理;冬天温度低,特别是在下雪时路面滑、事故频发,为了应对这种情况,公路养护部门在冬天来临之前应储备一定量的盐,在下雪后、结冰前,往道路和桥梁上撒盐,防止因道路结冰产生交通事故。因此要与养护部门多沟通和联系,进一步减少事故。

(7)加强与沿线周边医院联系。

高速公路发生事故时,伤员要就近送往医院,当出现恶劣事故时,还要进行分流将伤员送到多家医院,新紧急情况下甚至需要医护人员赶到现场进行应急抢救,以争取在最短时间内最大限度地抢救伤员。要做好这项工作,高速公路经营公司需要去沿线附近的医院签订相关合同,以便医院能有应急预案,这样可以减少清障救援不必要的等待时间,提高清障救援工作效率,更好地服务大众。

4. 提高清障救援组织管理能力

(1)准确判断现场情况,快速调度各方力量。

清障救援人员通过到现场的路途中和到达现场后,结合实际情况快速判断,提出解决方案,如有必要,应快速调度各方力量,寻求支援。如果存在人员伤亡,可在用户报警时即通知最近医院救护车和医护人员到现场救治,并协助医护人员把伤员送至最近医院;如果存在大量物资散落现场需要清理的情况,需要第一时间问清是什么物品,有多少,迅速判断所需要的工程车辆或者特种车辆,也可由救援队自备常规设备或者通知抢险预备队调特种设备及人员到现场协助清理现场;如果由于各种车辆本身存在问题导致施救困难,可第一时间通知汽车修理公司安排技术人员和相关设备到现场协助救援。

(2)进行车辆应急疏通工作。

一般性轻微交通事故,尽量使车主完成相应手续后自主离开,而不是在现场等待处理事故,避免产生堵塞;如果堵塞比较严重并且发生事故,在事故处理过程中划定区域用于事故处理、救援等工作,留有一条车道让车流慢慢通过;当事故发生车辆较多或者大型车辆发生事故无法清理出一条通道时,可以考虑打开高速公路中央分隔带建设时设置的活动护栏,摆放好安全引导标志,在两个开口的活动护栏之间安排安全员,专职负责车辆安全通行。

(3)清障救援时安全第一。

要高度重视清障救援安全,救援人员到达现场后应立即采用安全措施,在规定的距离和救援操作需要的区间内摆放足够的安全标志,配备适量的安全员,等待警察勘察完毕后,清障救援人员争取在最短时间内完成现场作业。

(4)做好事故现场撤离工作。

交通事故处理完毕,清障救援现场作业完成后,立即清扫现场,要快速恢复交通,当事故现场发生化学反应或者大量油污等特殊情况时,要在受污染区域不能行走的地方用放置安全标志,防止车辆进入带来不必要的损害或者发生二次事故。

(5)路政部门要制定定期巡视制度。

路政部门在日常工作中要保持预制机制,在工作中组织安排小时巡逻制度,确保实时掌握交通情况。另外应制定办公室值班制度,保证工作人员第一时间通知清障救援人员到现场实施救援。

(6)特殊天气下的安全工作。

在特殊天气下,要提前安排有针对性的措施,比如雾天,由于驾驶视线不佳,驾驶员操作不当,容易发生事故,根据雾的严重程度,可以在路上设置强光频闪警告标志,提醒驾驶员减速。如果是大雾但没有封闭高速公路时,也可联合收费站采取间隔放行,避免交通事故,当雾很浓时,路政部门要建议关闭高速公路;下雨时,由于路面摩擦系数降低,影响汽车的制动效果,汽车制动时滑移距离较长,容易发生事故,因此要在事故现场前方一定距离处摆放警示标志,防止发生次生事故;冬天下雪或者冷冻天气,若路上结冰,应采取撒盐或者铺灰渣等措施防滑。

第二节　高速公路清障救援技术管理体系

一、清障救援标准、制度设计

当多部门业务交叉、需要多部门的专业人员联合处理某一突发事件时,建议采用联合办公的形式,可减少不必要的时间浪费,而清障救援工作正符合这类特征,而且事关人民群众的生命、财产安全等。交通各个业务部门、医疗机构、公安部门、清障救援部门可指派专业人员组成联合应急指挥中心,内部商议,直接调度,从而可节省时间并能果断判断,发布指令比较准确,综合了各个业务部门的专业优势,提高了工作效率,使指挥中心下属的各个业务相关部门接受统一指挥和调配,因此路政部门应与各单位沟通,在签署战略合作协议后,应急指挥中心有权对他们进行调配,而且要有应急预案,避免在重大事故发生时工作不到位,下属清障救援部门、公安交管部门、医疗部门、特种设备企业、汽车修理企业、劳务企业等部门要进行业务对接或者进行演练配合,这样才能实现统一指挥,快速反应,及时清救,提高效率。

清障施救服务属于专业性很强的社会救援服务,高速公路的清障施救具有明显的专业垄断性和强制性特点,客观上不适宜多家企业自由竞争。其定价的目的是控制企业价格垄断,防止暴利,因此定价形式宜选用政府指导价。通过制定基价,限制最高价,给具有垄断经营的企业一定的价格灵活度,可以促使企业自我积累,完成升级成长,鼓励企业走专业化发展的道路。同时通过建立明码标价收费制度,联合公安交管等部门建立投诉回馈制度等方式,可以遏制该行业不良企业的乱收费行为,维护价格管理的社会信誉度。

二、清障救援机制创新

1. 采用承包合同制

向社会开放一部分清障救援工作,通过承包合同制的方式使企业参与到清障救援服务工作中。通过招投标,以合同的形式将清障救援工作职责赋予中标单位履行,明确权利与义务,对收益进行分配,并承担经营风险以及维护性投资的责任,期间充分发挥高速公路管理部门的主体性,同时起到监督作用。

2. 以引入竞争机制

以引入竞争机制和多元主体的方式开展服务,强化其清障管理的工作积极性和工作的责任感,增强清障管理工作的成效。引入竞争机制就是要打破这种分段分区域的承包责任体制中各个清障施救队工作区域长期固定不变的局面。在这种体制中,不论各个清障救助队的工作成效如何、民众评价怎样,都不会有被退出该领域的危机。因此,必须打破缺乏竞争的清障管理体制,引入竞争机制,引入退出机制,建立以业绩和考核评估结果为基础的分段区域承包责任体制。强化清障施救队的独立性和自主性,每年由清障管理的利害相关者如管理部门,民众或独立机构对其工作业绩和工作情况进行评估,以评估为基础,对各个清障救助队进行考核,根据考核结果和民众满意度对清障救援队的作业段和作业区域进行调整。对考核结果和民众满意度高的清障救援队给予一定的激励,如增加其工作经费,对考核结果差和民众满意度低的清障工作队给予其一定期限的整改和调整,对于在调整期后仍不能改善其工作成效的清障救援队增加管理成本,同时减少其工作段,交给工作业绩好的清障救助队承担,甚至解除其清障资格,实行退出机制。以此强化其清障管理的工作积极性和工作的责任感,增强清障管理工作的成效。

3. 清障大队独立的企业化运作

在清障管理中要借鉴企业的管理模式,将清障救援大队独立出来成立法人形式的企业模式。市场中的企业是建立在成本约束基础上的,追求利润最大化,企业以效率和利润为导向的组织运作方式是与公共部门最大的区别。企业化的内涵是追求效率,通过精细化管理提升企业运作绩效。企业化的运作并不意味着由于追求一定的经济回报而降低对公众的服务水平,在新公共管理运作中,企业运作方式的这种特点也正是公共部门应该借鉴的。公共部门的运作以目标为导向,往往忽略成本而导致资源的浪费。同样,在高速清障管理的服务中也存在资源的浪费、管理的层级束缚和效率的低下等问题。高速公路清障管理的运作可以也应该借鉴私营部门的运作方式,在管理中强化资源约束和成本的考量,坚持效益的最大化。

三、清障救援保障

1. 构建完善的事故救援安全系统和监控系统

建立紧急救援制度和联合办公工作模式。在高速公路事件发生后,各单位共享信息资源,相互通力协作,共同做好清障救援保障工作。救援系统的响应时间与指挥中心的组织模式息息相关,各个协作单位的布设位置及其重要等级与救援的响应时间也十分紧密。

2. 强化高速公路清障管理的应急保障机制

高速公路清障管理的应急保障机制要建立在完善的应急管理预案和相关的规章制度之上,清障工作人员和清障机械能够随时出动。在这里要明确主体单位、相关单位的责任与义务。

3. 物资装备保障、人员保障

国外一些发达国家十分注重清障救援队伍的能力建设,他们会根据实际情况购置不同型号的清障拖车、吊车、安全标志等,用于公路抢修的硬件设备齐全。一旦路遇突发事件,马上就能排除。

4. 信息通信保障

高速公路的信息化建设是实现高速公路现代化管理最重要的基础支撑。高速公路清障管理应适应信息化社会和高速公路信息化发展的要求，不断提高高速公路清障管理的信息化程度。高速公路清障管理的信息化首先表现在与高速公路的信息化的对接上，高速公路管理的信息化伴随着基础设施的信息化，高速公路清障管理要想充分利用和适应这种信息化的基础设施，也要实现自身的信息化。清障管理的信息化可以极大地改善对高速公路路况和高速障碍现场情况的信息的把握，制订相应的清障策略和提高清障管理的反应速度。

5. 节假日特殊期间的清障救援

国家实行节假日高速公路免费的政策，使得这期间高速公路的运营压力巨大，堵车、车辆事故发生率较高，因此，采取对应措施，进行积极有效的清障救援，使交通运营正常进行，是一件非常切合民众实际利益的实事。

6. 建设高速公路应急出口

建设一批应急出口，对应急救援能起到节省时间、提高救援效率的效果。当恶劣天气来临，特别是雾天和重大交通事故等突发事件发生时，比如车祸，救护车可以在就近的国省干线公路等候，受伤人员可以通过应急通道被输送到国省干线公路上，甚至可以在高速公路跨越的国省干线公路设置专门的应急场所，比如拥有一块空地，需要使用时调集一些帐篷，用于临时安置人员。

第三节　清障救援行业监管体系

一、高速公路清障救援行业监管职责认定

2014年3月28日，江苏省第十二届人民代表大会常务委员会第九次会议修订《江苏省高速公路条例》，第四十三条规定："高速公路经营管理单位应当健全规章制度，坚持守法、诚信，公开服务标准，接受社会监督，为通行车辆和驾乘人员提供安全、便捷、文明服务。省交通运输部门及其高速公路管理机构以及省价格、财政等有关部门应当加强对高速公路清障救援服务的监督管理。"

《江苏省车辆救援服务收费管理办法》第四条规定，各级交通运输部门和高速公路经营管理单位应以路网管理与应急处置平台为依托，按照"快速准确、合理高效、信息服务"的原则，建立健全高速公路车辆救援服务指挥和调度系统，提高车辆救援服务效率，完善高速公路车辆救援服务体系。

江苏省高速公路管理局内设机构和人员编制规定，承担高速公路清障救援技术标准和行业规范拟定工作，负责清排障服务质量的监督检查。

二、事前监管预警机制

1. 交通量预警机制

坚持"人便其行、物畅其流"的总要求,并将其作为路网调度管理的首要原则,加强与公安交管、高速公路等部门的合作和联动,加强路网调度指挥、交通组织和涉路管理,推广应用现代化、智能化的通行技术,创新路网管理策略,不断提升高速公路路网无障碍通行能力,积极适应路网大流量新常态的挑战,推进高速公路网在江苏省综合交通运输体系干线运输网络中的地位。

严格落实"平安交通"发展的总要求,把保障人民群众安全出行放在首位,牢固树立"平安高速"的发展理念,坚持管行业必须管安全、管业务必须管安全,完善高速公路安全管理责任体系,不断健全高速公路、公安交管、经营单位等有关部门的协调机制,建立健全重点路段(桥梁、隧道)、重大节假日、恶劣天气、突发事件等应急预案和应急处置标准规范,切实增强高速公路应急管理能力。

各高速公路经营单位、省厅运输管理部门、省公安交管部门等高速公路管理业务相关单位开展沟通,促进高速公路路面监测信息数据、省内与邻近省份高速公路车辆卫星定位信息数据、高速公路收费站流量数据、高速公路出入口附近普通公路摄像、交调、车检信息数据及相关信息系统与高速公路管理部门的共享,努力实现与应急调度系统实时兼容互通。美国在20个大城市的入口匝道控制的实践表明,入口匝道控制极大地减少了旅行时间、事故的发生率,而且降低了燃料消耗。

在特殊天气情况下加强高速公路限速的信息宣传机制,除了在交通广播网、电视媒体、路上信息显示屏等传统宣传媒介上宣传外,还应配合网上新闻,在腾讯公司、微信平台等与大众生活密切相关的平台上进行大力宣传,在大交通量情况下注意高速公路入口车辆数量的进入速度,另外要注重在节假日等特殊情况下不同的交通量应与不同的高速公路速度限制进行联动分析,与交管部门沟通联系、强化管制。

2. 清障救援准入管理预警机制

根据《江苏省车辆救援服务收费管理办法》和国家有关高速公路车辆救援服务规定,为确保高速公路上车辆发生故障或交通事故时得到及时有效处置,切实提高高速公路车辆救援服务效率,要争取尽快联合省公安部门建立高速公路车辆救援服务机构准入资质标准和条件,明确各类清障车辆、人员等配置标准,加强高速公路车辆救援专职队伍管理,杜绝社会无资质的救援队伍扰乱高速公路救援市场。

《江苏省高速公路条例》第四十三条规定:"省交通运输部门及高速公路管理机构以及省价格、财政等有关部门应当加强对高速公路收费与清障救援、服务区经营等服务的监督管理。具体办法由省交通运输部门会同有关部门制定。"《江苏省车辆救援服务收费管理办法》第五条规定:"高速公路车辆救援服务工作由高速公路经营管理单位统筹组织实施,具体工作由其建立的有资质专职救援队伍承担。"第十九条规定:"各级价格、交通运输、公安部门应加强对公路车辆救援服务和收费的监督检查。对违反车辆救援服务有关规定的,各级价格、交通运输、公安部门应根据各自职责依法予以处理。"

3. 清障救援演练预警机制

根据《江苏省车辆救援服务收费管理办法》第十六条规定："高速公路经营管理单位应根据当地经济发展水平,适当增加对高速公路车辆救援的投入,定期组织专职救援队伍培训和演练,提高救援能力和服务水平,确保车辆救援服务的公益性和健康发展。"路政公司通过临时、不定期抽查式、实况演练来考察监督并评估清障救援演练效果,通过演练,高速公路监管部门可以评估出高速公路经营公司调配措施是否合理,可以检验清障救援队伍设备是否正常,特别是与一些民营单位签订合同的机械设备是否能正常供应,能否保证24小时不间断的需求,在演练中还可以考察相关单位的机械设备保养状态,另外通过现场实际演练,可以评估清障救援队伍的服务行为专业化程度。通过不通知、不定期、不定点的随机演练抽查,可以评估出清障救援队伍的真实救援水平。

4. 宣传预警机制

《江苏省车辆救援服务收费管理办法》第十三条规定："公路经营管理单位应在门户网站、收费站、服务区等场所,通过公示(广告)牌、电子信息板等方式,向社会公示车辆救援的服务标准、服务规程、救援电话、投诉举报电话以及价格主管部门规定的有关收费项目、标准等服务信息,接受社会监督。"

社会救援机构应将救援电话、投诉举报电话、联系人、单位地址、服务标准、服务规程,以及价格主管部门规定的有关收费项目、标准等内容一并向社会公示,接受社会监督。路政管理部门定期对高速公路经营公司向社会公示的信息进行检查、监督。

5. 救援服务体系预警机制

《江苏省车辆救援服务收费管理办法》第四条规定,各级交通运输部门和高速公路经营管理单位要将高速公路车辆救援服务纳入公路突发事件应急管理体系,在高速公路沿线统一布局施救站点,根据需要配置救援车辆和设备,并以路网管理与应急处置平台为依托,按照"快速准确、合理高效、信息服务"的原则,以路网最少到达时间为目标重新设置清障点的位置,这样在接到报警后平均到达时间不变的情况下,建立健全高速公路车辆救援服务指挥和调度系统,提高车辆救援服务效率。

路政部门对高速公路经营公司提供的清障救援队伍的办公地点,每个救援点以及社会救援公司配备的救援设备数量、新旧程度、型号,在沿线的地理位置进行救援能力的评估,提高救援服务效率,对于优胜劣汰社会配套服务公司变动情况,路政公司应动态监控并适时调整。

6. 车辆救援服务行为规范化预警机制

《江苏省车辆救援服务收费管理办法》第三条规定："道路车辆救援服务收费是指在下列两种情形下,有关车辆救援服务机构将发生故障或交通事故的机动车拖移至指定地点并收取相关费用的行为:

(一)受当事人自愿委托;

(二)因当事人不自愿或无法委托等,但情形必需时,由发生故障或交通事故的机动车所在地的公安交通管理部门依法委托车辆救援服务机构拖移。"

高速公路专职救援队伍、社会救援机构在组织实施车辆救援时,救援人员应主动向当事人出示价格主管部门的收费规定(包括收费项目、收费标准等),不得自行增加收费项目、扩大收费范围或提高收费标准。

《江苏省车辆救援服务收费管理办法》第十四条规定:"高速公路专职救援队伍、社会救援机构,在组织实施车辆救援时,救援人员应主动向当事人出示价格主管部门的收费规定(包括收费项目、收费标准等),不得自行增加收费项目、扩大收费范围或提高收费标准。"第十五条规定:"高速公路救援车辆应当逐步统一标识,救援人员上路作业时,应当统一着装,佩戴印有本人姓名、照片及编号的工作卡,穿戴反光设备,并填写高速公路车辆救援作业单。"

《江苏省高速公路条例》第五十条规定:"高速公路经营管理单位对车辆实施清障救援时,应当将车辆拖至与当事人商定的地点;协商不成的,应当从最近的出口处将车辆拖离高速公路。国家对事故车辆的清障救援另有规定的,从其规定。清障救援收费应当执行省价格主管部门核定的标准。任何单位和个人不得强行拖曳车辆到指定的场所进行维修。"

高速公路经营管理单位应制定车辆救援服务标准和规程,并定期组织专职救援队伍培训和演练,提高救援能力和服务水平。应将车辆救援服务收费标准及救援电话等服务信息通过门户网站、收费站及服务区公示牌、电子信息板向社会公示。接到车辆求助信息后,高速公路经营管理单位应调度指挥就近的救援车辆和人员及时赶赴现场。将事故车辆拖移至公安交通管理部门指定的地点停放,故障车辆原则上拖移至最近的高速公路出口处或服务区,也可以拖移至当事人选择的其他停放地点,但不得强行拖移车辆到指定的场所进行维修。在不影响高速公路正常运行的情况下,当事人可以选择社会救援机构实施救助,任何单位和个人不得强制指定救援机构,也不得妨碍和阻止当事人委托的救援机构进场服务。

江苏省物价局、江苏省财政厅、江苏省交通厅联合发布的苏价服〔2009〕115号江苏省高速公路清排障服务收费标准见表7-1。随着时间的推移与经济发展的需要,价格应随市场经济动态定期调整并更换标准。

江苏省高速公路清排障服务收费标准 表7-1

清障车辆	故 障 车 型	基 价 [元/(车·次)]	作业费 [元/(车·km)]
拖车	一类车:7座及以下,载质量≤2t	200	5
	二类车:8~19座,2t<载质量≤5t	250	12
	三类车:20~39座,5t<载质量≤10t	280	14
	四类车:≥40座,10t<载质量≤15t,20ft集装箱车	300	16
	五类车:>15t,40ft集装箱车	350	20
吊车	一类车:7座及以下,载质量≤2t	600	
	二类车:8~19座,2t<载质量≤5t	600	
	三类车:20~39座,5t<载质量≤10t	800	
	四类车:≥40座,10t<载质量≤15t,20ft集装箱车	800	
	五类车:载质量>15t,40ft集装箱车	1000	

续上表

清障车辆	故障车型	基价 [元/(车·次)]	作业费 [元/(车·km)]
平板车	一类车:7座及以下,载质量≤2t	100	5
	二类车:8~19座,2t<载质量≤5t	150	10
	三类车:20~39座,5t<载质量≤10t	200	14
	四类车:≥40座,10t<载质量≤15t,20ft集装箱车	250	16
	五类车:载质量>15t,40ft集装箱车	300	20

注:1. 作业里程不足1km按"四舍五入"取整,以公里计价。收费尾数实行2.5元以下舍,2.51~7.50元归5元,7.51~9.99元进10元。
2. 作业里程是指清障车辆将故障车辆从故障发生地拖达指定地点的里程,最大计费里程不得超过50km。故障车主有特殊要求(送市内维修厂、4S店等)时,由双方当事人协商。
3. 对请求清排障救援,清排障车已到达现场,因车主原因不需要清排障服务时,按相应车型基价标准的50%收费。
4. 发生机械故障(跨江大桥与隧道除外)且能在0.5小时之内排除的车辆(夜间除外),同时对能自行驶离发生事故地点不致影响道路交通的,不得强行清排收费。
5. 如果清障车同时发挥了吊车、牵引等两项以上功能,按拖车基价收费,且吊车费用减半收取。
6. 车辆抢修、货物保管、转运等劳务性服务费,按照行业定额标准或当地实际水平,由双方当事人协商。
 *1ft = 0.3048m。

价格主管部门应根据本地实际情况,会同交通运输部门对高速公路车辆救援服务实行政府指导价或政府定价。要在充分调研和成本监审的基础上,统一规范收费项目,并按照适当弥补成本原则合理制定收费标准。停放拖移车辆的地点属于专用停车场地,需要收取停车费的,停车收费标准按照当地价格主管部门的统一规定执行。其中,对在交通事故处理期间的车辆应减免停车收费。各地高速公路经营管理单位应根据当地经济发展水平,适当增加对高速公路车辆救援的投入,确保车辆救援服务的公益性和健康发展。

高速公路经营管理单位在组织实施车辆救援时,救援人员应主动向当事人出示价格主管部门规定的收费项目和标准,不得自行增加收费项目、扩大收费范围或提高收费标准。各级价格、交通运输部门应加强对高速公路车辆救援服务和收费的监督检查。对于违反车辆救援服务有关规定的,各级交通运输部门应根据职责依法予以处理。对于违反有关规定乱收费的,各级价格主管部门应当严格按照《价格法》和《价格违法行为行政处罚规定》实施行政处罚。

7. 制定应急救援预案预警机制

近年来,江苏省大雾、雨雪等恶劣天气频发,对高速公路安全畅通运营带来十分严重的影响,其中,影响最严重的为2008年的雪灾。另外在常规的雨雾天气和节假日交通流量显著增大两种因素下对高速公路运营会带来更大的影响,比如2016年清明节的第一天,沪蓉高速公路上常州段发生了重大交通事故,事发当天有大雾,能见度不高,且下雨,路面湿滑,车辆制动距离加长,后车撞上前方货车,货车受碰撞后穿过护栏,冲入对向车道,造成多辆汽车连环相撞,造成该路段拥堵严重。

《江苏省高速公路条例》第四十八条规定:"高速交警机构、省高速公路管理机构、高速公路经营管理单位应当制订雨、雪、雾、冰冻等恶劣天气、突发事件等影响道路通行时的处置预案,共同确保高速公路安全畅通。"

高速公路经营管理单位应根据高速公路条例,做好常规应急预案工作,配备应急抢险救援器材设备和必要的消防器材设备,在高速公路事故发生后如果发生高速公路火灾、危险品泄漏,以及其他事故等要配合公安消防部门及时高效处理。

高速公路运营可能面临各类风险隐患,特别对于高速公路人员密集区域、重点路段、桥梁、隧道、涵洞等应制订切实可行的反恐防暴、公共卫生、自然灾害、事故灾难、危化品泄漏等应急预案,路政公司通过对冬季、雨季、常规特殊天气,以及节假日大交通量情况下进行综合分析或者专项分析进行综合演练,结合具体情况具体分析应急救援预案的可行性和可操作性,保障高速公路安全畅通和良好的经营管理秩序。

三、过程监管,实况监管机制

1. 报警清障救援时间实时上报机制

《江苏省高速公路条例》第四十九条规定:"高速公路经营管理单位应当建立快速清障救援机制,接到清障救援信息后,应当立即派出救援车辆和人员赶赴现场进行紧急处理,保障车辆正常通行。遇有人员受伤的,应当立即送往医院救治。"

应有效利用现代信息技术,建立与高速公路经营管理单位路面监控数据的共享机制,清障救援报警时间、到场时间、现场清除完成时间(配以现场图片一起上传)、障碍物到达指定地点时间记录、实时上传,提高清障救援队伍的工作效率,同时以上数据进入信息平台。

2. 收费实时上传机制

应加大资金投入,加强手持移动执法终端、车载打印机等信息化执法装备的试点和推广,信息化和装备建设不断加强,促进了管理效能的有效提升;清除内容,清除里程数,清除设备型号、车辆数、收费的单价、总价、收费人签字情况;可以借鉴交警现场处罚开罚单的方式,使用公安交警警务通系统(以下简称警务通)PDA 机器(图 7-1),收费记录数据共享,降低收费的不公正性。

图 7-1 交警使用的警务通

3. 无人机信息化管理应用机制

突发事件发生后,无人机在路政执法人员到达现场之前可更快地到达现场,执行调度指挥任务;交通管理人员可以通过无人机搭载的交通管制设备直接对现场交通进行指挥、疏通,无人机的出现可以弥补公路定点监控不到的地方,无人机可以与地面进行数据实时传输,地面指挥中心根据事故发生的具体情况指挥无人机飞到事件发生位置,向指挥中心传输图片或者动态影像资料,地面指挥中心可以实时看到事故现场状态,提高地面应急处理效率。无人机在空中飞行视角更广,变换位置及方向更灵活,掌握现场状态更具体,有利于道路管理部门掌握全局,通盘指挥和正确疏导,为解决道路阻塞、清障救援等问题作出巨大贡献;无人机可以监控占用应急车道、不按导向车道行驶、加塞、压实线等违法行为;无人机除了可现场执行任务,其收集的大量图像、视频资料可以作为公安交管部门执法的依据,同时,这些影像资料在经过一系列处理之后可以作为交通各个部门制定相关政策和决策方案的辅助资料。

指挥部值班人员要记录高速公路事故发生的各项参数,如事故点、时间、事故原因、事故状态、车辆数目、伤亡人员数目、受伤程度、现场影响程度等,并同时向公安交管、消防、医护、清障救援等部门通报,便于指挥中心统一协同工作,相关下属协同部门接到通知后,根据事故报告的具体参数安排最近的人员、设备赶赴现场,随着事态的发展再进一步判断是否需要增加营救力量,到达现场的交警、消防、医护、清障救援等人员组成现场指挥小组,研究处理方案。

如2014年五一长假期间,苏州公安交管部门第一次应用无人机进行交通监控,对一些重点区域如立交枢纽部位,实时监控交通运营情况,在拥堵之前采取有效措施,减少拥堵情况的发生,因为有了实时监控数据,拥堵部分很快得到疏通,有些即将形成的拥堵由于无人机的实时预报,也通过采取有效措施得以避免。

四、事后监管,后评价机制

1. 报警后调配清障救援资源的合理性

对江苏省公路网目前配置的清障救援资源进行统计,根据目前拥堵、事故频发地区,以及高速公路出入口、交通流量、服务区位置、收费站位置等各种参数,对全省路网中的清障资源进行重新合理配置,以事件发生后平均到达时间最短为目标设置清障救援办公点的位置,这样可以减少不必要的投资,避免资源重复建设,可以把更多的费用投入到每个清障救援点的设备性能配置上。

监管部门定期检查出警记录,调配资源记录,查看分析调配资源的合理性,如有不合理部分,立即与高速公路经营公司沟通,调查不合理调配原因,以便今后更好地进行服务。

2. 道路障碍平均清除时间

路面抛撒物、交通事故等障碍1小时内恢复通行率,是指交通事故发生1小时之内,单向至少一股车道恢复通行的情况占所有交通事故发生起数之比。该指标着重反映道路系统应急抢通能力。快速及时地恢复道路通行,可以有效避免因交通事故占用车道而引起的交通堵塞,是道路应急抢通能力的主要体现。

3. 重大路网事件响应时间

重大路网事件响应时间反映高速公路路网突发事故的快速应对水平。重大路网事件响应时间=高速公路重大路网事件应急响应启动时间汇总/出动应急响应总数。应急响应时间具体是指路网中心提出路网交通突发事件应急响应启动建议后,应急领导小组决定是否启动应急响应的时间。

根据交通运输部《公路交通突发事件应急预案》,应急领导小组在2h内决定是否启动Ⅰ级应急响应;根据《江苏交通运输现代化规划纲要(2014—2020年)》,公路应急响应启动时间目标值为1h,建议重大路网事件响应时间目标值为1h(见表7-2)。

应急救援平均恢复通行时间　　　　表7-2

分类	监测指标	监测点	目标值(min)
路网运行	路网畅通	道路障碍平均清除时间	≤30
		重大路网应急响应时间	≤30
		应急救援平均恢复通行时间	≤60

4. 投诉不规范率

目前高速公路清障救援服务收费投诉情况比较多,公众认为有些费用不合理甚至"离奇",主要原因在于目前大多数公路经营单位将清障救援业务服务外包,但是管理又跟不上或者没有进行监管,这些服务外包单位在一定范围和一定期限内属于"独家经营",没有竞争,公众没有选择权,在紧急状态下也无从选择,对于肆意要价的行为很不满意。目前这些现象主要有:现场不执行《江苏省高速公路清排障服务收费标准》,得不到有效监管;施救服务存在服务标准之外寻求增加服务内容并且价格较高;统计里程或者时间与实际不符。另外,部分停车费用本不应由肇事车主承担。

清障救援相关单位对于投诉收费不规范行为要进行信息登记和上传,每年进行考核,通过经营单位与清障救援单位的合同机制,进行整改处罚,对年度考核优秀的进行奖励。

第八章 高速公路突发事件应急管理

第一节 高速公路突发事件应急管理

一、高速公路突发事件的概念及特点

根据突发事件的定义,高速公路突发事件是指包括自然灾害、交通事故、治安刑事案件、恐怖事件、群体性事件、公共卫生事件等影响高速公路网正常运行的事件。它可以发生在高速公路内,也可以发生在高速公路外,其结果会对高速公路网的正常运作产生大小不等的影响,甚至造成高速公路瘫痪。理论上,由于高速公路是汽车专用公路,彻底摆脱了与非机动车、自行车及行人的混合交通所造成的弊端,交通事故发生率得以降低,从而给社会带来大量的隐形价值。

高速公路突发事件的特点包括不确定性、危害性、复杂性、扩大性、紧急性、信息的有限性和持续性。

(1)不确定性。尽管部分高速公路突发事件有一定的征兆,但是一般来说,事件发生的具体时间、地点、规模及造成危害的程度都难以确定。

(2)危害性。无论什么类型的高速公路突发事件,都会造成不同程度的危害。这种危害体现在人员伤亡、财产损失、环境破坏等方面,严重的可能会影响社会经济、政治等方面。

(3)复杂性。高速公路是封闭式的,横面窄、跨度长,一旦发生突发事件,救援的车辆较难及时进入突发地点进行处置。此外,突发事件的处置往往需要多个部门或单位进行协同配合,处置过程也存在危险性。

(4)扩大性。高速公路是连接两个不同地区的交通通道,在人们的生产生活中占有重要地位。一旦突发事件迫使高速公路中断或关闭,则完全可能导致相邻城市交通瘫痪,甚至使地方陷入混乱。

(5)紧急性。突发事件处置方面难度大,如果处置不当,事件有连锁放大的可能,还会引起"二次事件"或次生危害。因此,在应急处置时间上具有紧急性。

(6)信息的有限性。由于突发事件的随机性和不确定性,信息的搜集具有相当的难度。加之事件在不断地发展当中,信息的及时性、准确性难以保证。此外,在信息的沟通和反馈方面,多个部门、多个层级之间的信息传递可能不全面。

(7)持续性。突发事件从发生到结束总会持续一段时间,可能经历潜伏、爆发、高潮、缓解、消退等多个阶段,不可能突然消失,事件本身及其造成的破坏和影响都会有一定的持续性。

二、高速公路突发事件分类

高速公路突发事件可分为以下几类:

(1)重(特)大交通事故。高速公路通行车辆发生碰撞或翻覆,造成多人伤亡或交通堵塞、中断的事件。

(2)自然灾害。自然灾害包括出现冰、雪、雨、雾等恶劣天气,以及发生洪水、泥石流、滑坡、塌方、地震等地质灾害。

(3)治安刑事案件。高速公路上发生的如盗窃、抢劫、聚众斗殴、人身伤害等违反《中华人民共和国治安管理处罚法》或《中华人民共和国刑法》,危及高速公路正常通行的案件。

(4)危化品泄漏。高速公路通行车辆运载的易燃易爆物品或有毒化学物品,因装载不规范或发生交通事故造成泄漏。

(5)公共卫生事件。高速公路上发生的造成或者可能造成社会公众健康严重损害的重大传染病疫情、群体性不明原因疾病、重大食物中毒以及其他严重影响公众健康的事件。

(6)群体性事件。群体性组织为表达自身利益诉求,采取围攻、静坐、游行、集会等方式对高速公路正常通行和运营秩序造成影响的事件。

(7)恐怖事件。恐怖组织或个人使用暴力或其他破坏手段,攻击高速公路及其设施、通行车辆和人员,制造社会恐慌,胁迫政府或社会满足其政治要求。

(8)公路严重损毁。高速公路路面发生坍塌,或公路桥梁、涵洞、上跨桥等构造物发生垮塌、损毁及承载能力严重下降等。

三、高速公路突发事件分级

公安部交管局颁发了《高速公路交通应急管理程序规定》,根据道路交通中断造成车辆滞留的影响范围和严重程度,该规定首次将高速公路交通应急响应从高到低分为一级、二级、三级和四级应急响应级别。

特别重大的突发事件(一级)对道路交通中断24小时以上,造成车辆滞留严重影响相邻3个以上省(自治区、直辖市)高速公路通行的为一级响应,由公安部负责指挥、协调省级公安机关进行处置。

重大突发事件(二级)道路交通中断24小时以上,造成车辆滞留涉及相邻两个以上省(自治区、直辖市)高速公路通行的为二级响应,由发生地省级公安机关联合被影响地省级公安机关指挥、协调处置工作。

较大突发事件(三级)道路交通中断24小时以上,造成车辆滞留影响省(自治区、直辖市)内相邻3个以上地市辖区高速公路通行的为三级响应,由省级公安机关指挥、协调地市级公安机关进行处置。

一般突发事件(四级)道路交通中断12小时以上,造成车辆滞留影响两个以上地市辖区内高速公路通行的为四级响应,由发生地的地市级公安机关联合被影响地公安机关进行处置。

四、国内外高速公路突发事件管理现状

1. 国外高速公路突发事件管理现状

为了减少事件对高速公路带来的负面效应,发达国家普遍建立了先进的高速公路事件应急管理系统,其核心是运用先进的信息技术对高速公路的交通运行状况进行监控,通过比较完

善的信息系统,达到对交通事件信息的快速采集、识别、检测、确认;通过先进的决策系统快速响应生成高速公路事件处理的指令,由统一归口、统一联动的执行机构进行执行处理,以达到尽快恢复正常交通的目的。此外,国外高速公路的交通控制方法向智能化与多样化的方向发展,为在高速公路通行需求迅猛增加的同时,保持高速公路平稳运行起到了不可替代的作用。

美国是世界上高速公路发展最迅速、路网最发达、设施最完善的国家之一。美国的高速公路事件管理开始于20世纪60年代初期。初期运行时,交通需要远远超过了通行能力,造成交通拥挤、道路事故频发。为了缓解道路拥挤状况,伊利诺伊州运输部建立了紧急巡逻队,加强车辆的指挥与道路巡查,及时对事故进行处置和清理事故车辆。70年代初,加州高速公路巡逻队联合运输部在洛杉矶建立了一个事件管理的示范工程。巡逻队负责高速公路事件的具体处置与管理,州运输部负责重大事件发生时的交通控制和维修支持。其他车辆拖运、路障清除由联合商业性机构来完成。此后,事件管理系统在美国的许多州得到了广泛应用。

为了指导地方性高速公路事件管理,1991年美国运输部联邦公路局颁布了《高速公路事件管理手册》,同时出版了两卷有关高速公路事件管理的报告,《高速公路事件管理的两种概念和方法》和《高速公路管理手册》。1988年,美国运输研究委员会完成了一个关于事件管理的综合报告《高速公路事件管理》。经过完善后,2000年出版了《交通事件管理手册》。这些文件资料就高速公路事件管理的方法措施、应急管理及救援的方案等作出了较为细致的阐述,对美国高速公路事件的管理起到了积极的指导作用。

欧洲的许多国家都对高速公路突发事件管理给予了足够的重视。20世纪90年代,德国一公司研发出一种公路事件预警管理系统,它能通过路侧的电子指导标志发出预警信号来警示道路隐患或前方存在交通事故,从而减少道路"二次事故"的发生。1990年,交通管理部门组建了道路救援队,其任务是在道路上进行巡逻并参与事故救援。它由交通管理中心实施调度,配备了警察巡逻车、紧急救援车、重型拖车等车辆设备,并采用车载计算机系统、GPS车辆定位系统、数字化通信系统以及交通管理中心的事件数据库系统等多项先进的技术。

近年来,德国高速公路部分路段采用智能速度指导系统,在不同情况下通过灵活调整最高限速,使事故发生率又在原有基础上降低了30%。

2. 国内高速公路突发事件管理现状

随着改革开放的不断深入,我国高速公路的建设取得了巨大成就。我国从20世纪80年代开始修建高速公路,现全国高速公路通车总里程跃居世界第二。我国高速公路十几年间就走过了发达国家一般需要好几十年才能走过的进程。然而长期以来,我国在高速公路突发事件管理方面意识的薄弱,管理体制、技术方法等改革提高的滞后,导致了高速公路突发事件的应急管理体系一直缺乏系统化。

近年来,我国开始意识到提高高速公路突发事件应急管理水平的必要性,开始逐渐吸取发达国家的相关经验。

随着我国高速公路的快速发展,高速公路突发事件应急管理已经成为高速公路管理的重要组成部分,许多研究单位和交通管理部门非常重视高速公路突发事件管理领域的研究工作,针对如何有效地进行事件管理,如何减少交通阻塞及降低事件发生后的各种损失进行了多方面研究和相应系统的研发。

综上所述,虽然我国在高速公路事件管理方面做了很多努力,但是由于我国高速公路的发展历程相对不长,整体性研究还不够系统和深入,目前在高速公路运营和管理方面还缺乏系统可靠的理论和方法。因此,我们应参照国外经验,结合我国现状,对高速公路突发事件应急管理体系给予完善。

五、应急管理体系设计理念和功能

1. 应急管理体系设计理念

在高速公路运营阶段突发事件应急管理体系中,本课题组认为应采用三维结构模型进行应急管理体系的构建,三维维度分别是时间维、功能维和知识维。三个维度之间互为条件、相辅相成。时间维是导向,为功能维和知识维提供应急管理各阶段的任务;功能维是根本,为时间维和知识维提供基础性的保障;知识维是关键,为时间维和功能维提供理论方法和技术条件。时间维和功能维受到知识维的约束和指导,其关系如图8-1所示。时间维是导向性质的,识别应急管理各阶段的任务,由应急管理的主要环节构成。应急预警和应急准备主要是通过事前有效的预防和准备活动,尽量避免或者减缓潜在突发事件发生的可能性,并利用先进的技术手段使人们及早发现已经发生的突发事件。应急响应主要是在突发事件发生后采取一定的应急处理措施,通过科学决策和指挥调度可用资源,减少事件造成的损失。应急恢复是在应急响应阶段结束以后进行的现场清理、灾后重建、评估学习等活动。时间维描述了应急管理各阶段的任务、活动、资源及信息流,这些描述对功能维中组织指挥、应急预案、资源保障和决策辅助四个子系统建设起到了指导性的作用,也便于各种专业知识的融会贯通。

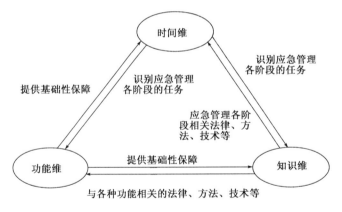

图 8-1 高速公路应急管理体系三个维度间的关系

功能维是三个维度的基础,也是最根本的内容,包含应急管理过程中涉及的基础性要素,为整个应急管理系统提供基础性的保障。高速公路运营阶段突发事件应急管理体系是为完成应急管理各个环节任务的、具有特定功能的、相互联系的应急组织调度、应急预案、应急人财物和决策辅助构成的完整的有机整体。功能维描述了支撑应急业务过程的基础要素,包括组织指挥、应急预案、资源保障和决策辅助系统的属性,且受到知识维的知识能力大小的约束。

知识维是关键部分,它为应急预案的设计提供法律法规、标准规范、各类技术。一个高速公路运营商自身知识储备的能力,主要体现在管理人员和工程技术人员的知识能力。知识能力越强,应急管理系统建设水平就越高;反之亦然。

2. 应急管理体系功能

根据高速公路突发事件的发生、发展和处理的特点,我国高速公路突发事件应急管理体系主要涵盖预防、反应、处理、总结等四方面功能。

(1) 预防。

应急管理体系功能研究中,往往忽视预防功能,应急管理主要是对事件本身的处理或事后处理。预防是高速公路突发事件应急管理较为重要的功能要素。它之所以重要,是因为如果能够真正地发挥这一环节的作用,高速公路事件的发生会减少很多,这样也就真正达到了保证道路安全、通畅运营的最终目的。预防功能主要体现在两个方面:一是预案管理;二是预警预报。预案是提前制定突发事件发生时的组织职责、运作程序、资源保障等方面的应急方案。根据突发事件的不同情况,灵活地生成有针对性的事件处置细化方案,可以更好、更快地完成应急响应,提高应急效率。预警预报就是事先对系统的异常态势提出警告,对于不利的气象条件、不利的交通条件、不利的道路条件等可以预见的或可能对安全通行造成威胁的相关情况进行及时甚至超前通告,以防止事件扩大,减少二次事故和次生灾害的可能。

(2) 反应。

反应是处理高速公路突发事件的联结环节。其要旨是在认清事件程度的基础上,实现快速响应。认清事件程度就是要保证信息的准确性,这一点是与信息检测和确认环节密不可分的。实现快速反应就是要保证决策组织扁平化,减少响应层次,实现指令信息共享,此外,其决策所依据的预案也要尽量具有代表性,这样才能保证在准确指令的基础上缩短处理方案生成的时间。在突发事件的处理过程中,及时、快速有效地反应是事件处理最重要的阶段,该阶段是缩短事故处理时间,把人员伤亡和财产损失降到最低的最佳时间,因此,反应功能遵循了应急管理的紧急性要求。

(3) 处理。

处理是指如何落实应急指令,有效地利用现场指挥、救援队伍、设备、通信、技术支持等对事件进行相关处置。这一功能主要应注意两点:一是处理的专业化水平,这与人员的专业水平、设备的先进程度、信息的准确畅通情况等都有关联;二是考虑到处理方案的调整,要根据现场的情况和事件的发展以及关联的其他道路信息等情况不断调整处理方案。突发事件的处理应考虑多部门、多地区的联动参与,既要有统一的指挥中枢,以保证行动的有序和一致,又要加强各机构之间的沟通与配合。

(4) 总结。

总结是体系中不可缺失的一个功能,这一环节主要体现在系统要求对事件处理效果进行评估,检验各单位部门的配合程度,补充或调整预案及对应的处理程序,并使决策者能更清晰地把握高速公路突发事件应急管理的薄弱环节,更好地实现系统的自我优化和完善。突发事件这一管理系统复杂和不确定的特性要求系统要想达到更好的更高效的管理目标,系统本身要有一定的自我完善的功能。

六、国内外高速公路突发事件应急管理体系比较

1. 国外高速公路突发事件应急管理体系

发达国家的高速公路建设较早,庞大的公路网系统为美国等发达国家的经济发展、居民生

活质量的提高起到了基础支撑作用。发达国家目前已经形成了完善的突发事件应急管理体系,对于高速公路交通事故的紧急救援也有一套比较成熟的处理办法,可以为国内所借鉴。

(1)美国高速公路突发事件应急管理体系。

美国突发事件应急机制从事前、事中和事后涵盖了系统的方式,从战略的角度规划整个事故处理过程,这其中也包括高速公路事件应急系统。如今,美国的高速公路事件应急管理具备相对成熟的运行机制。在美国,高速公路事故管理(Freeway Incident Management,FIM)是一个相互协调的系统工程,它主要包括前期预案、调查取证、响应及现场管理、路障清理、道路恢复等方面。

每个方面的工作程序都设计严密,比如,在预案当中对整个响应救援过程及体系都已经进行了较详细的策划。这包括组织机构、部门职能、指挥人、应急资源的调配以及各机构之间的沟通协作等。

此外,美国在管理中心设置急救中心,接到紧急电话的事故报告后立即向最近的急救站发出指令出动救护车,或派直升机抢救,救护车通过无线电话与急救站、医院取得联系,及时组织救援工作。

总之,美国高速公路突发事件应急管理过程就是建立完善的管理应急体系,有效地利用先进的设施技术,完善的部门协调配合机制和统一化的信息平台,减少事故的检测识别时间、组织反应时间和应急响应现场处置时间,并向道路使用人提供及时、准确的路况信息,从而实现高速公路事件处理的快速性和有效性。

(2)英国高速公路突发事件应急管理体系。

在英国,早期实行"大部制"的机构模式,简化部门结构,对业务相近或相关性强的机构尽可能进行重组,此举更有利于部门协调和资源的利用。英国现行的交通管理主要职责由英国运输部负责,"大部制"改革以后,政府行政管理体制的架构有了较大的改变,主要体现在实行"决策、执行"相分离的行政管理体制。英国政府在各部之外设立"执行局",履行具体的行政职能,并向社会提供优质服务。而运输部除保留一些政策性部门,具体的事务大多交由"执行局"和一些公共团体来完成。运输部现有执行局5个,包括公路局、车辆检测局、驾驶标准局、车辆认证局和驾驶员和车辆许可局。执行局本身仍属于政府部门,但资金来源却不完全由政府财政提供。此外,英国警察总局并不直接参与道路的安全管理。交通警察管理由全国性组织"英国警官协会"承担,该协会下设交通委员会,专门负责交通执法工作。此外,英国还有一个由公路工程专家、道路安全专家和交警代表共同组成的交通安全委员会,共同协调解决交通安全问题。

(3)德国高速公路突发事件应急管理体系。

德国是修建高速公路最早的国家,早在1919年就修建了世界上第一条为AVUS的高速公路。德国高速公路突发事件应急管理体系与英国的"大部制"改革类似,德国将原来的联邦运输部、建设部合并为运输部,负责管理全国交通运输业,主要职责是交通及运输方面的法律政策制定和监督执行,其他具体执行工作一般通过"委托合同"的方式由各个州政府来承担。在实际运行中,联邦拥有联邦高速公路的管理自主权,各州拥有自己的州级公路、县市级公路等的立法权,各个州实际承担联邦高速公路的管理任务。此外,在德国的一些工业协会与民间机构,承担了政府委托的事务,其资源、技术来源也是多渠道的。与英国类似,联邦内务部是主管警察机构的最高机构,但在联邦不设交通警察。交通警察隶属于州政府领导,只负责联邦高速公路、联邦公路等的交通执法。有关交通方面的政策制定、法律法规、执行监督等事务,都是由运输部制定的。警察在公路上的职责主要是作为"现场客观的记录者"来执行这些规定,警察执法内容包括交通限速、事件调查、协助交通管理部门做好事件的其他处理等方面。

(4)日本高速公路突发事件应急管理体系。

日本高速公路资产属于建设省所有,管理工作则由道路公团直接参与。道路公团在行政上实行三级制,有总部,下设若干管理局,管理局再下设管理事务所和营业所。道路公团管理局设有交通技术科,与公安交管、消防等部门协调进行交通安全管理决策。管理所是交通安全的实施机构,有交通管理队,配有巡逻车定期巡视道路。高速公路交通事件的统一调度为中央控制室,交通管理队统管以下事宜:排除路障,消除事故隐患;救助发生故障的车辆;在交通堵塞时疏导车辆;向中央控制室报告气象、路面情况;与警察、消防部门共同处理交通事件等。此外,高速公路有专门的警察队,警察队以地区为界进行管理,由交通巡视员用巡逻车执勤,车辆可以直接通过无线电通信和紧急电话处理交通事故,并负责向中央控制提供交通信息情报。一旦发生重大事故,当地消防、医疗、汽车联合会、救援车等联动参与,共同协作处理事故。

此外,值得一提的是,日本在高速公路突发事件应急处置方面以道路公团为代表,在管理中心设立急救车、消防车等应急车辆,一般的医疗救援工作,道路部门可以独立解决,减少了部门之间的沟通时间,提高了响应速度。

2. 国内高速公路突发事件应急管理体系

随着我国高速公路的迅速发展,高速公路突发事件的发生频率不断升高,其对道路安全造成的危害也越来越明显,高速公路突发事件的数量在逐年增加。与美、英、德等国的道路交通管理状况相比,我国在许多方面还存在着差距。目前,我国高速公路突发事件应急管理还存在明显不足,突出表现在交通事件应急响应程序不合理、部门职责不清、部门之间协调性不强、资源保障体系不健全等方面。国内高速公路突发事件应急处置现状调研及查阅大量的相关资料表明,我国目前对于高速公路突发事件应急管理还没有一套完善的系统,救援人员的专业化水平不高,救援设施不齐全。这些原因导致了我国高速公路对于突发事件的应急处理速度缓慢,处理效率不高。例如就高速公路交通事故致死率方面来看,我国高速公路死亡率长期居于高位,跟发达国家相比,死亡比率较大。2010年我国高速公路亿车公里事故率指标与日本相当,但从亿车公里死亡率来看,我国明显高于日本,几乎是日本的10倍。而且随着我国高速公路通车里程的增加,事故伤亡人数与死亡人数呈较大幅度的增长。因此,建立适合我国国情的高速公路突发事件应急管理体系已刻不容缓。近年来,我国相关机构及研究人员已经充分认识到了高速公路事件应急管理体系研究的重要性。

我国近几年新建的高速公路均设有较为完善的通信系统、网络系统和监控系统。但是由于管理组织、信息、执行、保障等方面体系设置得不够科学、合理,这些系统仍不能适应管理者的业务需求。应急事件管理应在总结和继承传统行之有效的管理方法和经验的基础上,积极推广应用现代化的管理手段。我国对应急管理系统虽已经进行研究,却不能在高速公路管理部门得到实际的有效应用。绝大多数高速公路管理部门对于应急事件的处理仍处于非规范化、人工的管理阶段,直接影响了我国高速公路的运营安全。

3. 国外经验对国内应急管理体系的借鉴

我国的高速公路运营管理仅仅20余年的时间,在应急管理方面的经验相对较少,应急管理体系在组织设置、运行机制、资源保障等方面还存在明显不足。虽然由于国情和高速公路发展程度的不同,主要发达国家的高速公路突发事件应急管理具体做法也不尽相同,但是他们在应急管理体系构建方面都积累了许多先进的经验。对于我国而言,不能照搬照抄,但是在实际的体系完善中可以有选择地借鉴发达国家高速公路管理的合理成熟之处。

(1)设应急管理中枢机构。

一些国家实行如"大部制"等高一级统筹的管理部门,构建了一个扁平的横向格局,便于政策的统一性和部门间的协调。我国应该常设应急管理中枢机构,这有利于政府关系的理顺,加强各部门之间的协调沟通,建立起一路多方共同管理的高速公路平台。

(2)明确各级机构职责分工。

英国将众多的低一层操作权限归结到"执行局";德国政府部门主要负责政策制定和决策规划,将具体执行、方案设定、资源服务等工作交给地方来承担。上下级间、政府与其他机构之间、中央和地方之间职责清晰、分工明确,有利于各自优势的充分发挥。

第二节　高速公路突发事件应急管理技术体系

一、高速公路突发事件应急响应机制分析

高速公路突发事件应急机制,是指有效应对高速公路突发事件的组织结构,及其在应急活动各个阶段中的职责和相互关系。它主要包括以下内容:一是应急组织机构及其职责;二是预防机制;三是预警机制;四是处置与救援机制;五是善后处理机制。

(1)应急组织机构及其职责。应急组织机构主要包括决策指挥、综合协调、应急处置、信息咨询及辅助等五个机构。决策指挥机构一般是指应急指挥部或应急工作领导小组、应急救援指挥部。综合协调机构是指在决策指挥机构下设置的应急管理办公室,履行值守应急、信息汇总和综合协调职责,发挥运转枢纽作用。应急处置机构是指处置突发事件的职能机构或组织,有时它也被称为对口主管部门。这些机构或组织应当根据自己的职能范围和专业特点制订相应的应急预案,并按照应急预案参与突发事件的处置工作,接受应急指挥机构的统一调配。信息咨询机构也称专家咨询机构,由有关专家组成,为应急管理提供决策建议,必要时参加应急处置工作。辅助机构也称支持保障配合机构,是指自身拥有特殊的专业技能、业务范围,特定的资源、设备和能力,主管着特殊的事务,担负着紧急状态应对中的某些特殊任务的职能部门或组织。

(2)预防机制。预防机制主要包括健全的法制机制、完善的应急预案机制、应急资源的保障机制和社会动员机制四个方面。

法制机制是指通过一系列的法律、行政法规、部门规章、地方规章来规范处理各种高速公路突发事件的程序,规范各级政府、组织、团体及个人在应对高速公路突发事件各个环节中的责任和义务,明确综合协调各部门的机构设置、职能地位、权利责任、运作程序以及资金来源等,实现"依法应急"。

预案机制是指在风险分析和评估的基础上,对高速公路可能发生的各种类型突发事件事先制定处理方案和措施,来避免高速公路突发事件的发生或减轻突发事件发生后的损害后果。

应急资源包括人力、物力和财力三方面的资源,应急资源保障机制是指各地根据自身地理、资源、发展等条件建立人力、物力和财力的储备,因地制宜,为高速公路突发事件应急管理各环节保质保量地提供人力、物力、财力方面的资源,从而保障各种应急工作顺利、高效的开展。

社会动员机制是指通过学校教育、进社区为民众提供咨询和教育等方式,增强民众危机意识,提高民众应对高速公路突发事件的能力,从而减轻高速公路突发事件带来的影响。

(3)预警机制。高速公路突发事件的预警是指在高速公路突发事件发生前,对搜集到的信息进行分析、整理和转化,并与各预警级别的临近点进行比较,从而做出是否发出警报和发出何种级别警报的决策,将可能发生的突发事件消灭在萌芽状态或为应急处置做好准备,减少突发事件带来的损失。

(4)处置与救援机制。高速公路突发事件的处置与救援机制是高速公路突发事件的处置与救援活动的流程,包括分级管理机制、应急联动机制、快速反应机制和信息公开机制。

分级管理机制是指凡属高速公路交通警察大队可以处理的由高速公路交通警察大队处理,无力处理或规模升级跨区域时,高速公路交通警察支队甚至省交通警察总队在相应级别政府的领导下负责处理的分级处理机制。

应急联动机制是指以地方政府为主导,综合协调公安、消防、卫生、安监及环保等部门开展应急救援工作,同时组建专业技术人员队伍,引导和扶持应急救援服务企业,开拓应急救援服务市场,形成政府统一领导,全社会共同参与应对高速公路突发事件的有机整体。

快速反应机制是指从接警、出警到处置的整个过程都要实现快速高效。快速反应机制需要通过健全的组织机构、完善的应急预案、健全的预警机制、高质量充足的人力资源和物质资源来实现。

信息公开机制是指在高速公路突发事件的预防、预警、应急处置和善后处理的整个过程中根据搜集到的信息,及时、公开、透明地向社会公众发布权威消息,公布突发事件的严重程度、处置情况和采取的措施等,以增强公众的危机意识,同时将政府及各级高速公路交通安全管理部门的处置工作置于群众的监督之中,提高各级政府及公安交通管理部门处置突发事件的能力。

(5)善后处理机制。高速公路突发事件的善后处理机制是指在突发事件得到有效控制后,政府及各部门采取措施,将社会财产、社会秩序、基础设施和社会心理等恢复到突发事件发生前的状况。它主要包括恢复与重建和应急管理的学习机制,也就是突发事件得到控制后,不仅要恢复生产、生活和社会秩序,还要对突发事件的处置过程和结果进行评估、分析,查找处置中的不足,总结经验教训,提出对处置突发事件的方式方法、组织机构、运作程序等方面的改进意见,将损失降到最低。

二、完善高速公路突发事件应急指挥协调机制

建立能够对高速公路突发事件紧急处置全过程进行跟踪和支持的应急指挥系统,这是当前世界先进的、科学的危机处理方法。目前江苏省高速公路在建成的同时,已形成了比较完善

的通信系统、监控系统及联网收费系统,这是极好的基础条件。整合现有的信息、网络系统资源,建立一套上下通达、反应迅速、具有高效指挥调度能力和突发事件防范处理能力的系统是现实可行的。从突发事件的信息采集、紧急程度的判断、应急预案启动、信息沟通与处理到专家辅助决策、领导联动指挥调度等方面,可以实现在最短的时间内对突发性事件作出最快的反应并提供最恰当的应对措施,及时传达部署到系统内的各个部门和单位。应急指挥系统可提供多种通信方式,如传真、电话、手机、短信、视频会议等,一旦发生紧急事件,可迅速同相关的个人或单位进行通信,保证下情上报和上令下达的及时快速性,还可组织网上会议、远程视频会议对高速公路突发事件进行讨论和决策,并对决策过程进行实时全程监控,及时做出科学的决策,出台相应的措施,保障道路畅通,保障人民生命财产安全,保障国民经济平稳发展。

1. 整合资源

通过统一和整合,建立政府主导,以高速路政执法单位为主,相关应急部门为辅,以"统一接警,统一处置,资源共享,统一指挥,联合行动"为处置原则的江苏省高速公路突发事件应急指挥的大平台,实现跨部门、跨行业、跨地区之间的统一指挥协调。一方面,要将高速交警的指挥中心建设成能满足政府需求的高速公路应急救援中心。把高速公路已经建设使用的路面监控视频、道路流量感应、气象监测学信息、收费车道抓拍系统与公安、交通部门信息进行集成,使所有高速公路相关部门实现真正意义上的信息共享,为最优配置资源创造条件。另一方面,随着高速公路的迅猛发展,高速公路交通参与者的诉求已远远超出了公安交管部门所能提供的服务,还有大量的非警务求助未在第一时间得到反应。如果将全省高速公路各类不同的社会服务号码,如交警报警110、医疗急救120、高速公路路政96196、交通管理处指挥中心96777、交通电台交通信息导航等,统一到一个应急号码96196上,势必会极大地提高救援的效率和准确性。鉴于高速公路路政执法的工作性质、特点以及在处置高速公路突发事件中主力军的地位,我们认为统一到"96196"更为有利。今后,高速公路的应急救援系统将作为一个成熟的子系统纳入江苏省公共突发事件的应急管理系统中。

2. 区域联动

高速公路突发事件应急指挥协调机制需突出区域联动,加强政府间区域应急合作,努力建成应急响应的互援互救体系,签订相互救援合作协定,开展区域应急联动,共同维护区域整体安全。为保障高速公路间区域联动机制有效形成,促进整体协作,一要加强区域间的指挥协调。鉴于重大自然灾害或公共突发事件影响面宽、涉及范围大,建议从中央到地方各级政府建立实体性的应急指挥机构,可考虑将所属的应急办公室或机构改为具有大部委性质的"应急管理委员会",统一行使各项应急指挥职权,一旦有灾,不论发生在何时、何地,依靠统一集中的应急指挥系统立即投入应急救灾活动,第一时间内将突发事件控制在萌芽状态,提高应急工作效率。二要加强灾害救援的区际联动和国际合作。高速公路突发事件,往往跨地域、跨领域,需要多个地区和部门密切配合、共同应对。要建立和完善地区之间的有效沟通和协作机制,实现技术、人力和物力等资源整合与共享,形成统一指挥、功能齐全、反应灵敏、运转高效的应对机制,应在提高自身应急管理水平的同时,加强与联合国机构、外国政府、国外非政府组织之间在救灾领域的合作和交流,学习借鉴他们的应急管理经验。鉴于高速公路跨地区、跨省相连的具体实际,在高速公路上突发事件的应急处置中,适当的情况下建议组织进行区域应急联动演习,演练区域联动(地区与地区、省与省、省与部之间)救援的指挥协调,查找存在的问题,进一步完善指挥协调和互助互援机制。

3. 高新技术的应用

高新技术的发展使计算机管理技术和手段日趋先进,政府管理能力不断提高。现在大量高新技术如电子通信、计算机自动控制系统,使得各种信号、标牌的指示可以根据交通状况随时调整,大大提高了交通管理的可预见性,这一切必须依赖交通管理部门的参与才能做到。

三、当前江苏省高速公路突发事件应急机制存在的主要问题

1. 应急组织机构不健全

通过调研发现,目前江苏省高速公路突发事件应急组织机构不同程度地存在处置部门单一、处置不协调等问题。

(1)江苏省高速公路突发事件应急工作领导小组、咨询机构和应急指挥分中心只包括与道路和交通相关的部门,缺少医疗、消防、后勤保障等部门的参与,造成处置不全面、不专业、不及时,影响处置效果。江苏高速公路应急处置中,只由高速公路管理公司担任应急工作领导小组的组长,对其他诸如安全生产、医疗救护部门来说不具有权威性,无法保证决策的充分实施。江苏省高速公路突发事件应急组织机构中缺少综合协调部门,没有机构来协调各部门的职能,职能交叉、遗漏的现象就无法避免。

(2)江苏省高速公路突发事件应急管理组织机构中,综合协调部门与抢险救援部门、医疗部门、后勤部门、事故调查部门等属于同一层级,没有相应职权来保障综合协调职能的实现,很难起到协调效果。专家咨询组在现场救援指挥部的指挥下开展工作,仅仅实现了处置现场信息的搜集和传递功能,没有将搜集到的信息通过分析和整理,作出决策意见,为应急指挥部作出决策提供参考。

2. 预防机制不完善

(1)法制机制不健全。2007年《中华人民共和国突发事件应对法》的颁布实施,规范了突发事件的预防与应急准备、监测与预警、应急处置与救援、事后恢复与重建等应对活动,同时我国还存在不少针对不同类型的紧急状态的规范性文件。然而,我国至今尚没有一部权威性的高速公路突发事件应对规范,国务院各部门和地方各级政府制定的规范还无法就高速公路突发事件的内涵、处置原则、处置方式、组织机构、应急经费来源与使用、各应急部门的关系,以及各级政府和组织、团体和个人在应急处置中的职责权利与义务等内容达成共识,各地、各部门也没有专门针对高速公路突发事件制定相应的法律、法规和规章,也没有具体规定应对突发事件的组织人员、应对措施。

(2)应急预案机制有待进一步完善。从我国现有高速公路突发事件应急预案的建设总体情况来看,还有三方面内容亟须完善。

一是预案建设落后。江苏高速公路突发事件的应急预案包括交通运输部制定的《公路突发事件应急预案》《江苏省高速公路管理条例》和市县等政府制定的《××市/县高速公路应急预案》。主要承担高速公路交通安全管理工作的公安机关有绝大多数尚无应对突发事件的成文预案。

二是高速公路突发事件分类分级标准的科学性有待进一步提高。公安部在其制定的《高速公路应急管理办法》中,以交通中断的持续时间长短和影响交通的范围将高速公路突发事件分为四个级别,对于各个响应级别事件的情景并无描述。江苏省各高速公路管理分公司在其应急预案中具体描述了突发事件的分级,但对于经抢修××小时仍无法通车,预计处置时间在××小时以上,××小时以下,以及死亡××人,重伤××人,直接经济损失在××元的划分标准不科学。因为伤亡人数、直接经济损失在短期内是无法得知的,需要经过灾损评估才能确定,而抢修多少小时也无法通车要在抢修后才能知道,因此以此为标准就无法在应急响应阶段对突发事件进行科学合理的分级。在实际操作中,管理者只能对突发事件进行主观分级,其科学性合理性具有不确定性,这样分级处理也就失去了本身的意义。

三是预案完善途径不畅。各级政府和部门制定应急预案只是为了完成任务,预案制定好后往往就成了一纸空文而被束之高阁,未按照预案的内容和要求进行演练。按照公安部《高速公路突发事件应急管理程序规定》的要求,一级响应、二级响应、三级响应、四级响应四个级别的突发事件对应的演练时间分别为两年一次、一年一次、一年一次、半年一次。实践表明,这种规定并没有得到实施。同时也意味着预案制定完成后就作为文件被"收藏",并未随着突发事件的形势变化而不断更新和完善,使得预案的内容不能适用于突发事件的处置,不能对突发事件的处置起到指导作用,预案的制定丧失必要性。

(3)保障机制不到位。从我国的现状来看,普遍存在应急处置人力资源不足、资金缺乏和应急处置装备不足等问题。人力资源不足主要体现为高速公路路政支队人员严重不足和对口专业人才匮乏。按照交通部的路政执法人员配备规划,我国内地高速公路每4km要配备1名路政管理执法人员,以保障高速公路的安全畅通。但在实际的高速公路管理过程中,很少有地方达到这种标准。这使高速公路一线路政执法人员常常处于超负荷工作状态。目前,高速路政执法人员的主要来源是不限专业的事业单位招聘考试或从其他单位的选调,而入职后由于工作任务繁重,执法技能培训易流于形式,一线路政执法人员的专业素质和技能很难得到实质性的提高。以江苏某高速公路路政支队为例,交通管理相关专业毕业的仅占14.21%,没有硕士以上学历。

目前我国尚没有专门的处置高速公路突发事件的应急处置资金预算。处理突发事件时,主要采用应急处置单位先行垫付,待突发事件处理完毕后凭发票报销的形式,这种模式易影响应急处置工作的进程,扩大突发事件的后果。实地调研表明,省一线高速公路交通管理部门的装备是每5人共用一辆警车,每个大队拥有警车8辆,而生化防护装置目前尚未配备。火灾事故、危险物品泄漏事故一旦发生,一线应急处置人员除了等待,没有办法及时赶赴现场实施有效的救援工作。

3.缺乏有效的预警机制

(1)信息收集不全面。各高速交警大队、高速公路路政管理和高速公路运营公司主要通过监控中心对路面实施监测,但是由于安装在路面的监控设备非常有限,通过监控中心只能观测到部分路面的情况,无法对整个路面实施全面监控,因此通过监控中心搜集到的信息很不全面。

(2)缺少必要的预警过程。由于信息咨询机构的缺乏,搜集到信息后,没有机构和人员对信息进行分析整理、对可能发生的情况做出预测。部门领导往往凭借以往的处置经验和主观判断做出决策来指挥应急处置,易导致不正确、不科学的决策,从而影响先期的处置效果,危害群众的生命财产安全。

4. 应急处置机构联动效率有待进一步提高

(1)部门间联动机制不健全。由于高速公路管理体系相对复杂,各突发事件处置部门互不隶属,在处置突发事件时,各部门根据自身采集信息的渠道、方式、侧重点和类型采集信息,单独地处理与自己本部门有关的事项,使得整个处置力量分散、处置现场混乱、处置效率低下。

(2)缺乏社会应急机制。在处置突发事件时,处置部门仅限于公安、消防、医疗等有处置职能的部门,缺少诸如电力、桥梁维护等部门的社会专业技术人员。遇到需要抢修的情况时,才临时寻找有关专业技术人员,这样很难确保人员的迅速到位,从而影响处置效率。

四、江苏省高速公路突发事件应急机制的完善

1. 完善应急预防机制

(1)健全高速公路突发事件应急法律体系。目前,可由国务院制定如《高速公路突发事件应急处置条例》的行政法规,规范高速公路突发事件的概念、处置原则、处置方式、组织机构、经费保障,以及各级政府、组织、团体和个人在应急处置中的责任、权利和义务,将高速公路突发事件的预防与应急准备、监测与预警、应急处置与救援、事后恢复与重建的全过程纳入法制化管理中。

(2)加强应急预案建设。加强应急预案建设,应从规范预案制定程序、做好预案之间的衔接、加强预案动态管理和提高应急预案透明度四方面着手。

首先,在制定应急预案时,各级政府和各部门必须深入研讨各类突发事件的规律和特点,结合当地的政治、经济状况、所处地位、地理环境、道路交通和医疗救护条件,严格按照"提出预案课题—调研及征求意见—草案—专家论证—完善—审批—公布"等程序制定预案,使预案更具针对性、实用性。

其次,要做好各预案之间的衔接,避免应急中的职责遗漏和职责交叉现象。在制定应急预案时,各级政府部门与各企事业单位之间要充分沟通,提高预案的协调性。

再次,应急预案体系建设不仅是一个静态的编制过程,也要在预案制定后进行动态的管理。换言之,各地应根据形势的变化而不断更新和完善应急预案,提高预案的可操作性。

最后,还应提高应急预案透明度。政府部门应将预案下发每一相关单位,要求各机构和各企事业单位熟练掌握预案的性质以及自身在处置突发事件时的职责。另外,应在政府网站公开预案内容,让公众了解高速公路突发事件发生后政府及相关单位的责任与权利,增强安全感。

(3)全面落实保障机制。要真正实现快速、高效的处置突发事件,发挥应急处置应有的效果,就必须在人力、财力和物力资源上为处置突发事件提供保障。

①建立社会化的应急处置机制。在目前我国路政管理执法人员有限的情况下,缓解应急部门人员短缺压力的有效措施是建立社会化的救援机制,做好社会志愿者的动员激励和招募、培训工作,壮大社会应急处置队伍,在路政管理执法人员不足时可以随时增派社会志愿者参与

到应急处置中,做一些力所能及的工作,以此来减少专业处置部门的工作量,缓解应急处置人员不足的压力。

各应急处置部门,尤其是交通管理部门,还应加强专业及沟通、协调等相关知识和技能的培训演练。各地可以根据实际情况确定应对突发事件的专业知识和技能的培训与实战演练时间,适当开展应急处置比赛来奖励优秀,激发人们参与培训和演练的兴趣。

②健全多元化的应急资金投入机制。一是建立政府应急资金拨付制度,将应急管理工作所需日常办公经费、管理设施与路政管理执法装备的购置和更新经费、公安机关高速交通管理部门路政执法人员再教育经费以及应急处置过程中的应急经费纳入国家财政预算,由各级政府按比例负担。二是由各级政府与当地的企业达成协议,一旦遭遇影响较大的高速公路突发事件,由企业提供部分保障应急救援的经费。三是设立专门的重大高速公路突发事件的应急基金,采用从高速公路的营运收入中按比例提取费用、接受社会捐赠、发行应急救援彩票等形式为该基金注入资金。

③建立大型突发事件应急救援战略物资储备库。除了为公安机关、高速公路路政大队、高速公路管理公司及经营实体装备必要的应急设施设备外,还要筹划建立高速公路大型突发事件应急战略物资储备库。

我们认为,可以由地方政府选择部分企业,在尽量不增加其经营负担的情况下,储备用于大型自然灾害或特大事故灾害事件应急救援战略物资,为减少突发事件的不良影响提供物质保障。

2. 健全预警机制

(1)构建多元化的信息收集渠道。

①增设监控设备。在高速公路沿线安装车辆检测器、气象站、能见度仪、遥控摄像机等设备,拓宽路面监控的信息面,使监控人员在监控中心更全面地搜集路面信息。

②加强路面巡逻力度。在日常勤务工作中,要加强路面巡逻,通过增加巡逻人员数量和巡逻次数,以及在巡逻车上配置移动摄像机等方式来加大信息搜集的力度,及时发现可能引起突发事件的各种因素和突发事件。

③拓展高速公路交通安全信息渠道。各地高速公路交警大队和路政、交通执法部门开通统一的信息搜集渠道,并通过互联网、电视、电台和标志牌等方式向交通参与者公开搜集信息的方式,为广大交通参与者及时将路面及相关信息传递至职能部门提供便利。同时,应借鉴公安工作设置治安耳目的成熟经验,在高速公路沿线构建有效的高速公路突发事件信息传递网,紧紧依靠沿线人民群众,及时获取一线突发信息。

(2)加强预警机制建设。加大对高速公路突发事件的科研投入,掌握高速公路突发事件的规律,建立科学的风险评估指标体系,开发符合实际的预警信息应用系统。通过对高速公路沿线各种信息的分析、整理,对可能出现的风险做出预测,及时向应急处置机构甚至决策机构发出适宜的警报,提高将危险消灭于萌芽状态的可能性。

3. 建立健全应急联动机制

在建立高速公路管理"三方一路"的基础上,充分发挥应急联动机制,提高处置效率。一方面,应形成定期合成综合演练应急预案的机制,将其纳入政府及相关职能部门政绩或绩效考核范围,使其成为衡量执政能力或工作的一项指标。一般来说,作为突发事故应急处置机构的高速公路交通管理部门(总队/支队/大队),应主动策划应急处置演练方案,及时向相应地方政府提出演练建议,由地方政府统筹规划,整合公安交通、公安消防、交通、医疗、环保等部门及相关单位进行实地演练,为提高应对各种突发事件工作效率进行必要积累。另一方面,明确激励和惩处机制。在高速公路突发事件应急处置过程中各部门的责任基础上,要明确惩处不按要求实施应急处置工作的单位或个人,明确规定应急处置过程中表现突出的单位及个人的奖励方法,使个人有参与高速公路应急处置工作的兴趣,单位有参与应急处置的责任感和动力。

4. 完善高速公路突发事件应急管理信息系统

完善的信息系统能最大限度地利用路网内的信息和资源优势,提高高速公路突发事件快速协调和联动处置的能力,统一报警渠道。道路使用人报警是事件信息采集的一个重要途径。一个反应迅速、运行良好的突发事件处理机制首先要有及时的信息。道路使用者熟知的是110电话,江苏省高速公路管理部门宣传的是江苏高速公路客服热线96777,而实际救援的调度部门是公路值班电话。报警电话的多样不仅是报警渠道本身的问题,最根本的是应急管理的统一平台没有设定,是应急机制的最大弊端。因此,建立高速公路科学高效的预警机制,在路网范围内及时发布预警信息,就有可能减少事故的发生,避免相应的损失。

建议以公共通信网的方式实现信息共享。信息的共享是保证应急管理及时、准确、高效的重要条件。在各高速公路管理部门与公安、消防、医院、保险等部门之间;高速公路各级应急中枢部门之间;应急中心与救援部门、救援车辆之间,都必须拥有一致的信息源,才能实现调度的统一。应在应急指挥中心和各相关单位部门配备交换设备,在信息联网的基础上应统一使用公用通信网,通过公用通信网形成完整的交通事故应急反应通信体系。

增设信息发布项目,扩大信息服务范围。高速公路的即时路况信息可以由可变标志牌、可变情报板、路侧广播等形式进行发布。此外,要考虑到除了道路使用人之外,高速公路周边居民、单位等利害关系者也应纳入信息服务的特定对象,以防在发生运输倾泻物、化学污染等事件时,保证发布渠道的畅通。

5. 完善突发事件应急管理资源保障的措施

(1)人力队伍保障措施。

加强人力队伍保障,必须从人员培训、救护知识普及、专业队伍素质提高三个方面着手,教育、培训、队伍建设等都要具有针对性。

①加强人员培训。指挥者就是决策者,操作者就是执行者,指挥者和操作者的素质是交通事故应急处理的重要因素。因此,建立培训机制,定期对指挥者和操作者进行培训是十分必要的。同时,应急指挥中心还可以定期进行模拟演练,演练不仅能够为各类人员提供新技术的学习机会,了解各自的职责,更能够对处理程序和方案进行考察和检验。

②救护知识普及。许多情况下,早期救护对受伤人员的生存和恢复起决定作用。突发事件中伤亡事件占多数,但在实际中,首先到达现场的常常是没有受过正规救护训练的驾乘人员或是路政巡查等人员。因此,对他们进行基础的救护知识普及尤为必要。对于交警、路政等救援部门人员更应当开展救护专业知识的培训,使他们了解和掌握现场救护知识,及时抢救和运送伤员,避免伤亡损失。

③建设专项队伍。要实现执行系统的一体化管理,在可行性的范围内建议建设专项队伍。针对某一条高速公路设立专项队伍,至少应该在本部门内设立与高速公路对口的机动组织,在需要时迅速组建救援队伍,执行应急指令。比如公安部门应用技术设立针对某一条高速公路的交巡警专项队伍,医疗部门设立针对高速公路交通事故的紧急服务队伍等。

(2)设备物资保障措施。

高速公路交通事故应急保障系统中,设备物资保障是确保事件处理作业顺利进行的一个重要因素。

①加大救援设备物资投入。与高速公路的快速发展相对应的是事件发生数量及危害程度的成倍增长。事件的偶然性、危害性、紧迫性等特点决定了紧急救援物资装备保障的重要性。高速公路管理部门、公路公司及各级地方政府单位要加大对高速公路应急管理设备物资的投入,增加救援车辆、燃料、医疗救助品的配备,提升应急车辆、通信工具和应急操作人员防护装备的专业性及科技性,切实提高交通、医疗、消防、环保等单位的救助能力。此外,统一的资源调配制度和广泛地发动、利用社会性资源是实现资源充分供给和资源合理化配置的重要途径。

②建立物资储备库。突发事件的复杂性决定其对各类物资需求的综合性,要求能根据处理各种不同类型交通事故的需要配备好各种物资和装备。建议可以在高速公路建立一个应急中心物资库,统一购置、储存,调配使用各类应急物资。在中心物资库的建设中要全面计划好处置工作所需的各种物资、装备和器材,尤其是紧缺物资的储备。要严格应急物资的分类、储存、运输、调拨使用和回收管理,还要有适时更新、补充装备器材的机制,最大限度地服务于实战。

③实施救助人员、车辆组建待命机制。除一般情况下保持一定数量人员、车辆的常规配备外,各单位部门还应该根据道路的预测、预警增加人员、车辆的待命,同时应实施救助人员、车辆组建待命机制,以便在较短时间内能快速组建合适的救援队伍,缩短应急响应时间。

(3)信息技术保障措施。

①重视信息网络的维护与管理。不仅要做好包括恶劣天气、道路状况、车流等在内的基础信息模块的维护,更要维护和管理好包括事故地点、决策指令、处理进程、人员伤亡及财产损失程度、救援人员车辆准备等信息在内的事件信息模块。同时,加强监控、通信系统的维护,保证所有信息交流快速、顺畅。

②加强信息软、硬件建设。航空监视等新型监视途径使高速公路事件监控从使用电子摄像、闭路电视和能见度检测仪等单一方位监控途径向多维化空间转移。此外,地理信息系统GIS等以地理坐标为骨干的包含采集、存储、管理、分析与空间、地理位置有关信息的科技化信息系统的应用,对信息的分析及救援方案的生成起到了很大作用,应当在实际操作中进行更有效地利用。

③与其他专业技术部门建立常规协作。涉及化学品倾泻、有毒物污染等事件需要化工、环保、科研等专业技术部门的支持。因此,与上述部门建立常规性协作,有利于畅通信息沟通和技术帮助的渠道。

第九章 高速公路公共信息管理

第一节 高速公路公共信息管理组织体系

一、高速公路信息管理现状分析

随着江苏省高速公路的蓬勃发展和各地路网的迅速形成,公众对高速公路服务水平和运行效率的要求不断提高,加速推进高速公路信息化、智能化管理进程显得十分迫切。江苏省高速公路信息化管理主要通过机电系统及信息化管理系统来实现,机电系统包括以电子技术应用为主的监控系统,以计算机技术应用为主的收费系统,以专网通信技术应用为主的通信系统,以智能控制及节能技术应用为重点的隧道供配电、照明和通风系统;信息化系统包括与机电系统配合或在机电系统基础上扩展应用的(交通量、路况、气象、路政、施工、消防等)信息采集设施,通信专网与通信公网结合的信息传输系统,以省监控中心与路段监控分中心为基础的信息处理及应急管理信息化支持体系,以短信平台为重点的路况信息报送系统,高速公路服务热线96777及信息服务中心,高速公路信息服务网站,与媒体合作的交通频道直播室等。

截至2015年底,江苏省高速公路实际通车里程为4539km,涉及26家高速公路经营管理单位。为了对路网内的高速公路进行有效管理,及时发现和正确处置影响路网正常运行的各种重大事件,最大限度保证路网畅通运行,为社会提供安全、便捷、高效的交通条件和运输服务,全省高速公路路网调度指挥系统已经初步建成并投入使用。目前系统汇集了近千个数外场据采集点的数据和约1000路的道路监控图像,该系统对高速公路的信息管理及路面运行状况监控发挥了一定的辅助作用。

这些监控系统大多数是为了营运管理机构的自身管理需要,目的在于实现电子化的路况采集、监视手段,功能性与目的性单一。在交通流量数据、区域性数据、交通异常事件数据、气象数据等方面缺乏历史积累与数据挖掘,未能充分发挥交通信息数据的科学作用。

1. 管理体系尚需要进一步健全

江苏省高速公路管理系统各级和各业务领域缺乏完善和相互衔接的信息化管理机构及机制,导致信息资源的相关管理体系、管理制度缺乏有效落实和细化,尚未形成一套持续推进和有机协调的发展机制。许多信息化管理机构都是由某个部门兼管或代管,不利于业务系统的发展和应用系统的推进。规划实施缺少监察手段和后评估机制,不利于信息化的推广和应用。全系统虽然已经建立了高速公路信息化建设的总体目标和规划,但尚未进入实施阶段,缺乏政策支持和稳定的资金投入,业务割据、各自为政,缺乏总体控制。局域网没有实现内部信息共享和网上协同办公,应用层次较低,一些管理软件只能单机应用,未能实现网络化管理。

2. 信息建设层次有待进一步提高

江苏省高速公路行业信息化的基础建设不完善,基础数据库有待进一步建设,相应的服务水平也较低。雨雪、冰冻等恶劣天气、交通事故、交通堵塞等信息不能及时发布。信息化建设中存在的不足主要表现在以下方面：面向全省高速公路数据的综合管理和综合决策技术手段相对较落后；全省范围的高速公路应急资源还需进一步协调规划；交通运输厅层面未能实现全省高速公路网动态调度管理；重点路段视频监控、信息安全防护、交通情况调查、超限超载、养护管理等系统有待进一步完善；尚未建立全省及向交通部报送高速公路信息的体系；尚未实现高速公路阻断和公路气象等信息的有效管理和实时发布；尚未实现全省特大桥梁健康的检测；尚未实现公路路政执法的信息化管理；尚未实现自动化办公；尚未实现高速公路基础数据的收集、统计、分析，有待利用信息技术手段有效整合现有应用系统，充分发挥整体效益。信息化建设的发展情况不平衡，基层单位一般比机关信息化建设基础薄弱，各基层单位之间的差距也较大，主要表现在人员配备、经费投入、技术保障、网络建设、应用水平等方面。在同一单位内部各部门之间的发展也不一致，比如办公室、人事、收费征稽、工程、养护等部门就比较重视，投入也比较多，而党团、工会、纪检等部门则投入较少，内部发展也不平衡。

3. 信息孤岛现象有待进一步破除

目前，江苏省高速公路路网的主要信息管理系统是在不同的历史时期，不同的开发背景下，分别由不同的开发商设计完成，因此各个业务信息系统遵循的是不同的开发标准和数据标准，很多环节没有实现标准化的操作流程，因而各业务信息系统之间存在关联程度较低、数据不统一的问题。因为目前信息资源共享的机制不健全，以及协同工作的理念有待提升，江苏省高速公路的交通信息资源整合挖掘的手段相对欠缺，导致现有业务系统之间的数据难以充分共享，大量有价值的业务数据无法得到充分整合，无法进行深入的数据分析和挖掘，影响了全省高速公路交通信息化的整体效益，因而无法在更高层面为领导科学决策和实施有效的行业监管提供足够的支撑和充分的保障。统一的信息化平台建设不够，各行业信息管理系统各自为营，没有形成一个有效的有机整体，缺乏统一的工作平台。信息系统集成不够，信息资源共享程度低，系统之间不能互联互通，无法形成"一票到底，一单到底"的现代综合交通体系，是当前江苏省高速公路存在的最大问题。

4. 服务公众手段尚需进一步丰富

目前已存在的业务信息化管理系统建设的目的是解决运营管理问题，系统容易忽略为企业、公众和从业人员提供信息服务，为公众便捷出行提供信息服务的能力也明显不足。为公众提供信息服务的手段相对匮乏，主要表现在两个方面：一方面，公众发现高速公路阻断、水毁等影响出行的事故后，无法通过有效快捷的手段将信息报告给高速公路管理部门；另一方面，在公众出行日益增多的情况下，公众对出行信息服务的需求更加迫切。路网通畅信息、道路阻断信息、气象信息和施工绕行等信息需要及时地过多种手段通知出行者，从而避免浪费出行者的时间，降低因交通拥堵造成的不良影响。目前公众选择的信息服务产品多为私营企业开发，交通管理部门无法为其提供及时可靠的交通信息服务，公路出行信息服务水平落后。同时，管理部门提供的信息资源不够丰富，不能体现行业特色，满足不了公众的需求。

5. 系统急需升级改造

随着江苏省高速公路的发展，高速公路机电系统建设从无到有，但是由于全省高速公路机电系统建设时期很长，机电系统设备跨度大，虽然外场采集设备如视频、断面检测器、气象检测器等按照相关标准规范要求进行了设置安装,但由于使用及历史原因,目前除视频系统完好率较高外,其余设备设施已满足不了实际业务的需求,机电设备带病运行现象日趋严重,有待补充和升级改造。一些较早建成的高速公路机电系统设备系统维护的问题比较突出。一些路段由于交通量小、维护经费短缺,甚至出现除个别外场摄像机可使用外,其他设备基本都瘫痪的情况,现有的江苏省高速公路通信网络系统满足不了逐渐增长的交通业务的需要。现有网络保障了路段管理处到下辖站点的业务开放,但各地市管理处没有充足的带宽满足向省节点传送实时监控业务和完成跨省业务数据传输的需求。以上种种因素是潜在的隐患,将导致道路运行突发事件逐年增多,影响高速公路的安全畅通运行。

二、高速公路信息监管组织机构构建

1. 组织机构保障

高速公路信息监管系统建设应由高管局领导小组统一领导,领导小组组长由高管局领导担任,其他各相关厅职能部门主管领导为领导小组成员。领导组下设办公室作为系统建设管理监督部门,负责组织协调、信息管理和监督工作。

系统涉及单位众多,本着"谁使用谁管理,谁负责谁建设"的原则,对各组任务分解如下。

(1)设立信息系统建设咨询组,聘请行业内的交通信息专家和有实力的科研机构组成信息系统的咨询顾问机构。

(2)设立公路信息系统管理部,由高管局牵头,各厅直单位指派有关业务负责人参加,具体负责系统建设与维护的组织与管理工作,下设业务支持组、系统开发组、运行培训组等。

(3)设立业务支持组,由各单位业务骨干人员参加,负责为开发团队进行需求分析、系统设计和系统建设工作提供业务支持。

(4)设立运行培训组,负责在各系统试运行过程中进行培训工作。

(5)设立综合事务组,由系统建设管理部和开发建设单位共同组成,负责文档和资料管理及其他日常事务。

2. 长效运营保障

(1)运营组织管理。

完善的组织管理体系是有效进行交通信息资源整合与管理优化的基本组织保证,由高管局领导小组的领导协调与管理,进行信息资源整合、信息数据采集工作,负责管理江苏省交通信息化建设,同时为全省信息化建设提供技术支撑。各省直业务局负责维护和管理各业务分中心,负责按照数据采集规范维护更新各数据库群。各省直业务局既是分中心管理者,也是各综合业务系统的直接使用者,因此各级交通管理部门应根据自身情况设立或指定专门机构负责信息化工作,赋予职能、健全机构、充实人员。

(2)数据维护管理机制。

为了保证系统长期持续正常运行,必须强化本系统所建立的综合应用系统的运行管理,重点落实数据共享长效机制、信息采集制度,确保数据来源的稳定和交换渠道的畅通。

①建立信息共享制度。

不同类型的信息,共享制度不同。业务管理系统是综合应用系统和基础数据库的重要数据来源,各级主管部门应按照相关数据管理规范及时、准确地提供,在行业管理范围内全面共享。对于部分交通增值服务信息,可以与增值信息服务商系统签订利益分配协议,实现有偿数据共享。

②建立严格的数据采集制度。

建立严格的数据采集制度,保证有关数据能由相应的责任部门中相应的责任人员按照规定的程序在规定的时间内发送给数据管理部门,并将所接受的数据及时整理入库。如高速公路干线重点路段的路况信息、天气信息、养护信息和紧急路况信息现在由收费公路管理局和公路局采集维护;路网示意图相关信息、高速公路服务区信息以及其他出行信息由信息中心责成系统运营维护人员制作维护等。

③建立数据质量责任制。

为了确保能持续获得及时准确全面的信息,保证信息链畅通,应根据信息不同的分类采取不同的数据质量控制机制。静态类信息基本采用一次采集手工录入,定期检查的方式;完全动态类信息由自动采集设备进行采集,由设备使用维护单位定期对设备进行检查校对;半动态类信息为保证准确性和时效性,采用信息源头单位录入维护的方式,由提供单位负责审核。明确有关部门的责任,签订数据更新维护协议,对数据质量进行定期考核,并结合相关业务制定了评比、奖惩办法,对行业内各信息提供单位实现约束,可以保证数据的准确性和及时性,对提供不能满足质量要求的部门应追究其责任。

④设置信息员岗位。

信息员主要负责数据采集、加工、处理、传送等方面的监督和管理工作,引导相关单位建立信息员岗位,并加强信息员的培训,交通主管部门可不定期组织相关单位的技术交流。

⑤建立信息维护资金制度。

稳定的信息采集和利用是系统稳定运行的关键,要将数据作为行业资产看待,在信息系统的维护资金中专门列支数据采集更新资金,为系统正常运行提供资金保证。

第二节　高速公路路网监管

一、高速公路路网监管组织体系

1. 高速公路路网管理现状分析

江苏省从"十五"开始全面推进公路路网调度管理和信息化建设。经过十余年发展,江苏省形成了覆盖全省高速公路、普通干线公路和长江公路渡口的路网调度工作网络,建立了具有江苏省特色的公路网管理制度和运行机制,路网运行状况得到有效监控,安全畅通得到较好保障。在此基础上,江苏省高速公路系统开展了多种形式的出行信息服务,获得了良好的社会反响。同时,江苏省高速公路信息化建设全面展开,有效提升了高速公路管养水平和公众服务能力,为进一步加强高速公路网管理与应急指挥体系建设奠定了良好的基础。

截至"十二五"末,江苏省建成了与经济社会发展相适应、满足人民群众出行基本需要、全国领先的高速公路网管理与应急工作体系,主要表现在以下方面:加强指挥体系建设,搭建信息共享、行业共用的技术平台,实现路网调度和应急指挥规范化、高效化;加强覆盖全路网的动态、实时信息采集系统建设,实现指挥决策科学化、信息化;加强公众出行信息服务系统建设,为社会提供更及时、更准确、更丰富的出行服务,实现服务人本化;加强监督机制和制度保障体系建设,增进行业自律和社会监督,不断提高公路管理和服务水平。

2. 江苏省高速公路路网管理成效

近年来,围绕加强全省公路网管理与应急指挥体系建设的总体目标,江苏省从机构网络、制度和机制、应急预案、业务系统、处置能力、公众服务等层面全力推行路网管理规划的落实和水平的提升。

(1)构建高效机构和工作网络。

江苏省应建立健全高速公路网管理与应急工作领导机构、工作网络,进一步加强高速公路网管理与应急指挥领导机构、工作队伍建设,形成覆盖所有高速公路节点的工作网络。现在1个省级路网管理与应急指挥中心和13个市级指挥中心已实现联网运行,由各级路网调度职能部门牵头管理,为公路网管理与应急指挥平台部省联网示范工程打下了坚实的基础。同时,大力加强基础支撑体系建设,全面建成包括路政机构、养护应急处置中心(基地)、养护工区(公司)、治超站以及收费站、服务区在内的公路网管理与应急工作网络,并与各级公路网管理与应急指挥中心实现联动。

(2)健全机制和预案。

对照"统一高效、协调联动、响应迅速、处置有力"的目标要求,完善各项运行机制和全省统一的应急处置工作流程,建立以突发事件分级响应为基础的分级管理、分级处置工作机制;完善多部门、跨区域的事件预警、信息共享和联动处置机制,建立与公安、气象、安监、消防等部门的紧密联系;完善信息采集发布机制,强化公路运行情况预测预警,以重要路桥、重要时段为重点,立足于早发现、快响应;建立事后评估、分析机制,进一步完善应急处置制度、机制和防范措施。

(3)实现系统功能延伸和外联。

以江苏省路网调度指挥系统为基础,对高速公路网管理与应急指挥系统和通信平台进行升级改造,整合了公路管养事故点及公路沿线流量、视频等信息资源,开发了全省公路网管理与应急指挥系统,实现了"路网监控、应急指挥、信息服务、行政监督"四大职能。在各工作网络的基础上,把指挥中心网络进一步延伸至收费站、公路站、交调站、治超站、服务区和应急处置基地(工区)等管养节点,加快外场设备接入。同时,加快公路执法车辆信息化改造,接入指挥中心通信平台,向上实现部省联网,省内实现省市联网,横向实现与高速公路联网监控中心的网络互联,逐步实现与公安、气象、媒体等部门的网络互联,以及与长三角地区周边省份的网络互联,相互之间交换数据信息,实现更大范围内的资源共享,建成先进集成、覆盖路网的信息化支撑体系,为全省公路网管理与应急指挥体系提供坚实的管理基础。

(4)便捷信息服务。

加强与媒体的合作,与省公安、广电部门联合创办了"江苏交通广播网",路况信息覆盖全省干线公路网;利用"江苏公路""图行江苏"等服务网站和栏目,为公众提供了权威、直观的出行信息;开通96196、96777等交通专项服务电话,为用路人提供了互动式、个性化的出行信息。在城市重要出入口、高速公路和普通干线公路衔接位置,以及过境交通流量大的路段设置可变情报板,及时发布各类出行服务信息,还以电视、报纸、手机短信、信息查询终端等多种方式全方位提供公路出行信息服务,有效满足了社会公众的需求。

3. 路网管理存在的问题

在江苏省大力推进高速公路网管理与应急体系建设的同时,一些问题困扰着、制约着这项工作的长远发展。

(1)高速公路路网规模化效应尚未形成。

高速公路网要实现路网智能化管理,需要大量硬件监控监测设备,以及高效的数据处理系统和信息发布系统组成的平台支撑,只有监控监测点布局达到一定的规模和密度,才能发挥出智能化管理的效应。

某一区域的高速公路网的实时交通信息流量数据具备一些规律性的数据特征,在某一特定区域之内,高速公路之间往往会彼此交叉,即在一特定区域,某些多条高速公路会彼此间存在互通岔口,此时多条高速公路的实时交通流信息不再是彼此毫无关系的一组数据,而成为一个互为关联的实时交通信息量的数据集合。也就是说,由于互通岔口的存在,原本毫无数据关联的单条高速公路实时交通量信息变为彼此具备极大相关性的数据。只考虑单条高速公路的实时交通量作为道路通行能力资源的组织、调配与管理的基本依据不再全面,于是建立一种新的信息共享模型来解决这个问题极为重要。

高速公路实时交通信息共享与互联系统是一种基于高速公路路网的信息共享与互联平台。它所针对的潜在用户为区域高速公路网的管理者和使用者,解决的主要问题是在高速公路成网的条件下如何有效地整合各单条道路的实时交通流信息,并使之能够为路网交通指挥调度提供必要的数据以及手段。

(2)组织管理体系尚不协调。

在现行的组织管理体系中,各部门各负其责、各管其事。管理头绪纷繁复杂,却又各自排斥,导致管理效率极为低下,道路资源的浪费也极为巨大。高速公路路网监管组织体系的示意图如图9-1所示。

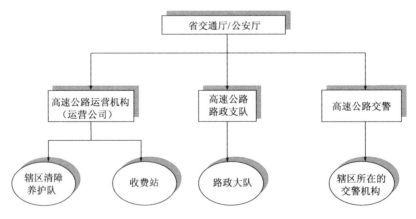

图9-1 高速公路路网监管组织体系

从图中可知,高速公路的经营单位负责日常养护与排障,路面的交通状况由各路政大队负责,收费站与公路日常管理由市属公路管理处负责。这种权责的分散导致本该由一个部门就可以完成的事务牵扯到多部门。部门之间的通信与协调成为巨大的"瓶颈"。同样的道理,由于路网的发展，单条道路的这些问题也被搬到了路网之上。不同的道路，其运营、路政、收费都是由不同的部门负责，如果是省际高速公路路网，这个问题更为严重，其管理的层次更加复杂，信息之间的融合性问题以及部门与部门之间、道路与道路之间、系统与系统之间的信息互通与共享成为制约高速公路路网信息技术发展的"瓶颈"。

4. 路网监管组织体系构建

高速公路全封闭、全立交、分道行驶，实行的是一种封闭型管理，各种车辆只能在具有互通式立交的匝道进出，并对进出高速公路的车辆严格控制，保持道路设施完好，保证高速安全行车。这就界定了高速公路管理的范围和责任，体现出它与普通公路具有的完全开放性和无偿使用性的本质区别。因此，高速公路路网监管组织体系构建必须实行高管局、高速公路经营公司、交警一路三方"统一领导，集中管理""各负其责，有机协同""设施共用、信息共享"的模式。

(1) 高速公路路网监管必须实行高管局"统一领导，集中管理"。

通过影响交通安全的基本要素人、车、路、环境的分析来预防交通事故，从根本上降低事故发生的可能性。我们知道，除人和车的因素之外，路和环境因素，包括公路环境和公路设计的合理性，监控和显示标志配套及完好程度以及交通环境、自然环境等也是影响行车安全的因素，而这些都与高速公路的养护、路政、交通监控等管理有关。因此，在建立高速公路管理体制时，必须由交通行业管理部门实行统一领导和集中管理，对高速公路的运营实行全方位、全过程控制，只有这样，才能使各管理子系统组成一个有机整体，才能发挥整体效益，从根本上降低交通事故。

(2) 高速公路路网监管必须实行高管局、路公司、交警"各负其责，有机协同"。

由于高速公路具有高速度、大容量的特征，高速公路的管理体制应当适应这一特征的要求，在管理上政令畅通无阻，信息传递快捷准确，特殊情况反应快速灵敏，路政、交通安全、养护、监控等管理子系统必须协调运行。高速公路要有唯一的具有权威的指挥和管理中枢，统筹高速公路交通各个层次、各个环节的行业主管部门，而不能只有某一个方面专业管理职责的非行业主管部门。路政、交通安全管理要依法进行，强化政府职能，依据路上管理要素的变化，利用先进的技术手段进行管理，建立一套全天候的快速反应机制，实行全新的动态管理。发生交通事故时，处理要快速、及时，路政、救援、消防应协调一致；养护管理要建立机械化、现代化的养护方式，不断采用新工艺、新技术，以最经济的方式保证路面及设施经常处于完好状态，注重预防性养护，达到养护的高标准、高质量、高效率、高机动性；通信、安全监控设施和标志，要求高标准、现代化，不像普通公路那样要求交警设岗进行交通管理，这就要求机构设置应符合"精简、统一、效能"的原则；各管理体系应办事高效、运行协调。

(3) 高速公路路网监管必须实行"设施共用、信息共享"。

高速公路具有完善的安全、通信、监控等交通设施和标志，也有各种经营、服务设施，由于这些设施以不同的功能互相影响、共同作用，形成高速公路高效、有序的运转，因而在管理上具有不可分割性。管理主体多元必然造成运行系统多元，从而使设施的利用分散化，使其作用的发挥受到干扰。同时由于高速公路各种设施投资的巨大，要充分利用资源，实行设施共用、信息共享、协调运转、步调一致，达到提高运转效率，降低运营成本的目的。

二、高速公路路网监管技术体系

1. 路网信息采集系统建设

信息采集系统通过实时的信息采集,为信息处理、信息发布提供基础数据,实现交通管理的疏导指挥决策控制。它是实现整个智能交通管理系统"快速、安全、便捷、环保"总体设计目标的前提与基本保障。

通过分布在高速公路上的车流量检测器(线圈、视频、微波、雷达等)、全程的 CCTV 监控、收费站信号控制系统的线圈检测器、违章抓拍的电子眼、122 接处警系统,以及来自像气象、市政、公安等单位的信息人工录入系统,构成 GS-ITMS 的交通信息采集体系。交通信息采集系统能够采集道路上实时的交通流信息,自动或者人工地监测突发事件的发生,抓拍车辆违章,以及对各种信息,如恶劣气象信息、施工信息、特勤事件等的录入(图 9-2)。

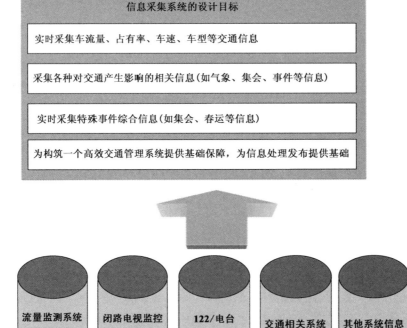

图 9-2 交通信息采集系统

2. 路网保畅机制建设

近 20 年来,江苏省高速公路建设迅猛发展。一方面,高速公路运输市场规模快速扩张,客货运输量逐年攀升,运力总量和结构质量正不断加强和优化,各种新型服务形式不断涌现;另一方面,随着私家车保有量的不断增加,公众出行量和出行需求也不断增多。如何保障社会对高速公路运输安全和出行服务的需求,确保高速公路路网的安全畅通,提高公路网对社会的服务水平,最大限度地发挥路网的经济效益和社会效益,已成为一个亟待研究的问题。本次研究主要从以下方面进行路网保畅机制建设。

1)搭建信息共享发布平台,服务公众出行

(1)信息共享的定义。

路网信息共享通过对特定区域范围内所有路网交通流的信息(车速、流量、占有率、紧急事件报警等),通过采集、处理与分析,为相关路段的交通管理人员使用及广大驾驶人员提供参考。同时,对信息进行深层次的加工,可以实现交通状况动态分布的预测,提供给交通管理人员进行管理决策以及对交通参与者实施交通出行诱导。所谓"实时",就是即时采集、处理和发布,采集的时间间隔在 30s 到 2min 之间;发布时间间隔在 5min 到 10min 之间;从而使交通管理人员和交通参与者及时掌握和了解即时交通状况。

高速公路管理共享信息平台(即异构监控系统信息共享平台)是进行高速公路运营管理系统整合的重要工具。它包含信息实时交换与发布两个子系统,系统遵循"统一规划、统一标准、统一设计、分期实施、资源共享"的原则,创造网络互联、业务互动、信息互通的平台。

(2)信息共享元素定义。

高速公路网:此概念有两个范畴,其一是指某一特定区域内相关的高速公路围绕特定地区呈网状分布的结构,其二是指某省区或者全国的道路路网。

异构监控系统信息共享平台:是路网信息共享的具体实现。在路网中,各条道路不同架构的监控系统通过高速公路信息共享系统构建一个信息共享平台。

虚拟道路数据协调中心:是一个实体的中心,所谓虚拟是指没有相应的组织机构,其附着于道路的监控中心之中,与本地的监控中心以及路网内其他的道路数据协调中心进行数据联动,完成对路网交通流的指挥和调度。

智能通道:用于实现异构监控系统信息共享平台互联以及信息发布系统的底层通信实现,可以整合更多的异构监控系统为其提供通信服务,并向用户发布实时交通信息。

(3)信息共享平台。

信息共享的目标是以网络技术、通信技术、信息交换技术、地理信息技术及全球定位技术为基础而建立起覆盖区域范围内的交通管理基础信息平台和技术平台,经信息共享将各个路段的交通信息,各个智能子系统的信息有机结合起来,从而打破各个路段各自为政、各个子系统间自我封闭的状态,从区域范围内和智能系统整体上发挥出更大的作用,达到综合利用各种信息以增强管理决策和信息服务的能力,实现一个运营高效化、决策快速化、服务公众化、信息网络化的现代化、智能化的区域高速交通系统。整合各条道路的监控系统资源,可以拥有信息共享平台,搭建一个监控系统信息共享平台(图9-3)。

该系统的主要功能是围绕着某一特定区域的高速公路路网进行交通信息共享与互联,从而达到信息共生、资源共享,以更高的效率充分发挥高速公路路网的交通流疏导服务的效能。

江苏省已通车的高速公路大都建立了完善的收费、通信、监控三大系统,这三大系统在高速公路运营管理中发挥了巨大的作用,尤其是通信系统,为高速公路信息管理提供了强大的传

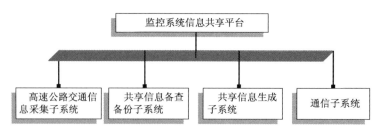

图 9-3　监控系统信息共享平台

输和交换平台,是建立其他业务系统的基础。另外,江苏省苏北高速公路网内,随着连盐、宁淮、宿淮盐三条高速公路的建设,再加上已经运行的沂淮江(京沪)高速公路,四条高速公路形成了以淮安为中心的区域环状高速公路网。搭建信息共享平台可以解决江苏省高速路网的联网信息共享问题,可以更好地为江苏省民众服务。

2)建设"一路三方"机制,提高道路保畅效率

所谓"一路三方",是指高速公路经营企业、高速交警和高速路政。三方独立办公、各负其责,共同管理江苏省高速公路。

(1)发挥信息共享平台作用。

信息共享平台其特点是信息来源渠道多、信息汇总及时准确、信息反馈和发布及时。主要职责是对道路天气、事故以及其他异常情况信息的采集、确认、预警和发布。监控员通过监控设备发现道路异常信息,交警、路政和公司路产巡查信息、110 报警信息、路人求助信息等第一时间归集到监控中心,监控中心确认后及时准确通知三方、施救力量及路段养护公司前往施救和处理,同时迅速通过道路情报板、电话以及交通信号灯等设备进行预警和提示,将信息发给道路使用者。

指挥调度平台其特点是分清轻重缓急、统一调配和高效使用道路资源,第一时间处置交通事故。一般交通事故,由监控中心根据现场情况调度路警及其施救单位赶往现场进行处理,并及时反馈;重大及以上交通事故,由监控中心先处置调度,领导到达监控中心后移交指挥权。

路段协调平台的特点是跨路段指挥协调,建立相互配合、相互支持的工作机制。恶劣天气、重大交通事故或突发事件需要跨路段预警和交通管制时,或者发生冲卡、路损逃逸等事件需要相邻路段收费站配合时,监控中心及时通知相邻路段监控中心做好配合工作。

(2)科学制订和共同遵守应急处置预案。

针对江苏省高速公路车流量大,过境大型货车较多,道路交通安全形势严峻等特点,经营公司联合交警、路政共同制订应对各种道路交通安全的应急预案。

建立恶劣天气下的应急预案,规定路警企三方的职责和权限,明确路警巡逻预警频次、压速带道、主线容留、路外分流,保证车辆安全有序通行。

建立道路交通事故处置预案,确定监控中心的功能作用,明确路警企、养护公司及施救力量的响应时间和处置程序,确保快速反应、统一指挥、高效处置,保证通行,减少人员伤亡和财产损失,防止二次事故的发生。

建立隧道事故的应急处置预案,隧道发生交通事故或危险事件后,救援难度大,容易造成大量人员伤亡,因此制订科学高效的应急救援方案非常重要。监控人员熟悉每座隧道的应急

救助和逃生通道位置,能熟练远程控制隧道内机电设备,确保发生危险事故时能第一时间通过应急设备引导被困人员逃生和自救。通过路警企多次的应急演练,高效指挥协调各方救援力量,不断修改和完善应急救援方案,可以提高应急处置能力。

(3)发挥优势资源的高效率和强应对能力。

发挥养护公司的区位优势。根据管养区段,养护公司一般设在靠近路段中心的收费站出口,发生交通事故后,养护公司到达事故现场的时间应最快。为加强事故现场的早期预警和交通管制,防止二次事故发生,同时确保监控中心能及时准确掌握事故现场信息,科学合理调度救援力量,根据《道路交通事故各方应急响应时间和处置时间的补充管理规定》的要求,明确规定区段养护公司接警后到达事故现场时间和主要职责,以弥补交警、路政的抵达时间较长的不足,最大限度地预防和减少人员伤亡和财产损失。

发挥联合巡查机制的效率优势。为排除道路事故隐患,提高事故救援的及时性,路警企三方建立了全天候的联合巡查机制,科学调度巡查车辆,减少巡查真空时间段,提高了巡查效率。通过建立联合巡查机制,可以有效预防事故的发生,同时因救援及时减少了二次事故的发生,提高了道路安全保畅能力。

加强联合治理违法行为的力度。开展对冲卡逃费、路损逃逸和路产偷盗行为的联合治理,受益者是营运企业,交警和路政的积极性不高,尤其是跨路段治理,直接影响到联合治理的效果。路警企联动机制建立之后,集团公司出台了关于堵漏征收的奖励办法,将路警纳入奖励范围,该项措施的实施将促进联合治理的深入开展,有利于打击违法逃费行为,减少企业的路损损失,维护路产路权的完整。

路警企联动工作机制有效解决了高速公路经营主体多元化、路网管理分割化、应急管理体制不畅等问题,值得推广借鉴,但同时也存在一些问题需要改进。

①建立科学规范、高效执行、职责明确的路警联动工作流程。

首先要提高监控员素质,进一步明确监控员的工作范围和工作职责。监控员是信息的第一掌握者、发布者和处置者,定期组织监控员进行业务知识和路警相关知识的培训,持久开展"听得见微笑"服务,强化工作考核,推行工作问责制。监控员训练有素,遇事沉着,决策果断,执行高效,深得合作各方的信任。随着路段监控的全覆盖,巡查、施救车辆GPS和呼叫系统的安装,以及相关考核制度的建立和落实,监控员将发挥更大的作用。其次随着省级路警联合指挥中心的建立,区域路警联动机制将发挥更大的作用。省级路警联合指挥中心应建立健全针对区域路警联动的考核机制,明确联合巡查、恶劣天气、道路交通事故、突发事件、区域联动等各方的工作内容和职责权限,并根据不同地域和通道内交通流量等特点,体现考核机制的灵活性、科学性和可操作性。

②科学配置、合理调度应急物资和施救设施,提高应急处置能力。

根据《江苏省高速公路条例》,路段经营主体要配置必要的应急物资和施救设备,辖区地方政府要加大财政投入购置应急物资和设备,以应对各种突发事件的发生。

省路警联合指挥中心应督促落实条例的执行,进一步摸排应急物资储备和施救设备配置情况,建立资源和信息共享机制,科学配置、合理调度,及时有效应对各种应急事件,保证高速公路的安全畅通。

③路警联合指挥中心应整体规划、分步实施、循序渐进、逐步推进。

建立市级或区域路警联合指挥中心应根据区域路网密度和车流量多少来决定。随着经济的发展、路网的加密以及车流量的增加,建立市级或区域路警联合指挥中心是必然趋势。

第三节 高速公路公共信息管理技术体系

一、高速公路信息管理制度建设

高速公路管理信息系统的内涵十分丰富,包括基础信息系统、运营监管信息系统、执法管理信息系统、桥梁和路面巡查信息系统、应急救援信息系统等方面。制定出台适应各系统运转的管理法规、规章、制度,从而确保各类信息生成、流转、使用顺畅,提高高速公路管理的效率与水平十分必要。

高速公路基础信息管理制度应包含全省范围内高速公路路桥隧基础信息、建设养护状况、道路巡查状况、路政许可信息、经营单位上报状况等方面的生成与流转,运营监管信息系统管理制度包含高速公路养护、收费、服务区、清障救援基本信息、资质资格、运行服务等方面的生成与流转,执法管理信息系统管理制度包含超限治理、运政检查、涉路许可、路损赔补偿等方面的生成与流转,桥梁路面信息系统管理制度包含各类桥梁特别是重点桥梁和路面的健康状况等方面的生成与流转,路网巡查与应急调度信息系统管理制度包含高速公路交通量、运行状态、突发事件管理以及相关的人员队伍、车辆装备、基地站场、应急物资、通信保障等方面的生成与流转。各相关部门需要对基础信息系统定期进行更新维护,保证高管局能够有效掌握高速公路相关基础信息,为高速公路路产维护、营运监管奠定信息基础。

二、搭建江苏省高速公路路网综合管理平台

为提高江苏省高速公路社会公众服务能力和提升江苏高速公路管理效率,构建具有江苏省特色的统一的高速公路出行信息服务体系和高速公路行业管理支撑服务体系,在国家公路出行信息服务体系的总体架构之下,建设江苏省高速公路路网综合管理平台势在必行。江苏省高速公路路网综合管理平台建设是在省内高速公路网及江苏省高速公路路网调度监控系统已基本形成的前提下,通过全方位集成交通信息整合交通数据,搭建交通通信专网主干网络及二级网络,实现交通信息分析、诱导与信息发布、重点视频监控、气象监测与服务、特大桥梁健康监测、超限超载管理、养护信息管理、路政信息管理以及办公自动化,同时也为实现江苏省交通信息化建设规划以及智能交通系统的综合发展奠定坚实的基础。

江苏省高速公路路网综合管理平台的建设目标如下:搭建交通通信专网主干网络及二级网络,建立全省公路通信骨干网;以物联网、云计算理念为基础,建立全省高速公路综合管理平台及信息平台,实现资源整合及信息共享;通过全省高速公路路网交通信息采集及综合分析,实现全路网交通引导以及公众出行信息服务;建立全省视频监控网络,实现全省重点路段视频联网监控;建立气象监测与服务平台,实现全省重点区域气象综合监测及服务;建立全省高速公路特大桥梁健康监测系统;建立全省超限超载管理系统,进一步减少交通安全和运输事故;建立养护信息及路政信息综合管理系统,实现全省养护及路政管理信息的科学管理和决策,实现养护及路政工作的综合管理和统一调度(图9-4)。

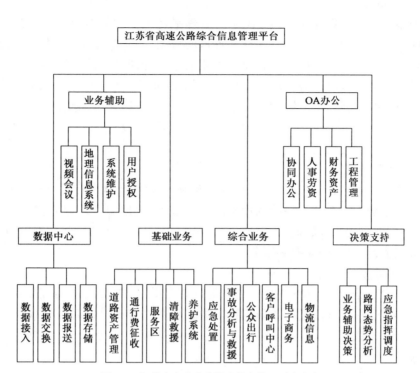

图 9-4　江苏省高速公路综合信息管理平台内容

1. 搭建高效的全省高速公路办公自动化系统

(1) 基础业务系统。

基础业务系统主要包括道路资产管理系统、通行费征收系统、服务区系统、养护管理系统、清障救援系统等。如道路资产管理系统涵盖了与道路有关的主要资产,包括路基、路面、路肩、桥梁、涵洞、通道、排水、路边设施、绿化设施、安全设施、通信系统、监控系统、收费系统、服务设施等。采用资产管理系统可以建立完备的道路资产信息库,高速公路有关管理人员和技术人员,可以通过办公自动化系统和网络信息系统在高管局或高速公路经营公司的每一台电脑终端上随时查阅各种资产静态和动态信息,掌握各类道路资产的使用性能状况,为养护、维修、更换等决策提供基于全局的支持。道路资产管理系统本身是一个开放的系统,管理员可以定期更新道路资产信息库,保证库存信息的时效性。同时,在道路资产管理系统运行过程中不断改进和完善这一系统,使系统具有更强的服务功能。道路资产管理系统的主要对象是静态资产,对于路面和桥梁等动态资产的管理主要由路面管理系统和桥梁管理系统来完成。道路资产管理系统应用的一个重要方面是交通工程通信、收费与监控三大系统的检测与维护。通过对沿线通信、监控、收费三大系统的定期检测及维护,并对产生的数据进行统计分析,建立起三大系统 MIS 数据库系统,可以随时查询各种设备信息,掌握设备性能状况和变化趋势。综合考虑技术、经济、社会和政治因素,可以为三大系统的维修及改扩建的决策提供帮助。利用计算机辅助管理工程项目,可以使计划和财务管理更加科学化。交通工程三大系统的科学检测与维护,将使三大系统的管理过程系统化,为不同层次的管理者提供统计、分析、决策参考依据。该系统集成公路地理信息系统(GIS),使系统具有操作灵活性和数据管理可视性。

基础业务系统是江苏省高速公路路网综合管理平台主要的数据源,但基础业务系统内各系统之间在此之前都以独立系统的方式具有各自的数据中心,数据格式、内容等都不统一,甚至存在不一致的地方。为了确保全省高速公路路网综合管理平台能够提供高效的服务,必须对以上系统进行数据整合和挖掘,将不一致的数据资源通过该平台的建设做到全省统一,同时通过数据的整合与挖掘,将以上基础业务系统整合为江苏省高速公路路网综合管理平台的有机组成部分。在全省范围内建立一套完善的高速公路管理网络系统,可以实现全省高速公路规范化、网络化、智能化管理。

(2)综合业务系统。

综合业务系统主要包括应急处置、事故分析及应急救援、公众出行、客户呼叫中心、电子商务和物流信息等系统。综合业务系统利用基础业务系统、数据中心及业务辅助系统的数据归集、融合与处理所形成的有效数据,为应急、公众出行、客户呼叫中心等提供对局、厅、部三级的内部决策支持服务,同时为公众提供服务。

(3)数据中心系统。

作为整个平台数据支撑基础,将接入目前局内现有系统中能满足业务需要的数据,对不能满足需要的系统则通过升级改造或重新建设的方式将数据接入。同时为后期跨部门、跨行业交换数据提供必要的数据接口。它的主要功能包括数据接入、数据交换、数据报送、数据存储管理等。

(4)决策支持系统。

建设江苏省高速公路决策支持系统,通过对调用各类信息资源和分析工具,为领导决策提供分析问题、建立模型、模拟决策过程的方案和环境,帮助决策者提高决策水平和质量。决策支持系统包括业务决策分析子系统、路网态势分析子系统、应急指挥调度子系统。实现以下决策:业务决策支持、路网态势评估和应急指挥调度。

(5)业务辅助系统。

业务辅助系统主要包括视频会议、地理信息系统、系统维护、用户授权等。该系统作为江苏省高速公路路网综合平台的低层系统,可为整个平台的运行提供基础保障。

(6)OA管理系统。

OA管理系统以协同办公为核心,主要下设协同办公管理系统、人事劳资管理系统、财务资产管理系统及工程管理系统等。

2. 开发并完善各子系统功能

高速公路的信息管理子系统相当繁杂,开发并完善各子系统对于高速公路信息管理具有十分重要的意义。例如作为高速公路最为重要的基础设施之一的桥梁结构,其病害问题相当突出。高速公路桥梁养护管理的意义即在于能够早期甚至先期发现桥梁病害的征兆,在病害发生发展直至危及桥梁使用性能之前提出妥当的桥梁养护管理方案并严格遵照实施。因此开发完善桥梁养护信息化管理系统,应着重考虑以下因素:

(1)建立开放式的高速公路桥梁养护管理系统。一般要求实现如下技术指标:桥梁养护管理全过程"无纸化"、基于专家系统的桥梁技术等级智能评价、实现区域桥梁信息的互联网在线发布以及在线统筹管理。

(2)现场数据采集子系统的关键技术。

(3)高速公路桥梁养护管理系统单机版平台。单机版平台的关键技术是运行于个人计算机(PC)上的桥梁养护管理数据处理程序。

(4)实现桥梁养护评分评价体系信息化。高速公路桥梁养护规范推荐采用对桥梁部件损坏程度进行评分,并依照部件重要程度进行加权平均算法求解整桥评分再进而依照评分的方法来判定桥梁技术状况等级,即通过桥梁评分间接获得桥梁评价。系统严格按照规范技术标准将评分评价流程封装为核心算法程序包,由用户调用实现桥梁评价快速生成或更新。

(5)基于专家系统的桥梁等级直接评价技术。采用专家系统的桥梁技术等级直接评价技术(直评技术)是对上述规范方法的有效补充形式。直评技术依托的专家系统包括一套能够基本覆盖现有各类病害类型的知识库,一套进行桥梁评分评价有效而客观的规则库,以及将前述两者整合起来进行逻辑整合的推理技术。

(6)高速公路桥梁养护管理系统网络版平台。网络版平台提供养护管理信息在互联网上发布的公共空间。桥梁养护管理过程,由于涉及业主单位、各级养护管理部门以及加固单位等多方的协调合作,网络版平台为多方的信息的共享提供了方便的渠道;并且通过用户权限控制,在保护内部养护管理资料不致外泄的前提下,为各级用户提供强大的、方便的网络信息服务。

(7)分级管理技术。桥梁养护部门通常面临着如何协调部门内部信息管理的问题。多平台信息管理系统易于实现桥梁检测信息分级管理技术:采用网络版系统连接地理上分布相隔遥远的各个单机处理站(通常由各高速公路基层公路处负责维护),以获取上传桥梁养护数据,并由高速公路养护管理主管部门利用单机版平台和网络版平台构成的集控中心进行数据统筹维护并发布每年、每季度的桥梁检查计划。

三、构建交通大数据平台

1. 交通管理云计算技术

云计算是近年来发展的一种新的计算形态,通过基于互联网的计算方式,共享的软硬件资源和信息可以按需提供给计算机和其他设备。这些资源来自一个共享的、可配置的资源池,并能够快速获取和释放。交通管理云计算技术通过将计算任务分布在大量计算机构成的资源池上,使各种智能交通应用系统能够根据需要获取计算力、存储空间和各种软件服务。

云计算采用面向服务架构(SOA)按照交付模式可分为基础设施即服务(IaaS)、平台即服务(PaaS)、软件即服务(SaaS)三种方式。IaaS将硬件设备等基础资源封装成服务供用户使用,让用户自己搭建自己的业务平台;PaaS通过提供用户应用程序的运行环境,让用户能够在这个平台上快速搭建自己的应用;SaaS把应用或者软件封装为服务,用户可以通过任务网络设备使用这个程序,允许大量的用户同时在线并提供云端存储、处理等服务。

交通管理云计算技术用于构建一个"数据融合、业务协同、服务多元"的信息平台,实现交通管理信息的高效整合、交通管理快速响应、交通服务的动态多元化。

利用云计算技术的强大计算能力,对实时海量交通数据进行整合计算,获取动态的路网交通流与交通事件信息。通过对历史和实时交通数据深度挖掘和仿真分析,预测交通变化的发展趋势,提供可视化辅助决策信息。

利用云计算技术深度感知交通,为海量个体提供个性动态导航服务和公共交通信息广播,实现基于路网流量平衡的控制性路径引导、停车引导、出行指南。通过高速无线网络可伸缩的将计算能力有效地分配给复杂的地图匹配、车辆行驶路径推测、路况信息计算等工作,实现对动态交通的有效监控。

利用云计算技术,对"两客一危车辆"、货运车辆等重点车辆进行动态定位和轨迹跟踪,实时掌控车辆的运行状态。

2. 交通大数据云平台

大数据(Big Data)是指无法在可承受的时间范围内用常规软件工具进行捕捉、管理和处理的数据集合。大数据有四个基本特征:Volume(大量)、Velocity(高速)、Variety(多样)、Value(价值)。交通大数据云平台整体构架如图9-5所示。

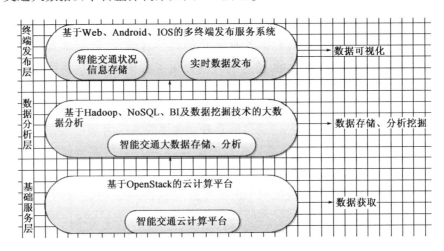

图9-5　大数据平台整体构架

采用大数据技术处理和存储交通数据,结合大数据与云技术,利用专家数学模型对海量交通数据进行多维护的分析和挖掘,并通过云发布服务将分析结果传达至各类终端,提高人们对路桥状态、交通情况的感知能力,使交通参与者能快速、全面、准确地完成交通评估和决策,实现交通智能化管理。

3. 加强与当前导航公司合作

在建立大数据云平台方面,高管局可与当前成熟的导航公司(如百度地图、高德地图等)合作,共同参与导航公司的云技术和大数据的挖掘,一方面扩大导航企业的影响力,另一方面有利于江苏省公路数据的采集、信息发布以及交通管理,最终达到双赢的状态。

四、高速公路信息发布技术

路网信息发布系统是高速公路路网综合管理平台的一个重要组成部分,是当前高速公路主要采取的控制手段,它直接引导驾驶员控制车速,选择行车路线,了解前方交通情况,以防止交通拥挤和交通事故的发生。

1. 信息发布系统可控策略

信息发布系统可以实现的控制策略主要包括以下方面。

(1) 路线引导及分流。当路网中发生交通事故或恶劣天气时,根据其影响范围在局部路网内或省域路网内发布引导信息及分流路线,一般情况下,给出车道关闭信息或封路信息时,一定要给出相应的建议分流路线供驾驶员参考。

(2) 恶劣天气警告。当路网中发生的恶劣天气不太严重时,即没有达到相应的交通管制时,对上游的车辆驾驶员发布警告信息;如恶劣天气很严重,达到实施相应的管制措施时,不仅要发布信息,还要给出分流信息。

(3) 排队与拥挤警告。当路网中发生排队和拥挤时,分析是常发性拥挤还是偶发性拥挤,根据预估的拥挤持续时间确定发布信息的范围和内容。

(4) 道路施工警告。对于道路施工和养护活动,应该通过网站或广播提前两天向社会发布,并在可变情报板上显示道路施工警告和车道占用信息,必要时给出车辆绕行路线。

(5) 可视距离警告。在黄昏或雨雾天气,根据路政现场目测或路上能见度仪测得的数据,不足200m时,发布警告信息,必要时给出限速指令。

(6) 事件警告。当路网中发生事件时,根据预估的事件处理时间或影响范围确定发布信息的范围和内容。

(7) 隧道和桥梁控制。在隧道或大桥的入口前方设置可变情报板和可变限速标志对进入隧道和桥梁的车辆进行控制,发布隧道内或桥梁上的交通状况信息和相应的限速指令。

(8) 车道限制。当路上出现事故或养护施工需要占用一个或多个车道时,应该发布车道限制信息和原因,必要时给出相应的分流路线。

(9) 速度限制。当出现拥挤或恶劣天气时给出相应的限速指令,同时附上简短的限速原因。

(10) 环境警告、污染状况。当高速公路经过村庄或城镇时,在适当地点发布环境警告信息,禁止鸣笛。

(11) 交通信息。发布常规交通信息,告诉驾驶员前方的交通状况。

(12) 安全信息。在黄昏、黎明或夏天等容易发生交通事故的时候发布交通安全信息,提醒驾驶员谨慎驾驶,体现交通的人性化管理。

(13) 公路调节控制。通过主线高速公路的可变限速标志调节主线上的交通流,使其均匀、稳定地运行,提高道路的通行能力。

(14) 节假日交通。在节假日时,交通流运行状况和平时不太一样,要注意分析各个不同节假日的特点,针对不同的节假日发布不同的引导信息。

2. 路网信息发布系统设计

路网监控的体系结构采用四级管理体系,即路网调度总中心、高速公路监控中心、路段监控分中心(含干线监控)及外场发布设备。路网信息发布的管理体系结构如图9-6所示。

3. **系统的组成**

(1) 路网调度总中心。

路网调度总中心从整个路网角度出发,协调各路段监控中心的监控措施,使交通在整个路网中分布均衡。协调主要体现在以下四个方面。

①为各路段监控中心提供与其相交的枢纽的交通运行情况,并协助或指导与枢纽相关的

路段监控中心制订监控方案。

②利用收集的 OD 资料和交通时空分布资料协助各路段监控中心制订监控策略,消减常发性事件的威胁。

③利用搜集到的周围道路交通情况指导各路段监控中心引导交通流,尽快消除突发性事件的影响。

④随着交通量的增长,将计算全路网运行性能最优指标,实现路段监控的集成控制,促使交通流在路网上分布均衡,从路网角度提供驾驶信息服务。

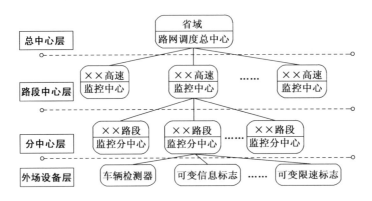

图 9-6 路网信息发布的管理体系结构

(2)信息发布中心。

信息发布中心是路网中各路段监控中心的一个组成部分,信息发布分中心是监控分中心的一个组成部分。它主要由计算机组成的局域网组成,在信息发布中心常设有管理人员用于监视的大屏幕投影仪和地图板。所有信息发布设备当前显示内容均可以有选择地在这些显示设备上提供给管理人员。

(3)发布的外场设备。

①可变情报板。在可变情报板上发布引导信息,能够及时地向路网用户提供充分、可靠、实时的交通信息,从而减少高速公路的常发性拥挤、堵塞,降低高速公路突发性事故发生的概率,提高高速公路营运的安全性。

②可变限速标志。可变限速标志只能显示限速值、可变限速信息标志可以轮番显示限速值和 4 个汉字的限速理由,后者具有如下优点:驾驶员知道限速理由后,会对这一限速更加重视,而严格执行这一限速。限速原因(如雾)出现在相邻两块可变限速板之间的某一路段时,驾驶员可在通过这一路段(雾区)后立即恢复原速度,不需要在看到远处的下一限速标志前恢复速度,从而提高道路交通量。

③移动终端系统。驾驶员利用手机中的 APP 从信息发布中心获得交通信息。

④无线电广播。利用汽车收音机收听广播获得交通信息,在交通节目时间里,高速公路附近的广播电台转播信息发布中心播放的交通信息。

⑤路旁无线电广播。在路旁架设无线电发射装置,以调频或调幅方式发送交通信息,驾驶员可用汽车收音机收听。不同路段可使用不同频率播放不同的内容。因而其播放信息量大、针对性强,又不受无线电波传播影响,其效果要优于无线电广播。

4. 信息发布系统实现技术

(1)可变情报板信息发布技术。

可变情报板主要提供天气情况、交通状况等信息。可变情报板发布信息是把控制中心制作、编辑的控制或图文信息通过有线电视网络传送到 LED 显示屏上显示出来,它在交通领域中应用最常见的就是高速公路、停车场和收费站等场所的可变情报板。可变情报板信息发布的优点是分布面广、表现力强、播放时间自由、实现技术比较成熟,而且有线电视网络带宽高,可传输的信息量大。但是可变情报板信息发布的缺点也比较明显,具体表现在针对性差,用户不能自主访问信息,信息不能存储等。

(2)网站信息发布技术。

互联网信息发布是结合网络技术、数据库技术以及浏览器技术来进行信息发布的方法,是共享信息平台最直接的信息发布方式,具有很强的针对性和交互性。用户通过互联网可以方便快捷地向共享信息平台定制所需的信息,但是用户必须具有上网条件,而且敏感信息在网上传输时安全性得不到很好的保障。基于互联网信息发布方式用到的技术手段多种多样,主要有 B/S 结构数据库技术、网络数据库技术、动态 Web 技术、多媒体技术和浏览技术等。基于互联网的交通信息发布在实际上的应用已经比较常见,大城市的交通管理部门都建有交通信息发布网站,定时发布交通信息。

如果道路管理部门能够将实时交通信息呈现于网上,那么道路使用者无论在哪里都可以通过网络获得这些信息,方便选择出行时间和路线。

(3)调频多工数据广播信息发布技术。

数据广播是近年来在国际上发展非常迅速的一项业务,是继声音广播和电视广播之后的第三种广播类型。交通信息可以通过区域覆盖的调频多工数据广播来发布。道路管理部门可以将实时交通信息传给广播电台,道路使用者可以随时打开收音机得到交通信息。这种传播模式对调控交通状况有非常重要的作用。据调查,绝大多数道路使用者乐于接受此项服务,也习惯于主动接受此项服务。例如,江苏省广靖锡澄高速公路利用应急广播发布消息,应急通播台通过采用一种新式的宽带扩频调制方式(FM/Chirp),发射一路覆盖整个调频广播频段(87~108M)的宽带载波,现有的调频收音机只要开机,无论其调在哪个频道上,均能正常地同时接收到,也就是能实现通播。

(4)移动通信发布技术。

移动通信在我国通信领域迅猛发展,对于交通运输从业者、出行者、驾驶员来说,移动终端交通信息短信服务为交通服务行业带来了巨大的市场空间。

中国移动是目前国内最大的移动通信运营商,近年来在服务方面精益求精,其网络成熟稳定、覆盖广泛,同时随着 GPRS、移动定位等新技术的推出,中国移动也一直保持着网络技术的领先;中国联通更以 CDMA 宽带的优势推出语音和多媒体的数据服务。随着 CDMAIX 的开通,移动通信将提供更丰富的个性化的服务。

(5)基于短消息技术的信息发布技术。

短消息业务 SMS 是 GSM 网络提供的主要电信业务之一,它是通过 GSM 网络的七号信令(SS7)承载较短数据包来实现个人简易数据通信的一种方式。

(6)手机 APP 及无线网络应用服务。

随着智能手机和无线网络应用的不断推广,手机 APP、地方公众服务 APP 以及服务区 WIFI 热点推送应用得越来越广泛。无线网络具备有线网络难以比拟的灵活性、移动性、可扩展性及可伸缩性,在高速公路行业中将有广阔的应用前景。

①交通信息采集。主要从其他系统采集一定范围内道路的交通流信息,通过数据汇聚,成为交通信息处理的数据来源。

②交通信息处理与发布。主要功能是将采集到的交通流信息按照一定的交通模型进行计算,生成可发布的交通出行信息,并实时发布到相关的移动终端设备上。

③交通信息显示。移动终端上的应用 APP 通过移动互联网从交通信息发布服务器上主动或被动地获得交通出行信息,并实时显示出来。

5. 突发事件信息发布

突发事件信息的发布是在事件发生后,根据突发事件的类型、地点、影响范围等因素确定发布事件信息的方式和内容方案。

(1)交通事故下的可变情报板信息发布。

对于已在事故高速公路上行驶的驾驶员来说,交通事故发生后,他们最关心的是道路与车道阻塞情况,因此可采用可变信息标志和广播组合的信息发布方式来发布与道路阻塞相关的信息。道路车道阻塞情况可分为以下三种类型:

①事故造成单车道阻塞。在事故发生地点上游的一块或两块可变情报板上发布事故阻塞车道以及提醒驾驶员安全行驶的信息,如"行车道事故,减速慢行",并在上游有关可变限速标志上进行限速。

②事故造成单幅车道阻塞。在事故发生地点上游的两块或三块可变情报板上发布事故阻塞道路、交通控制以及提醒驾驶员安全行驶的信息,如"借道行驶,谨慎通过",并在上游有关可变限速标志上进行限速。

③道路严重阻塞或道路阻断。道路严重阻塞或阻断时需关闭阻塞的路段,在阻断路段相应的可变情报板上发布路段关闭有关信息,如"前方事故,请就近下高速",以提示驾驶员选择其他行驶路线。

(2)恶劣天气下的信息发布。

高速公路出现雨、雪、雾、强风等恶劣天气时发生交通事故,按交通事故的信息发布,对未发生交通事故的根据其对行车安全的影响确定事件信息发布方案。恶劣天气一般会影响高速公路全线,因此发布信息的对象为全线的可变情报板和可变限速标志。

①雾天的信息发布。雾天对高速公路驾驶员的影响主要是能见度的降低,信息发布见表9-1。

雾天对高速公路驾驶员的影响 表 9-1

等 级	雾的定义	能见度(m)	限速(km/h)	可变情板板显示信息
1	薄雾	500~1000	100	薄雾,减速慢行
2	轻雾	200~500	80	今日有雾,减速慢行
3	中雾	100~200	60	雾天易追尾,注意安全
4	大雾	50~100	40	能力度低,务必谨慎驾驶
5	浓雾	<50	封路	前方浓雾,禁止通行

②雨天信息发布。雨对高速公路上驾驶员的行车影响主要是速度和能见度的下降,因此雨天的信息发布利用可变情报板交替显示车距控制指令和"雨天行驶,注意路滑""雨天变道超车须谨慎""能见度低,务必打开防雾灯"等信息;利用可变限速标志显示限速指令。车距控制与限速指令见表9-2。

雨天条件下车距控制与限速指令表 表9-2

等级	雨的定义	降雨量(R24)	限速(km/h)	车距(m)	可变情报板显示信息
1	小雨	R24＜10	—	—	雨天变道超车须谨慎
2	中雨	10≤R24≤25	80	150	雨天路滑,小心驾驶
3	大雨	25≤R24＜50	60	100	雨天减速行驶,保持安全车距
4	暴雨	50≤R24＜100	40	50	能见度低,务必打开防雾灯
5	大暴雨	100≤R24＜250	30	40	暴雨,拉大车距,小心驾驶
6	特大暴雨	250≤R24	20	30	特大暴雨,禁止通行

③冰雪天信息发布。下雪时视野不良,应提醒驾驶人使用灯光,适当减速,加大车距。雪天信息的发布是利用可变情报板交替显示车距控制指令和"雪天行驶,注意路滑""冰雪路减速慢行,严禁超车抢道""暴风雪行驶,勿急刹车急转"等信息;利用可变限速标志显示限速指令。车距控制与限速指令见表9-3。

下雪条件下车距控制与限速指令表 表9-3

雪的等级	雪的定义	能见度(m)	降雪(水)量(mm)	限速(km/h)	车距(m)	可变情报板显示信息
1	小雪	≥1000	0.1~2.4	—	—	雪天行驶,注意路滑
2	中雪	500~1000	2.5~4.9	80	150	冰雪天严禁超车抢道
3	大雪	200~500	5.0~9.9	60	100	减速慢行
4	暴雪	100~200	10.0~19.9	40	50	暴风雪行驶,勿紧急制动和急转弯
5	大暴雪	50~100	20.0~29.9	封路	封路	前方暴雪,禁止通行
6	特大暴雪	≤50	≥30.0			

结冰路段信息的发布是利用可变情报板显示车距控制指令和"结冰路滑,低速慢行"等信息。车距控制与限速指令见表9-4。

结冰条件下车距控制与限速指令表 表9-4

分级	对交通有影响的时间(h)	限速(km/h)	车距(m)	可变情报板显示信息
1	2或已经影响	80	150	结冰路滑,低速慢行
2	6	60	100	保持侧距,谨防侧滑
3	12	40	50	请勿紧急刹车

④大风信息发布。对高速公路行车产生影响的主要是横向风,驾驶人应适当减速,握紧转向盘,镇静地控制转向盘。横风控制方案是利用可变情报板交替显示车距控制指令和"注意横风,谨慎驾驶""强风减速,把稳方向""今日风大,务必注意行车安全"等信息;利用可变限速标志显示限速指令。车距控制与限速指令见表9-5。

大风条件下车距控制与限速指令　　　　　　　　　表9-5

等级	名称	风速 （m/s）	限速 （km/h）	车距 （m）	可变情报板显示信息
1	小风	0~10.7	不限	不限	—
2	中风	10.8~17.1	80	150	注意横风
3	大风	17.2~20.7	60	100	注意横风,把稳方向
4	烈风	20.8~24.4	40	50	今日风大,务必注意行车安全
5	狂风	24.5~28.4	20	30	强风减速
6	暴风	28.5~32.6	封路	封路	暴风,禁止通行
7	飓风	>32.6			

第四节　路政管理应用信息平台的管理创新

一、顺风大巴

顺风大巴(图9-7)的运营模式由乘客端、营运车辆司机端、路政管理端APP组成,乘客通过APP查询既有线路、服务区乘车要求、发布乘车需求、购买车票、实时查看车辆位置等;营运车辆驾驶员可以根据车辆乘载情况和线路选择服务区;路政管理部门查询营运车辆运营情况、高速公路运行数据、高速公路路产路权破坏图片上传和查询乘客投诉等。这个APP充分利用便利的移动终端高效整合资源,可以有效减少超载,同时又使运行成本降低,提高上座率。高速公路管理部门可以充分利用高速公路大巴驾驶员的资源,实现路政和运政管理有效结合,降低高速公路管理的难度,提高高速公路管理效率,集中精力对管理难点进行管理。

图9-7　顺风大巴

该APP可以基于百度地图,根据行驶里程动态调价,实现供需调节,节约运营资源,便于路政进行运营管理。

二、无人机的应用

高速公路监管过程中,可以启动无人机开展巡查,灾害现场图像等信息即时呈现,就像长了"千里眼"一样,灾害情况一览无余。据此信息,具体救灾方案可以迅速制订并立即实施。无人机的运用可以提高路政管理工作应急能力,探索应用高科技硬件设备的举措。无人机尝试在路政巡查中替代人工巡查的方式,减轻了一线路政执法人员的工作强度,特别是在公路发生雨雪冰冻、水毁坍塌、交通事故等交通中断的紧急情况下,利用无人机可以准确到达一些人员难以到达的地方,快速、全面、准确地捕捉现场信息,给路政应急指挥、决策提供科学依据。

三、手机 APP 应用

针对不同的业务部门和用户,设计不同的 APP 功能模块。

1. 针对道路使用者的 APP 系统功能模块

手机 APP 系统面临多个信息来源,给信息的接入增添了难度,需要进行详细的信息接入及方式规划。另外,人性化设计的人机界面能确保基于智能手机 APP 交通信息的服务系统可以让更多的用户接受及受益,还需结合有经验的接口工程师及美术设计师的巧思,让整体版面、操作经验得到完美结合。

该系统可实现线路规划、交通时间提示信息、服务区相关信息发布等。用户可实现对公路服务区、施工不规范或者收费的投诉,以及交通事件图片上传等功能(图9-8)。

图 9-8　针对道路使用者的 APP 系统功能模块

2. 针对公路管理部门的 APP 系统功能模块

该系统可显示管理部门执法人员的位置、上传路产损坏等图片,可直接填写信息记录表并上报,查询事件的处理情况,上传复查结果等,也可直接显示养护或者施工的作业时间。通过该 APP 系统,施工或者公路养护可实现网络监控,减轻执法人员的工作负担(图9-9)。

图 9-9　针对公路管理部门的 APP 系统功能模块

手机APP系统的目标在于提供全方位、综合交通信息,将各大交通运输工具、道路交通等信息全部汇集于智能手机APP移动应用程序之中,让使用者能够充分掌握各项交通信息,满足自行规划的各项行程和管理者的需求。

第十章 高速公路安全监管

第一节 高速公路安全监管组织体系

我国高速公路建设里程不断增加,机动车保有量呈持续上升趋势,同时,高速公路交通事故也呈逐年上升趋势,因此高速公路的安全管理工作显得越来越重要。如何协调高速公路上的人、车、路的关系以及高速公路管理部门和配套的服务部门与道路之间的关系,根据我国目前交通实际状态和现有的管理制度,为社会大众提供安全通畅的高速公路运营环境,值得深入探讨和分析。提高高速公路安全管理水平是一项比较务实且值得研究的课题。

一、交通事故分布特点分析

在高速道路上,交通事故在任何时段、任何路段、任何环境下都可能发生,具有很强的随机性,但交通事故的发生也具有一定的特点和规律。探讨高速公路事故发生的特点,有利于我们进一步分析事故发生的原因,以找到解决问题的合理方法和措施,改善交通安全状况,从而预防和减少交通事故的发生,提高安全管理的效率。

1. 交通事故时间分布特点

交通活动在一年的不同月份和一天的不同时段都有着固定的特征,而交通事故的发生随着时间的变化,而呈现出规律性的变化趋势。据统计,2月、3月、5月、7月、9月为事故多发月份,2月、3月主要为春运期间,车流量较大,故事故发生相应较多。而5月份,随着夏季的深入,天气日渐转热,雨天增多,行车安全系数降低,另超载等交通违法行为也逐渐增多,致使交通事故频繁发生。

6:00~8:00、10:00~18:00时间段为事故多发时段。重大交通事故发生时间段主要集中在早上6:00~8:00之间,且货车出事居多,究其原因主要是疲劳驾驶,6:00~8:00这一时间段人体的生物钟处于低潮状态,人的情绪低落,反应迟钝,体力下降,精神不集中,并且经过长途行驶,身体极为疲劳,稍不留神就会引发交通事故。10:00~18:00是开阳高速车流高峰期,平均发生数量占11%,这一时间段路面通行车辆较多,较容易发生追尾、碰撞事故。

2. 交通事故空间分布特点

由于不断路段的环境不同、交通状况不同、交通分布不同,交通事故在具体路段上有着不同的分布特点,通过对高速交通事故的空间分析,可以从整体上把握交通事故在不同位置的分布状况,从而有针对性地防止交通事故的发生,改善交通安全状态。

开阳高速的事故主要发生在道路情况为上下坡路段,且公路为弯道,路况较为复杂的路段,在这些路段,载重车辆在行驶时速度明显减慢,同向车流的速度差值大,容易发生追尾事故。对于这些交通事故多发路段,应加强治理,除设置爬坡路段警示标牌外,还应采取加装警示爆闪灯,设置振动带等防范措施。

3. 交通事故气候分布特点

不同的气候条件，交通事故的发生会有所差异，通过以下数据我们可以发现，晴天比非晴天发生交通事故率多35.58%。晴天交通事故发生的比例最高，这是由于晴天驾驶条件好，车速较快，同时驾驶员的驾驶随意性较大，一旦发生紧急情况，很难及时采取措施避免事故的发生。阴天和雨天这样的气候条件增加了行车难度，很容易发生交通事故，仅次于晴天，发生事故的比例分别为26.13%和24.00%。而大暴雨的天气，虽然气候条件差，但驾驶员会提高警惕，同时减慢速度，反而发生交通事故的频率最低，仅为7.42%。

4. 交通事故分布类型

高速公路交通安全是一个由人、车、路、环境、管理等的系统，这些因素相互协调，相互作用，任何因素出现问题，都将会影响交通安全。实际上，高速公路交通事故的发生，是由于人驾驶的失误、车辆运行的失控、道路环境的变化以及管理不当等多种因素交互作用的结果，其中人的因素至关重要，高速公路上的事故由人为因素引起的占95%。汽车在行驶过程中的制动性能、转向操纵性能等对交通安全也有很大影响。高速公路本身的构造、安全设施也是影响交通安全的因素。交通管理，对保障高速公路交通安全具有重要作用。

如图10-1所示，交通事故的主要形式是追尾碰撞，可见未保持安全车距、操作失控仍是引发交通事故的最主要原因。据统计，驾驶员因未保持安全距离的交通事故占事故总数的三分之一；驾驶过程中因操作不当造成的交通事故占事故总数的三分之一。数据显示，驾驶员在行驶过程中主观上思想麻痹大意，超速行驶，疲劳驾驶等违法行为是导致事故发生的最主要因素。在高速公路交通安全事故中驾驶人员在整个过程中起着主导性的作用，我们必须充分重视对驾驶员的管理，这种管理既包括驾驶员在安全宣传教育下的自我管理，也包括在整个行驶过程中的高速公路工作人员的监督管理，以达到减少和避免驾驶员发生错误的目的，从而保证高速交通安全。车辆是驾驶者的工具，会在很大程度上影响着行车安全，道路是高速交通赖以存在的基础设施，特定的交通周边环境和气象因素显著影响高速公路交通运营的安全性。因此，以上的诸多要素是紧密联系在一起的，任何一个环节都不能忽视，但我们对于这些要素的控制和调节会有强弱的不同，主观因素的可控制和可调节度要强于客观因素，因此，可以说驾驶员是高速交通安全的核心要素，车辆和道路是基本要素，气候环境是重要要素。

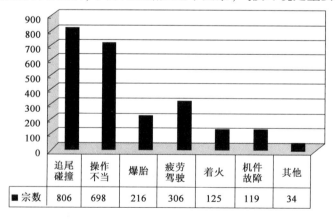

图10-1　2006—2010年开阳高速交通事故发生原因分布图

二、交通事故影响因素

1. 人的影响

人是高速公路交通安全的主体。因此人既是交通事故的主要诱发因素,同时也是高速公路交通事故的受害者,人的要素的主体主要包括驾驶员、高速公路管理人员、汽车乘车人员、行人、高速公路上有关的作业人员(路段养护、维修施工人员,电力、煤气、水利、铁路等施工人员)。在人的因素中驾驶员、乘车人、行人,这三者在更大的程度上影响着交通事故的发生,三者的关系如图10-2所示。

图10-2 高速公路交通事故中人的因素

(1)驾驶员因素

①缺乏高速行驶经验。高速行驶时,驾驶员的动态视力会明显下降,有效视野变窄,反应迟钝,从而导致行驶中感知失误或判读失误,当驾驶员遇到紧急情况,处理问题反应不灵敏,导致驾驶操作处理迟缓或者处理错误,造成交通事故。另外,由于能见度较低的雨雾结冰天气和路面积水等都会给缺乏高速行驶经验的驾驶员带来很大的不适应,在紧张的驾驶过程中,遇到特殊情况,操作失误是主要原因。据统计分析,感知失误占40%,判断失误占36%,操作失误占8%。

②疲劳驾驶。疲劳驾驶是指驾驶员由于长时间或超强度的驾车行驶,导致体力和脑力的过多消耗,最终造成生理和心理机能的失调,身体和精神状态难以很好地自我调节,进一步导致高速公路交通事故的发生。由于高速公路景观单调、弯道少、没有横向干扰、高速行驶的行车特性,驾驶员极易疲劳,因此,一般来说,在高速公路上因疲劳驾驶造成交通事故的情况明显多于普通公路。

③违法驾驶。违法驾驶包括超速驾驶、违法装载、酒后驾驶等。超速行驶是驾驶员犯的最为常见的错误之一,违法驾驶也是高速公路交通事故中比较常见的原因之一。高速公路宽敞、平整的路面,全封闭、全立交、无交叉行驶等良好的驾驶条件使驾驶员极易超速行驶。一旦遇到特殊情况,驾驶员行驶速度较快,反应较慢,来不及采取措施,进而发生交通事故。由于恶劣的天气等原因,过快行驶也容易导致交通事故。

④驾驶员安全法规意识薄弱。由于驾驶员交通法律法规意识淡薄,不能严格遵守进入高速公路的车辆运行速度、运行车道、行车间距、临时停靠、系安全带等规定,进而引发交通事故。

⑤驾驶员交通安全常识不足。驾驶员缺乏足够的安全常识培训和教育,对于高速公路的行车和管理环境不适应,把普通公路的行车规则用到高速公路的行车过程中,不按设置的交通警示标志随意停靠故障车辆,还有一些人员不清楚高速公路交通标志、标线的含义,从而导致驾车失误,造成交通事故。驾驶员作为高速公路行车的主导性因素,极大地影响着交通事故的发生,是交通安全的主要因素,因此有必要对驾驶员常犯的一些错误采取一定的预防措施,以尽可能地减少驾驶员的驾驶失误所带来的严重后果。

据统计,因驾驶员原因造成的交通事故占总量的80%以上,由于驾驶员原因而导致伤亡人数也在80%左右,我国高速公路事故很多与超速行驶、疲劳驾驶、不遵守交通规则有关。因此,驾驶员因素是导致高速公路交通事故的主要原因。

近年来,从重大节假日高速公路拥堵情况来看,有不少驾驶员因心急,违规挤占高速公路上的应急车道,当前方无法通行时,应急车道也堵塞,导致救援车辆无法通过应急车道进行救援,反而影响交通事故的救援工作,延长交通拥堵时间,按照《道路交通安全法》及《道路交通安全法实施条例》有关规定,除执行紧急任务的警车、消防车、工程救险车、救护车外,其他机动车不得进入应急车道内行驶或者停车。车辆发生交通事故或故障,不能及时移至主路外不妨碍交通地点的,准许在应急车道内临时停放。按规定在车后方设置故障警告标志并开启危险报警闪光灯,夜间还应当开启示宽灯和尾灯。近年来,通过电子警察拍照、前方电子屏幕曝光占用应急车辆、公安交管部门进行宣传等工作,情况有所缓和,但违法占用应急车道的情况还时有发生。

⑥"高速新手"状况百出。这里"高速新手"不是常规意义上讲的刚拿到驾驶证的驾驶员,而是指虽然领取驾照很多年但是平时很少上高速,平时只是在城区道路驾驶车辆的驾驶员。由于城市道路系统是混合交通,速度慢,易形成随意停车、前后车保持的安全距离短、停车不规范、随意变道、开车用手机等不良行为习惯,而高速公路行车速度快,以上不良行为习惯在高速公路上都是能导致交通事故的重要原因,加之驾驶员高速行驶经验不足,遇到情况反应不及时,就会导致安全隐患。据统计,近几年重大节假日高速过路费免费以来,"高速新手"发生的高速公路交通事故占节假日期间高速公路事故总量的60%左右,对于此种情况,江苏省公安厅交警总队建议"高速新手"应尽量避免单独上高速公路行驶,或者要进行交通法规补习,消除不良驾驶习惯,避免造成对自己和他人的伤害。

(2)除驾驶员以外的人为因素。

乘车人。是指在高速公路上行驶车辆上除驾驶员以外的人员。他们带来的安全隐患主要有客车上乘车人员携带易燃易爆物品上车,或者因情绪问题影响驾驶员驾驶行为;货车在驾驶室以外地方违规载人;乘车人员随意向车外抛洒物品等。

行人。是指违规在高速公路上行走的个人和在高速公路上工作的人员,行人带来的安全因素主要有行人违反高速公路交通法规擅自进入高速公路行车,或骑自行车、摩托车上高速公路;高速公路养护公司工作人员或清障救援人员因工作需要在施工段养护施工未按照相关规定摆放安全标志,未穿着反光背心等。

2. 车辆因素

进入高速公路的行驶车辆,由于速度快、里程长、不可以随便停放等因素,要求车况良好,在进入高速之前驾驶员要对车辆的发动机、制动系统、轮胎、机油等进行维护检查。据统计,高速公路上发生安全事故的原因主要有汽车轮胎爆裂、汽车轮胎掉落、汽车发动机故障、汽车机油耗尽、汽车汽油用光、制动系统出故障、汽车内部线路故障、雨天雨刮器损坏、晚间照明灯损坏、汽车装载超载、汽车装载物掉落等。其中,轮胎爆裂是比较重要的原因,主要是轮胎长时间与地面摩擦发热,如果车胎气压高或者汽车轮胎有修理补丁等易导致发生爆胎,或者汽车出现局部轮胎掉落现象;汽车制动系统问题一般发生在大货车等重型车辆上,制动性能差、制动距离加长,一般在汽车常规保养中汽车制动系统是重要的保养项目;汽车发动机故障、电气故障主要是忽视了平时的常规保养,应注重汽车常规保养;汽车的照明、汽油、机油、雨刮器、后视镜等驾驶员可以自行检查的平时要注意维护,由于高速公路车速快、里程长,汽车各个部件都在高负荷运转,车辆在较差的状态下,很容易在行车过程中导致交通事故,而车辆车况较差主要是由车辆的自行磨损以及疏漏年度大检查和行车上路前的检查,因此要注重汽车的常规保养和大修安排,同时注意上高速公路前驾驶员的自检。

3. 道路因素

高速公路安全因素中的道路因素是指高速公路的线形设计、道路结构、道路材料载体、行车环境等。

路是汽车行驶的载体,其质量及等级标准对汽车行驶影响显著,但是路的因素不是单独存在的,往往是多因素相互影响的结果,主要体现在路面状况的复杂程度,交通量的组成状况、交通量的分布情况、道路线形设计情况。一般高速公路质量较高,设计较成熟,按道理路对交通事故的影响较小,但是当汽车速度较快时,一点点影响因素也可能诱发交通事故。

(1)高速公路路面因素。

高速公路路面是汽车的直接载体,驾驶员直接视角在路面之上,沥青路面的平整度、抗滑性能、高温变形、低温抗裂抗老化、耐磨性能、透水性能等性能和交通标志、标线的设置均会影响驾驶员的判断,但在高速行驶情况下,部分参数通过驾驶员视觉很难察觉到,比如路面的抗滑性能、路面的强度、路面质量等,此时可通过设置辅助交通标志、标线或者绿化等来提示驾驶员,提高驾驶员的安全行驶意识。

①路面平整度。路面的平整度是高速公路质量检查的重要指标之一,路面不平整会增加行车阻力,同时增加汽车震动,在雨天因不平整还会导致路面积水,进一步影响行车安全。按照惯性思维,路面不平整,驾驶员应降低汽车行驶速度,进而降低事故发生率,但是,高速公路路面平整度限值远远小于人们的心理判断值,不是普通公路所体现的平整度,驾驶员在高速行驶过程中,一是反应时间短,来不及判断;二是不平整度值小,没有超过其心理预期,导致驾驶员会按正常速度行驶。两种因素的叠加即可能导致事故。

②路面强度和刚度。路面受到车辆垂直力、水平力、各种方向的冲击震动力,汽车身后真空吸力的作用,加上路面在自然因素的作用下,路面结构内部会产生各种拉应力、剪应力和压应力,在最薄弱的地方会产生破裂、沉陷、变形、推移、磨损等现象,进而会产生影响保证汽车安全行驶的车辙、推移、坑槽等大变形或者破坏。刚度是指路面抵抗变形的能力,同样强度的路面可能刚度不同,当刚度不足时,也同样会产生变形、破损等病害。

③抗滑性。路面抗滑性是指轮胎与路面之间的附着力或者摩擦阻力。因路面抗滑性不够而造成的高速公路交通事故也有很多,当道路表面的抗滑能力小于要求的最小数值时(一般水泥混凝土路面纵向磨阻系数或附着系数为 0.5~0.7,沥青混凝土路面为 0.4~0.6,干燥路面取高限,潮湿路面取低限),即使在直线段上行驶,稍一制动,汽车都有可能产生侧滑而失去控制。当在爬坡或者转弯时,车轮产生空转或者打滑,导致事故产生。路面方面和行车安全的相关性是以路面和车轮之间的附着系数来表现的。附着系数与道路表面材料、路面的粗糙程度、路面的破损程度以及自然环境下路面干湿程度等相关。附着系数越小,交通事故的发生率越大。

④路面病害。对沥青路面而言,由于配料比例不对、施工不良等原因,造成高速公路泛油、油包、油垄、裂缝、麻面、滑溜等路面病害,会影响行车舒适、加快机件磨损、干扰车辆正常行驶,这些问题对高速公路交通安全的影响很大。

(2)几何线形影响。

道路的几何要素或线形组合不合理,都有可能导致交通事故的发生。据统计,很多事故都是发生在具有"良好线形条件"的道路上,即集中在平直路或一般弯、一般坡、一般弯坡的道路上,其原因是在"良好线形条件"的道路上,驾驶员容易麻痹大意,从而容易引发交通事故。

①直线段:直线段过长,容易造成驾驶员视觉疲劳,反应迟钝,一旦有情况变化如弯道时,车速仍然保持高速,容易发生倾覆等事故。

②平曲线段:在平曲线即弯道处,与圆曲线的曲率半径有关,当曲率半径设置不合理时容易发生事故。

③竖曲线段:竖曲线设计不合理,如凸形竖曲线半径过小,影响驾驶员视距,容易发生事故。

④线形组合区域:线形的骤变区域,连续的高填方路段、纵坡长度过短出现锯齿形纵断面、缓和曲线设置不合理的地方、转弯半径较小的平曲线与陡坡组合区域、在凸形竖曲线与凹形竖曲线的顶部或底部插入急转弯的平曲线、直线路段的凹形纵断面上等特殊变化区域容易产生交通事故。组合曲线中线形元素的起点和终点衔接不畅,其曲率变化不连续,出现陡变点,影响驾驶员判断,是交通事故多的症结所在。

公路的几何线形是以公路平面线形、纵断面线形和横断面形式组合而成的立体几何线形映入驾驶员眼帘的。三维立体线形的基本状况影响着驾驶员所选择的行驶速度,公路的立体线形除必须满足驾驶动力学要求的最小值外,还应满足驾驶员视觉和心理方面连续、舒适的要求。反映公路线形好坏的关键是速度的连续性,它直接影响道路交通的安全。

4. 道路设施因素

在道路设计中,一般通过规范道路几何特性,即设计速度、车道宽度、路肩宽度、桥梁宽度、平面线形、立面线形、坡度、停车视距、横坡、超高、横向净空、竖向净空以及结构承载力,来满足道路设施的安全使用。但是设计规范所定义的安全只是名义安全而不是实际安全,即可测量安全。随着交通量的增长和使用要求的变化,必须对涉及每一段道路的各种因素不间断地进行监测和评价,及时发现问题并提出解决问题的方法,同时对所采用的改善措施系统地加以评价(安全管理系统)。只有这样不间断地、系统化地发现问题,并综合化地解决问题,才能不断提高高速公路的运营管理水平,促进安全运营的制度化、法律化,彻底改善高速公路运营安全问题。

(1)服务区、收费站设施规划影响

加油站设置的最基本原则是尽量远离休息、餐饮大厅,以避免相互干扰和使加油站远离火源。常见的加油站设置有入口型、出口型、中间型三类,但随着人们生活水平的提高,车辆保量的增加,当加油站紧靠服务区进口设置时,接受服务的车辆进入服务区后先进行加油、后休息、再上路。由于紧靠进口,储车区长度不足,特别是节假日加油车辆多时,必然造成排队,导致队尾外溢至高速公路主线或者应急车道,增加尾撞风险,影响主线车辆的正常行驶。因此,根据交通流的情况,最好将加油站设置在服务区出口(入口匝道)一侧。这种方式可使驾驶员有充分的时间考虑是否加油或进行车辆维修,可以在设施出口处再进行一次检查。可见,服务区设施的合理规划与后续交通运营安全密切相关。同样的队尾外溢问题也会发生在出口匝道收费站。收费广场几何设计应满足排队长度要求,否则就需要采取运营管理措施,以确保运营安全。

(2)服务区静态交通设计影响

旅客服务设施规模应与停车场车位相匹配,而停车位数量主要取决于主线交通量、服务设施利用率、用地规模三个因素。高速公路停车场受服务区其他设施和进出匝道方位限制,其交通组织与一般专用停车场不同,必须严格地按照单向行驶路线组织交通。合理、充分地利用有限地面,配合交通标志标线,大、小车停车位分离设置,为了避免大车干扰,小型车车位应置于入口附近。小型车位可按直角停车布置,大型车位按60°布置,高速公路服务区停车场一般不考虑超长的车辆,有条件时也可设置少数半挂车停车位。大小车分离避免了大车阻挡小车视线,提高了运营安全性。除了停车位的布置还要考虑车位宽度和车道宽度,停车场人行道以及停车场停发车方式。将动、静交通的不同需要结合考虑,合理规划用地。

(3)路侧安全影响

在高速公路设计中,虽然路侧安全的设计理念已经逐步被接受,设计规范也在逐步更新,但目前高速公路的路侧安全问题还是比较严重。护栏防护等级不足,难起防护作用,由于部分高速公路修建较早,而《公路交通安全设施设计细则》等规范标准对相关指标要求提高后,护栏防护等级已经不能满足要求,按照最新设计规范对现有路侧安全设施进行改造任务非常繁重。可以合理提高事故多发点护栏防护等级。护栏端头安全处理是在护栏起点或者终点处所做的一种特殊处理,一般处理重点在迎交通流的一端,若车辆与护栏端头碰撞,其形式是面与点的碰撞,如果端头未作安全处理或者处理不当,则护栏无法完全分散车辆产生的冲击力,而极易造成护栏板刺穿车体,一般来说,车辆与护栏端头的碰撞事故的严重程度远远大于护栏刮擦事故,一般未作安全处理的护栏端头吸能效果差,端头易掉落或者变形,起不到应有的防护作用。《公路交通安全设施设计规范》(JTG D81—2017)规范高速公路迎交通流的护栏端头应外展至土路肩宽度范围外;位于填挖交界时,外展并埋入挖方路段不构成障碍物的土体内;无法外展时,设置防撞端头,或在护栏端头前设置防撞垫、防撞桶。如图10-3所示。

图10-3 路侧护栏

(4) 视距遮挡影响

视距是保证公路安全的一项重要设计指标,视距是否充分,直接关系到驾驶员能否及时察觉潜在的危险,并作出适当的反应,它是道路使用质量的重要指标之一。《公路工程技术标准》(JTG B01—2014)规定,高速公路的视距采用停车视距,视距遮挡是指行车视线受到标志牌、绿植和房屋等的遮挡,主要发生在平曲线内,应清除平曲线内侧所有可能遮挡视线的物体,保证通视。如将紧急停车带标志布设在平曲线内侧,引导车辆在曲线内侧停车、阻挡视距,将妨碍正常运行车辆视距,有必要清查这类布设不合理的标志。同时,在施工区,曲线内侧应严禁堆物或者停车,保证行驶车辆视距。

(5) 交通标志设置不合理影响

如图10-4、图10-5所示的路面标示,应按照驾驶员的驾驶方向,即动态阅读顺序设置,而不是按照静态阅读顺序。当标示为驾驶员不熟悉的信息时,比如路名,尤其如此;否则,驾驶员将很难判断标示的准确内容。对城市高速公路,常发型拥挤路段更是如此。对于时间信息,比如6:00~23:00,驾驶员不应该先读到23:00。只有这样,才能更好地考虑驾驶员驾驶的需要,充分发挥路面标示的作用。

图10-4 静态阅读顺序

图10-5 动态阅读顺序

(6) 紧急避险车道设计影响

高速公路的紧急避险车道(图10-6)应具有两个作用:一是使失控车辆从主线中分流,避免对主线车辆造成干扰;二是使失控车辆平稳停车,不应出现人员伤亡、车辆严重损坏和装载货物严重散落的现象。目前,国内所修的避险车道大多都能起到使失控车辆从主线分流的作用,但并没有保证驶入避险车道驾驶员的安全,包括刮蹭、货物散落等轻微事故和驾驶员致残或死亡等严重事故都时有发生。据专家介绍,国内的一些避险车道都没有设置引道。引道起着连接主线与避险道的作用,可以给失控车辆驾驶员提供充分的反应时间,足够的空间沿引道安全地驶入避险车道,减少因车辆失控给驾驶员带来的恐慌。根据美国多年的研究,多车道的避险车道引道的长度不应小于310m。一旦长度不足,车辆停不下来,将造成非常严重的后果。对于这类避险车道,建议采用实车足尺碰撞试验验证其避险能力。同时,对避险车道需要坚持不懈的养护,防止砂砾板结,避险能力降低。对事故车辆要及时移走,避免二次事故的发生。

图 10-6 避险车道设置

（7）广告牌影响

高速公路两侧广告牌的牌面大小、立柱直径、材质、施工工艺等千差万别，遇到大风和雨季，很容易出现折损、裂缝、倾斜等情况；有些广告牌常年得不到维护，钢架锈蚀，也存在严重的安全隐患；另外，高速公路广告架不得侵入公路净空（这里的净空与隧道净空不同）。广告需要定期更换，而更换时需要在正常运行的高速公路上方操作，高空落物或者施工车辆都会对高速公路的正常运营带来影响。所以广告牌应该立于公路横向用地限界以外，不应侵入土路肩以内。

（8）高速公路岔口设置

由于各种原因驾驶员在高速公路岔道口变道、停车等待认路，甚至倒车行为引发的交通事故比比皆是，这也使得岔道口成为高速公路最危险的地点之一，因此岔道口标志标线显得尤为重要，岔道口的白色导流线应尽可能长，对标线要定期维护，高速公路临近岔道口都会分别设置 2km、1km、500m 等标志标牌，标牌上的字体大小、地名的选择等对驾驶员短时间的识别影响很大（图 10-7）。

图 10-7 高速公路岔口设置

5. 交通流量因素

交通流量是指在选定时间段内通过道路某一地点、某一断面或某一车道的交通实体数。随着汽车保有量的迅速增加,有限道路与无限车流量的矛盾不断加深,交通流量的大小对高速公路的安全的影响越来越大,特别在长假期间集中出行时。自从2012年"十一"长假实施高速公路小客车免费政策以来,人们集中出行,短途旅游,节假日开始时出发和假日结束时返程车流量大,呈现逐年攀升趋势,单日路网流量数据不断被刷新,高速公路交通流量远远超过设计流量,处于完全超负荷运行状态。车流量增加,交通拥堵,因急于赶路而变道,抢道,轻微碰擦等导致事故更多,道路更堵,形成恶性循环。

大交通流量已经成为高速公路交通安全管理重要影响因素,目前江苏省正尝试把城市交通管理理念融入高速公路管理中去。

(1)打通关键节点,提升高速公路通行能力,高速公路的关键节点包括匝道的合流及分流点、收费站合流点、交通事故点、工程施工点等。

(2)路网流量均衡最大化:通过制定大流量和拥堵标准来采取车型调节、收费站调节、主线调节、速度调节、线路调节等综合措施促进路网流量均衡最大化。

(3)道路隐患治理最大化:通过高速公路"一路三方"与交通工程专家组成隐患排查小组,对全省高速公路事故频发及拥堵地段排查会诊,提出整改方案,夯实交通管理基础。

6. 天气对高速公路安全的影响

天气因素主要指大雨、雪、浓雾、团雾等恶劣天气。特殊的天气条件下因为改变了道路的行车条件,减小了路面的摩擦系数或(和)降低了视觉能见度,从而影响驾驶员的正确判断和操作,对交通安全有极大的危害。

(1)雨水天气对高速公路交通安全的影响。

①对人的影响。雨水天气直接影响到驾驶员的视觉、听觉,导致驾驶员不能作出正确的判断,采取针对性措施;部分驾驶员对雨水天气行车危险性估计不足,在雨水天气驾驶车辆,遇有紧急情况,手忙脚乱,不知所措。

②对车的影响。雨水使车辆制动性能降低,使制动偏重或者距离过长,易造成车辆偏向、位移或车体失衡侧翻、惯性前移追尾。

③对路的影响。雨水改变了驾驶员的行车环境,雨天汽车在积水路面上高速行驶时,由于轮胎转动积水流入轮胎与地面的接触部位,当轮胎转速达到一定值时,水流的压力使轮胎上浮,形成汽车在积水路面上滑行的现象,严重影响了运行中车辆的制动性能,增加了事故风险。

(2)大雾对高速公路交通安全的影响。

虽然由于大雾产生的交通事故率不高,但死亡率却很高,驾驶员在高速公路行驶过程中绝大部分信息通过视觉获得,而大雾的产生导致能见度降低进而导致获得有关交通信息减少。大雾天气下,微弱的信息增加,都可能使驾驶员产生犹豫、错觉、判断失误等,从而发生交通事故。在雾天环境中,当前后汽车之间距离过短或者行车速度过高时,追尾事故频发,雾天行驶时,驾驶员应根据自己对大雾浓度的感知来控制前后车距,而驾驶员容易在大雾中产生错误判断,一旦紧急制动或者降速就很容易导致追尾。雾天,驾驶员没有正确开启雾灯,也易导致事故发生。

(3)冰雪对高速公路交通安全的影响。

下雪时飞舞的雪花会阻碍驾驶员的视线。当雪后晴天时,由于积雪对阳光的强烈反射作用,又十分耀眼,产生眩目,即雪盲现象,使驾驶员的视力下降,对行车安全极为不利,影响高速公路的正常运营,特别是早晚温差较大或者冬天气温较低时,白天的雪水晚上结成薄冰,同时由于汽车不断碾压导致路面雪变成冰雪路面,严重降低路面抗滑性能,导致行车滑移、失控,进而导致交通事故。

7. 超限超载对高速公路的影响

(1)超限超载造成设施损毁。

超载超限运输对公路路面的损害极大。我国公路的设计和修建,都是严格按照国家规定的标准,公路的等级不同,它的荷载标准和设计使用年限也不同。从理论上来说,如果行驶车辆严格按照国家规定,作用于路面的荷载在公路的设计荷载范围之内,那么,公路的实际使用时间能够达到甚至超出该公路的设计年限;否则公路的实际使用时间将大为缩短。缩短的幅度大小与超载车辆作用于地面的压强超出标准的多少有关。美国 AASHO 道路实验所研究发现,车轴对路面的破坏力是随着车辆重量的增加而以 4 次方级数增加,换言之,车辆重量每增加 1 倍,其对路面的破坏力将相应增加 16 倍。可见,重型车辆是破坏公路的"罪魁祸首",公路路面的损坏绝大部分都是由它们造成的。

我国科研人员也发现,当车辆超载超过国家规定的 1 倍,就相当于 256 辆标准车辆行驶于沥青路面一次,也相当于 65536 辆标准车辆行驶于水泥混凝土路面一次。我国目前检测到的超载车辆轮胎作用于路面的压强高达 1.2MPa,这个数值已经远远超过了我国规定的 0.7MPa 以内的标准,该数值甚至已经超过了飞机降落时对地面形成的冲击压强。因而,超载车辆在公路上行驶一年,它对公路路面的损坏与标准运输车辆行驶 5 年甚至 10 年所造成的损坏相当。

实践证明,即便是设计标准、设计规范都较高的水泥混凝土桥梁,一旦遭受超过桥梁设计极限的车辆超载运输后,一样也会产生桥梁挠度增大、水泥混凝土过早开裂等现象。由此会缩短桥梁的使用寿命,造成桥梁损坏甚至坍塌。总之,把超载运输称为"公路第一杀手"是非常形象和恰当的。

(2)超限超载极易造成恶性事故。

在我国,车辆的长度、高度、核定载质量等主要是从车辆安全行驶的角度来确定的。如果车辆超出了这些范围,车辆的行驶安全性就会相应降低。如果增加车辆的长度、宽度,车辆转弯时常常会出现翻车事故或者是车辆打滑现象,这是因为车辆的重心偏离了车辆的中线,车辆容易失去重心;如果增加车辆的高度,也容易造成翻车事故,因为车辆行车的稳定性降低了;如果车辆的总质量超载,车辆轮胎与车轴的负担就会相应增加,也会相应影响车辆的制动能力。根据交通部门的统计信息显示,因车辆超载超限引发的道路安全事故约占总数的 70%,与超载超限有直接关系的死伤重特大交通事故约占总数的 50%。

车辆的行驶稳定性、转向可靠性,在遭遇车辆超过核定载质量数倍甚至 10 余倍地运载时,就会大幅度降低,甚至会引发轮胎爆胎。车辆的制动性能在超载超限后相应降低,车辆一旦遇到紧急情况时,特别是在下坡时常常会失控,极易引发交通安全事故。超载超限车辆在高速公路上行驶尤其容易引发一系列的交通事故,因为车辆在高速公路上快速行驶,一旦前方发生交通事故,后面的车辆往往躲避不及,常常造成追尾事故,甚至出现多车连环相撞事故。

(3)降低高速公路使用效率。

首先,超载超限车辆对公路造成损坏,由此产生的维护会降低公路的使用效率。众所周知,超载超限车辆会对公路产生损坏,使得路面、路基和桥梁出现裂缝,并产生路面凹陷等现象,这自然会影响公路上的车辆通行。不仅如此,路面维修也会大大影响公路上的车辆通行。

其次,超载超限车辆的低速行驶也会降低公路的使用效率。因为超载超限运输车辆装载的货物过重,车辆的发动机不能与之相匹配,它们的行驶速度往往低于正常车辆。另外,一般超载超限车的车体较庞大,常常会遮挡后面车辆驾驶员的视线,造成车辆的减速通行。高速公路一般要求货车以 70~100km/h 的速度行驶,但是严重超载超限车辆一般只能以 30~40km/h 的速度行驶。这自然会严重影响高速公路的正常通行,大大降低高速公路的使用效率。

最后,超载超限车辆引起的交通事故也会降低公路的使用效率。一旦公路上发生交通事故,往往会出现交通阻塞的情况,使高速公路通行能力大大降低。

8. 危化品对高速公路安全的影响

随着经济的快速发展,社会对危险化学品的需求越来越大,通过高速公路运输危险品的车辆增加,而危化品运输车辆导致的交通事故也越来越受到关注。危化品的运输不同于普通货物运输,一旦发生事故,后果严重,难以施救,涉及面广,危害公共安全和人民群众的生命财产安全,造成环境污染。

在危化品运输过程中,要从危化品本身的性质、运输车辆、运输公司、运输人员、高速公路安全管理等几方面提升管理水平。

危化品品种多,性质各不相同,危险性大,对公众安全和环境安全会带来严重威胁。运输管理方面的相关规章、规定、标准、条例较多,专业性较强,除了满足一般货物运输的条件外,还要根据货物具体的物理化学性质,满足特殊的运输条件,危化品的安全管理部门也较多,部门间协作配合度不紧密,容易形成管理漏洞。

加强对从事危化品业务的单位和个人的业务指导培训,提高相关人员的业务素质和法律意识。国家规定符合规定资质并办理相关手续的经营者才能从事危化品的运输业务,驾驶员、押运员、装卸工必须掌握危化品运输相关知识和技能,并持证上岗。

加强对危化品运输车辆的安全检查,对达不到运输危化品安全要求的车辆要注销其从事运输危化品的证件,加强运输危化品的车辆的路面检查,同时加强宣传,营造安全运营的氛围。

三、高速公路安全监管组织体系构建

高速公路安全监管涉及面广、内容很多,主要包括与高速公路相关联的人、车、道路载体及制度建设等。高速公路安全管理涉及的内容如图 10-8 所示。人即进入高速公路的使用者,主要是驾驶员,首先,驾驶员要取得驾驶证,并且能遵守交通规则,安全行驶;其次,车辆要办理执照,符合上路条件,并且在进入高速公路之前驾驶员要对其进行检查保养,避免发生故障;再次,道路建设部门建好高速公路后,高速公路营运部门要参与高速公路验收工作,并在运营管理过程中对高速公路安全设施进行常规维护和管理,在运营过程中要及时处理各种侵占、破坏公路、公路用地及公路设施的行为,积极消除安全隐患,同时维护高速公路安全秩序,包括纠正交通违章,处理交通事故,道路治安管理,交通污染管理;在法律法规制度方面,高速公路管理部门要做到"有法可依,有法必依",这就需要在平时根据实际情况补充规章制度,适当时候完善交通法规,各执法单

位在执法过程中严格要求,使违章、违法人员得到应有的惩罚,从中吸取教训,以免发生更大的事故;高速公路安全管理的软环境建设就是进行交通安全的宣传教育,即充分利用各种宣传媒体,普及交通安全常识和高速公路的使用知识,这是预防交通事故的有效措施。

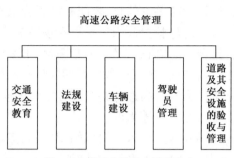

图 10-8　高速公路安全管理组成

(1)完善高速公路安全监管组织。

根据目前江苏省高速公路多部门、多层级管理的现状,如何优化安全管理的组织结构,完善安全管理体制模式,体现"横向部门制+纵向层级制"(即条块相结合)的直线职能制,关键在于如何界定横向部门化机构设置的各自职能和纵向层级化管理的各自权责。

根据江苏省高速公路管理现状,建立高速公路安全协同管理机制,即成立高速公路安全管理委员会,由省高管局、控股集团、高速巡警、路公司等部门负责人及专家组成。

安全管理委员会下设安全处置的实施机构,即各路政支队(大队)与辖区内相应的公安交(巡)警组成的联合执法队。如为保障庆祝抗战胜利70周年庆典,盐锡支队第五大队与无锡市交警支队高速大队在锡张高速公路顾山收费站、宛山荡服务区进行了联合执法和安全检查。

(2)明确高速公路管理职责。

高速公路的管理构成很复杂,包括路政管理、收费管理、交通安全管理、养护管理、监控管理、服务管理,它们之间是相辅相成、缺一不可的。就目前全国高速公路而言,管理依然缺少一种统一、科学、有效的模式,高速公路管理职责被几个部门分解管理。交通部门和公安部门各自管理,各地高速公路的管理模式也各不相同。

随着经济的发展,我国在高速公路管理技术方面有了长足的发展。在高速公路管理系统设备、智能交通控制、互联网交通信息发布、交通信息采集等方面,目前采用的技术比较先进,但是采用先进的设备和技术管理手段的效果并不理想,没有达到公众和高速公路管理者所期望的状态,主要还是先进的资源并没有得到充分利用,存在管理漏洞、服务漏洞、技术不完善等方面的问题,高速公路驾驶员遵守规则程度不高,交通事故接警反应时间、救援时间过长、拥堵疏导时间过长,潜在高速公路使用者或者后方驾驶员对即将要通过的高速公路拥堵情况了解的信息不全、不具体、不及时,获取的渠道不畅,导致无法做方案或者更改措施。因此,高速公路管理部门可以从以下几方面采取措施,进一步提升安全管理效果。

①明确各管理部门的职责。

目前高速公路交通安全管理仍然实行属地管理制度,即按照行政区划进行交通管理。而在业务上,高速公路的运营部门、路政部门、养护部门、公安部门、气象发布部门、车辆管理部门等业务部门缺乏有效的联合协调机制,执行业务功能单一,各业务部门之间衔接不到位,导致安全管理效果欠佳,因此必须明确各部门的职责,建立一种有效的联合执法机制。

②完善和提升高速公路管理信息系统的处理能力。

信息采集系统、信息传输系统、信息发布系统之间应相互关联,有效衔接,高速公路管理部门应通过采集、分析、筛选数据后,发布关键信息,才能有助于公众出行,否则适得其反;同时信息的准确发布,可以让交警、医护、清障救援部门等根据现场情况配置人员和设备,争取最大效率;同时对各种管理系统进行整合,比如监控系统、通信系统、收费系统,这样可以避免资源浪费,把有限的人力、物力、财力投放在高速公路需要的关键部位,比如无人机的监控可以弥补定点监控系统盲区,提供的数据可作为制订高速公路管理方案时的参考。

③管理要重点突出,加大重要路段监管力度。

根据历史数据统计,将事故频发地点纳入监控范围,并根据实际情况采取针对性措施。一般监控系统主要设置在高速公路出入口、大型桥梁、隧道、立交等位置,对一些事故易发路段监控设施缺乏,可增加此类监控点的布置,或者在重大节假日交通流量大时辅以无人机监控,减少超速、抢占应急车道、随意变道等违法现象。

第二节　高速公路安全管理技术

一、建立高速公路安全管理提前预警机制

为确保高速公路安全畅通,应建立高速公路管理局、路公司、高速巡警等相关部门安全管理提前预警机制。

乘客车出行要选择正规合法的交通运输企业,不乘坐私人揽客、超载车辆和无营运资质的车辆。通过广播、手机APP、新闻媒体等提醒高速公路潜在使用者,做好各种准备,首先进入高速公路前应精神饱满,不得疲劳驾驶,规范行驶,不能违规;其次做好汽车保养检查工序,确保车况良好,避免引起不必要的麻烦;再次,通过查看前方交通运营状况信息,选择出行路线;最后,查看天气,了解是否有大雨、大雪或者大雾等恶劣天气,确保安全驾驶。

江苏省高速公路联网管理中心在各节假日之前会发布小客车免费通行指南,针对节日期间车流、人流量将大幅度增加的实际,研究制订详细的工作方案,积极动员全警提高思想认识,强化重点路段及重要节点的警力部署,确保思想认识到位、组织领导到位、警力部署到位、工作措施到位;会同路政、安监等部门,对国省道、事故高发等路段开展节前道路交通安全隐患排查活动,并采取有力措施整改到位。同时,督促辖区客货运输企业加强安全管理,落实交通安全主体责任,对不符合安全标准的驾驶员坚决取消其运营和从业资格,全力遏制重特大交通事故的发生;节日期间,安排足够警力在重点路段不间断巡逻,及时发现堵点,通过事故快速处理、指挥疏导等措施,尽快打通节点,保证道路畅通。同时,采取主要路口定点执勤、主要路段巡查的方式,加大对酒驾、超员、超速等交通违法行为的查处力度,形成高压严管态势;通过悬挂宣传条幅、摆放宣传展板、播放宣传视频、发放宣传单等形式,早教育、早提示、早打预防针,努力提高广大交通参与者的交通安全意识和文明出行意识。充分利用官方微博、短信平台、电子屏幕,及时发布路况信息、气象信息和安全出行提示,引导广大群众安全出行。

节日期间,江苏省高速公路统一实行高速公路经营部门、路政部门、公安交管部门"一路三方"联合办公,指挥调度制度,随时掌握高速公路流量变化情况,密切关注全省高速公路重

要节点的通行情况,特别是京沪、沪蓉等高速公路和江阴大桥、苏通大桥等重点区域,在20个重要枢纽、36个匝道收费站和17个交通分流点,进行严格观察,如果发现情况比较严重,根据指定的方案,可以分别采取控制驶入、临时管制、间断放行、远程诱导、梯次放行等措施,确保高速公路资源均衡,最大限度地提高通行能力;为了防止拥堵和快速处理事故,高速公路路政部门、公安交管部门、清障救援部门通过联动机制,通过现场报警人描述和定点的视频监控或者辅助的无人机监控发现各类拥堵情况以及交通事故的详细情况,方便制订方案以及人力、物力的调配,确保第一时间救援伤员和将事故车辆撤离现场,尽快恢复道路畅通,全省高速公路公安交管部门还通过加强与交通路政、清排障等部门的联动配合,实行一体化运作,通过视频监控等手段实时发现各类交通事故,确保第一时间将事故车辆撤离现场。公安交管部门联合路政公司、保险公司在高速公路重点收费站、服务区、枢纽等处设置23个轻微事故快处快赔点,为广大驾乘人员提供"一站式"的交通事故理赔服务,实现了轻微事故快处快赔。

二、建立轻微事故快速处理机制

为了能快速恢复交通,公安交管部门特别提醒,遇到轻微事故可快处快赔。但是很多驾驶员对此工作不熟悉,对轻微事故的理解不到位,发生轻微事故不知道如何处理。

(1)高速公路轻微交通事故的理解。

高速公路轻微交通事故是指机动车辆在高速公路上发生的没有人员伤亡和路产损失,仅造成车辆财产损失,且车辆可安全驶离或移离的交通事故。

高速公路轻微交通事故应当同时具备以下条件:一是事故形态简单,主要指因追尾、碰擦等引发的事故;二是没有人员伤亡或路产损失;三是车辆可以自行驶离,或者可以安全移离事故现场。对此类事故,当事人可以视情依法选择自行协商、交警定责、直接向保险公司报案理赔等方式进行快速处理。

(2)高速公路轻微交通事故程序。

每一名驾驶员不管有没有发生轻微事故,都应学会如何处理发生的轻微事故。

①在无快处快赔点路段,如果各方当事人对事故事实、成因、责任意见一致的,无须现场拍照,可以先将车辆移至应急车道并按规定设置警示标志后,自行拍摄车损证据、协商处理。财产损失明显在2000元以下的轻微交通事故,当事人协商后直接向投保的保险公司电话报案、索赔,无须报警或等待交警到场。事故可能造成2000元以上财产损失,以及当事人意见不一致的,应当立即报警,按照接警人员的要求分类进行处置。

②在设有轻微交通事故临时快处理赔服务点的路段上,各方当事人对事故事实、成因、责任意见一致的,无须现场拍照,可以先将车辆移至应急车道并按规定设置警示标志后自行拍摄车损证据、协商处理。意见不一致的,应当立即报警,按照接警人员的要求进行处置。当事人可以在记录各方驾驶人姓名、车号、联系电话以及事故发生地点后,一同将车驾驶到就近的快处理赔服务点进行处理,驻点交警可以当场接受报警并及时作出事故认定。其中,财产损失明显在2000元以下的轻微交通事故,当事人无须报警,现场协商后到就近的事故快处理赔服务点直接向保险公司报案、索赔。

③事故不能快处快赔判别,如果事故一方的机动车存在无有效车牌、检验合格标志和保险标志的情况,或者驾驶员没有驾驶证,又或者存在酒驾、毒驾等行为时,则不能适用"轻微交通事故现场快速处置",必须及时报警,等待交警到现场处理。

三、建立高速公路超速非现场处理机制

高速公路因运行条件良好,导致部分驾驶员超速行驶,无论是主观还是客观原因导致的超速,一旦发生交通事故,通常后果严重,伤亡比例很大。从目前的状况来看,我国高速公路上超速行驶时有发生,为了降低交通事故发生率,采取有效措施减少超速现象,采取测速设备,电子化监控,保证高速公路的顺畅。一般高速公路上采取的测速方法有以下几种:

(1)区间测速。区间测速是一种新型执法手段,其原理是通过在同一路段上布设两个相邻的监控点,利用车牌识别技术来自动比对车辆号牌,根据道路里程和车辆行驶时间,计算车辆在该路段上的平均速度,来判定其是否超速行驶。简单地说,就是区间速度=区间距离÷运行时间。如果超速将根据规定进行处罚。

增加区间测速这一执法手段,处罚不是目的,而是通过及时发现和制止超速交通违法行为,教育驾驶员安全文明驾驶。所以,对于区间测速系统采集的违法行为,将采取现场执法和约谈严重超速驾驶员的方法,强化教育效果。2013年,江苏省启用高速公路机动车全程区间测速系统以来,效果比较明显,超速行驶比例下降显著。

(2)定点测速。交警使用固定雷达测速仪,测量车辆的瞬间行驶速度,测速仪可准确记录车牌号和车速,此方法与区间测速联合一起发挥作用。

(3)流动测速。交警使用车辆雷达测速仪,定点或不定点测量车辆的行驶速度。该方法可作为辅助手段配合前述测速方法,防止不法驾驶员在熟悉路况后选择性采取超速行为。

四、加大信息诱导技术应用

随着经济的快速发展,出行者需求越来越高,汽车保有量迅猛增加,高速公路拥堵问题越来越严重,为了方便大众出行,交通管理部门要积极推进智能交通系统的发展,其中出行者信息服务系统(ATIS)作为联系道路管理者与道路使用者的桥梁,是满足不断增长的公众出行信息服务需求、提升道路服务水平的重要途径。而可变信息标志(VMS)又是ATIS系统中实现公众信息服务的重要工具和手段。

VMS作为实现交通信息诱导系统中进行群体诱导的重要手段,1990年后在国内得到了广泛的应用。但是在使用上普遍存在以下问题:对基础信息的加工不深入,对VMS的发布和利用没有深入研究,造成很多情况下VMS发布显示的内容是各类宣传信息,没有起到良好的交通引导作用。这一实际问题近年来引发了国内相关科研机构和高校对于VMS信息智能诱导技术的研究。这些研究主要是基于路网交通流预测及交通流动态分配技术,以解决交通拥挤、均衡路网交通负荷实现分流引导为主要目的,为近年来我国一些大城市开始探寻新的思路以改善快速道路网的交通拥挤状况提供了理论支撑,并通过示范工程取得了一些成果。例如北京市交管局的实时动态交通流信息发布系统和上海的延安路高架智能信息引导系统,在及时引导来往车辆选择最佳路径、缩短行程时间方面取得了良好的成效,缓解了道路的拥挤程度。但是这些理论在高速公路上并未得到应用。一方面是因为高速公路本身VMS数量相对偏少、功能上相对单一、布局不尽合理等硬件条件导致。另一方面是因为大部分高速公路对VMS系统信息引导的需求侧重点在于实现异常情况下的交通安全运行保障功能,比如恶劣天气下的高速公路行车安全引导,而不在于解决交通拥挤问题。虽然,近年来有一些针对具体路段、恶

劣天气条件下或者交通事件下的 VMS 信息引导方面的研究,但也只是比较宏观地对信息发布内容(如何时发布限速信息、交通事故信息)和信息显示方式(语言文字还是图形)等给出一些建议,可操作性不强。

高速公路 VMS 智能信息引导技术研究与应用的缺乏,导致我国高速公路信息发布系统基本上还都采取人工手动发布信息的落后方式。如何在具备条件(可变信息标志数量较多、信息采集来源稳定可靠)的高速公路上实现 VMS 系统根据恶劣天气发生的严重程度和地点,自动锁定相关可变信息标志,并自动生成可变信息标志联动发布信息方案,而不是由管理人员根据经验逐块手动发布,切实提高信息发布效率及科学性,增强交通引导功能是一些经济发达地区高速公路管理部门迫切需要解决的问题。基于此,我们可对雾天高速公路可变信息标志信息联动发布策略进行研究。

根据相关研究成果以及与管理者的座谈,雾天能见度降到 200m 以下时对交通的安全运行将产生明显影响,当能见度低于某一数值后由交警决定是否采取封路措施。基于上述现实,考虑到能见度低但没有必要采取封路措施时,信息发布的目的主要是对雾区中及进出雾区的车辆进行安全警示,引导车辆安全行进。道路封闭时,信息发布的目的主要是进行分流引导,指引车辆驶离高速。目的不同,信息发布的内容与策略也会有所不同。因此我们将可变信息标志联动信息发布策略分为常态联动发布策略和道路封闭分流处理联动发布策略两种。前者是指能见度低于 200m 但未采取封路措施下的处理策略,后者则指因能见度极低采取局部或全部封路措施下的处理策略。

五、加大超限超载治理力度

(1)建立健全法律法规。

尽快建立健全交通管理的法律体系已经迫在眉睫,只有在法律层面上明确货车超载超限的认定标准和对此的处罚依据,规范高速公路的行政执法体系,制订针对超载超限车辆的路损补偿制度,规定各执法部门的执法范围、职能和权利。各个部门要对运输车辆的各个管理环节(如生产、注册、登记、运营、安全、监测、收费等)依法加强监督,明确各部门在自己管辖范围内的职责,防止各部门间相互扯皮,真正做到有法可依、执法必严、违法必究。

酒驾的法律政策出台之后,社会影响深远,酒驾的法律规定要求其实可以嫁接移植到高速公路超限超载的执法上来。

(2)加大管理部门之间协同协调力度。

首先,加强交通管理和公安管理部门之间的协调。本着统一领导的原则,明确省一级高速公路的主管部门,协调整合公安和交通等部门在高速公路管理中的关系,使之互相配合、互相协作。由政府或主管部门统一指挥管理治超工作相关单位(路政、公安、运管),制订治理超载超限运输的规章制度和注意事项,加大对不按核载标准运输车辆的打击力度,在有条件的情况下建立"超载超限黑名单"制度,建立驾驶员和企业的信用管理体系,实行"一超三罚"制度(罚驾驶员、罚货主、罚运输企业)。

其次,加强与其他相关部门的协调。对超载超限货物运输进行长期而又有效的治理,必须要将整个超载超限治理工作作为一个完整的系统来看待,该系统不仅涉及公安、交通两大部门,还涉及运管、稽征、工商、质检、建设、经贸、军队和车辆生产制造等多个部门,只靠一两个部门在各自职责范围内进行治理是不可能根治超载超限现象的；各个部门要统一认识、统一行动、相互协作，不能以各自利益为重，各自为政、重处罚、不管理、一罚了之。为此，公安车管部门要严把车辆注册登记关、入户关，在上牌入户时坚决不让大吨小标车辆、非法拼装组装车辆、报废车辆和盗抢车辆蒙混过关。

要联合车管部门，提升对车辆管理的技术水平，坚决打击非法组装车辆，或者对非法改装车辆，甚至利用一些快要报废但没有办理手续或者已经报废车辆进行改装等行为进行坚决打击，运管部门则按照规定加强对道路市场有关经营者的行业监管，稽征部门做好养路费调整工作，降低合法装载车辆的运输成本。车辆生产和制造部门要严格执行国家的有关规定，拒绝生产、改装大吨小标车辆；车辆的各总成与部件严格按照设计方案执行，对不规范生产的汽车制造企业，质检和工商部门要坚决清理整顿。军队和武警部队要加大对军车警车的管理力度，防止有人利用这些车辆进行超载超限运输，扰乱正常的运输市场秩序。

(3) 实行超限驾驶员累计扣分制。

我国现有的具有较强操作性的超限管理手段较为单一，通常的做法是检测到超限车辆，首先要按规定卸下或分载其超限部分，然后按规定收取路损赔补偿费用，再者可根据是否为恶意或严重违章进行罚款处罚。在具体管理过程中我们往往忽略了对超限车驾驶员的管理问题，无论任何一次非法超限运输行为，超限车驾驶员都首当其冲是重要的违法责任人之一，应加强对其的处理(罚)力度。另外，在现有的管理模式下，虽然对违法行为进行了处罚，一般是超限车驾驶员缴纳罚款等费用，但实质上该费用是运输企业要返回给超限车驾驶员的，或是在原定的运输企业与驾驶员议定的运输费用中包含的，归根结底处罚的是运输业主，未对超限车驾驶员进行任何的处理处罚。而现有的管理方式，大大助长了超限车驾驶员有恃无恐地进行违法超限运输的行为。对超限车驾驶员的有效管理方法之一，即借助现行的驾驶证违章扣分管理办法，将违法超限运输行为一并纳入累计扣分管理中，其基本思路如下：

一是由公安交管部门及时修改并出台超限运输违章扣分管理办法。将违法超限运输行为列为重要交通违章内容，如实施违法超限运输的发现一次扣 2~12 分，凡是扣分满 12 分后，由公安交通部门吊扣驾照，并勒令其参加再教育培训。通过对违法超限驾驶员的扣分处罚，限制其经营活动来达到遏制超限行为的目的。

二是对违法超限运输行为实行连带问责。在强化对超限车驾驶员实施违法超限驾驶扣分处罚基础上，应进一步加强对与违法超限有密切关系的其余责任者实现连带问责，即对超限货物供货方、超限车所属单位、超限货物购买方一并实施连带的处理处罚，以实现对违法超限运输的全面监督和管理。

(4) 全面推广计重收费模式。

从多年治理超限超载的工作经验来看，仅依靠行政手段进行超限超载治理工作，其效果并不理想。违法超限超载运输的最主要目的是牟取暴利，只有让违法超限超载运输无利可图，甚至承担额外的损失，才能真正有效的遏制超限超载运输的发生。为此，我国有些省市已进行了以经济手段来治理超限超载运输的尝试，并取得了很好的效果。以经济手段进行超限超载治理的主要方式是推进计重收费。计重收费模式是车辆通行费收费模式的一次重大进步。原有收费模式为按车型进行收费，无论运输车辆是空车还是超限车辆，同样的车型，其收费额一样。

目前，天津、江苏、湖北、安徽、江西、青海等多个省市实行了货车计重收费。而计重收费模式与原有仅按车型计征通行费的模式相比,收费更加合理,确保交通规费"应征不漏",且整体规费收入有增加;使"大吨小标"违法车辆没有了市场,引导汽车生产制造业向型化、专业化方向发展;有利于对公路及公路桥梁安全的有效保护,有利于公路通行能力和通行安全的提高。在以往超限超载车辆例较多时,因为超限超载车在公路上行驶速度慢,堵塞交通,且事故频发,如推广计重收费会使超限超载车辆在公路上的行驶比例大大降低,交通事故大大减少,可以大幅度提升交通运作环境,进一步提升高速公路社会服务水平。

针对称重,以上所述是从外部采取称重检测,防止超载,对于驾驶员来说是被动式管理,可以考虑在汽车内部安装自动检测货物重量的装置,让驾驶员主动管理,避免超载,一方面可提高车辆装载计重精度,另一方面可对汽车载质量进行监测,帮助驾驶员和运输企业掌握车辆装载信息,加强安全装载自律约束,从而达到安全运输的目的。

(5)以信息技术提高管理水平。

高速公路信息化是高速公路管理的发展方向,在高速公路上涉及地理位置、汽车定位、车辆识别等需求,近年来GIS(地理信息系统)、GPS(卫星定位系统),汽车照片成像技术、汽车自动识别和汽车分类技术、事故拥堵初步智能方案等信息化技术得到不同程度发展,积极发展公路快速货运系统和智能交通系统(ITS),对车辆超限超载、超速、路况安全等进行监控,对违章超限超载行驶的车辆进行自动筛选和记录,对违章车辆发出监控警告措施,并提前进行疏导,保证公路的通过能力及道路车辆安全运行。

六、加大对危化品运输的管理力度

高速公路的交通管理部门积极主动加强对危险品货物运输的监督管理,严格禁止不具备上路条件或者车况不良的车辆进入高速公路,恶劣天气下应做好提示和宣传工作,禁止危险品运输车辆进入高速公路。同时,交通部门管理人员应熟悉各种危化品的业务知识,对于不符合规范的危化品车辆,整改后再进入高速公路,危化品车辆必须安装静电接地装置、阻火设备、灭火器材、危险品三角黄灯、危险品标志牌,危险品车辆还要配备专门驾驶员和押运员,并且他们必须经公安消防机构培训,考试合格后方能持证上岗。高速公路服务区应为危险品车辆准备专用泊位,使其与其他车辆保持一定间距。

由于处置危险品事故往往需要进行跨地区、跨行业的调度人员和设备,以及疏散事故点附近城镇群众等工作,因此,应由政府部门快速成立危险品事故清障指挥领导小组,负责危险品事故处置的组织指挥工作,其他部门密切配合,领导小组可在高速公路经营管理单位设立联合办公室,一旦发生危险品事故,可以迅速反应,尽快解决,减少危险品对现场人员、周围环境的危害程度。

同时还应建立一套危险品事故信息数据库,其内容应包括沿线的人民政府、公安、消防、环保、卫生防疫急救等部门的联络方法;邻近地区各种特殊清障设备,特种救援车辆的分布信息;各种类型危险品事故的处置预案以及相应的交通管制预案;各种具有代表性的危险品的化学性质以及处理该种类型的危险品事故时所必须注意的事项。

七、创新安全管理措施

(1)使用无人机监控。

近年来,随着民用无人机产业的发展,无人机在航拍、农业植保、地理测绘、交通巡查、消防救援等领域迅速应用,特别是警用无人机的发展对交通违法现象拍摄监控及指挥处理交通事故有显著作用。节假日期间,各高速公路交通流量迅速攀高,交通违规和交通事故越来越多,交通拥堵越来越严重,为了保障交通顺畅,不少地方交警启用了无人机对交通状况进行巡查,实时拍摄交通状况回传至指挥中心,同时对不按导向车道行驶、占用应急车道等违法现象进行拍摄(图10-9)。

2014年五一期间,苏州交警首次使用无人机进行高空巡逻,重点监控立交枢纽的交通拥堵情况,以便快速进行路况研判,加速疏导。一段长达3km的拥堵车流,因为有了无人飞机,仅用30min就疏通了。

(2)开通微信路况信息实时查询。

"无锡交警"微信公众平台在省内率先提供实时路况查询功能,为市民提供99个路口和路段的高清视频截图(图10-10)。这些视频每5min更新一次,公众出行前只需要直接查询所要通过的高速公路实时路况,并根据情况选择是否改变出行路线。

图10-9　苏州高速无人机拍摄照片　　　图10-10　"无锡交警"微信公众平台查询高速交通状况

八、加强特殊地区高速公路安全保障关键技术研究

大货车在山区高速公路长大下坡路段行驶时,如其制动器升温过高,则会发生热衰退,导致其易因制动失效而发生交通事故。因此,纵坡设计显得尤为重要,设计时特别要关注大货车的制动问题,目前有以下针对性措施:

(1)长大纵坡爬坡车道的设置技术。山区公路长大纵坡路段是交通事故多发段,对于长大纵坡上坡路段,设置爬坡车道是降低事故率的有效途径之一。爬坡车道是指在一定长度和纵坡的上坡路段设置的供大型车辆行驶的车道,一般是在主线车道旁边加设一个辅助车道,把速度慢的车辆从主线道路分离出来,以分流的形式维持主线车辆的正常行驶速度。

(2)长大纵坡路段避险车道的设置技术。关于避险车道方面的研究,美国公路与运输协会(AASHTO)2001年发布的公路和街道几何设计政策(俗称"绿皮书")中指出:决定避险车道是否需要设置的主要因素应该是路面上其他交通流的安全、失控车辆的驾驶员和下坡坡道沿途以及坡底的居民安全。与国外相比,国内在避险车道设置和研究方面起步较晚,相关的研究较少,相应的规范或指南还没有出台,各地在避险车道设置方面还没有统一的标准可以遵循。

现阶段,对于已运营道路,国内在确定是否设置避险车道时主要考虑的是失控车辆事故数。对于新建道路,在设计阶段考虑是否设置避险车道,主要还是依靠设计人员的主观判断。

(3)隧道入口线形设计和照明过渡技术。目前,国内外在隧道的平面线形设计方面存在差异。隧道平面线形设计为平曲线,特别是洞口段设置为曲线段,不仅有利于光线的过渡,而且能有效地调节驾驶员的心理,不致受出口"白洞"影响加速出洞,避免引起交通事故。隧道照明是一项重要任务,它关系到行车的安全性和舒适性。

(4)避免桥头跳车技术。路桥过渡段桥台与路堤两种材料刚度有较大差异,是产生桥头跳车的客观因素;同时,设计和施工中的一些不合理因素也加剧了桥头跳车病害的发生。国内不少公路工作者根据构造物台墙及台背回填材料的特性,分析了台背处路面沉陷或断裂的原因,提出了台背回填"刚柔过渡"设计观点,取得了一定的效果。国内外比较常见的桥头跳车处治方法还有桥头搭板法。在回填材料方面,在台背处填筑透水性材料,这些方法在一定程度上的确缓解了桥头跳车的程度,然而关于这些回填材料的技术经济指标还有待于进一步研究。

(5)互通立交安全保障设计技术。高速公路互通立交,出入口处历来是交通事故的多发区。该部位除了有直行交通外,还有转弯交通要进行加速、减速、交织等复杂运行,容易引起交通紊乱。因此,高速公路出入口设计必须引起高度重视。

附 录

附录一 ISO 9000 质量管理之监督检查表式

季度监督检查记录表 附表 1-1

高速公路名称：　　　　　　　　　　　检查区间/方向：

序号	检查项目		检查内容	检查标准	存在问题
养护	路面		整体评价	行车安全,路面平整,路容美观	
			主要病害	坑槽、严重车辙、严重裂缝	
			路面排水	路面排水通畅,无较严重积水现象	
			路面保洁	路面清洁,无垃圾、废弃物品、堆积物,无大面积油污	
			路缘石	路缘石整齐、无破损	
	路基边坡		路基沉降	路基未出现视觉上明显的下沉	
			公路用地	整洁干净,无垃圾、工程废料堆放	
			边坡	无滑坡、坍塌	
			排水设施	无淤塞、损坏,排水通畅	
			窨井盖	完好	
	桥梁		防撞墙、栏杆	防撞墙完好、无明显损害,栏杆无变形、锈蚀	
			桥面系	无明显坑槽、车辙和伸缩缝损坏	
			桥头跳车	无明显跳车	
			锥坡	边坡稳定,无明显雨水掏空现象	
			上部结构	无明显变形裂缝	
			桥墩、桥台	完好,无明显移位、裂缝、混凝土破损	
	隧道		隧道防护	交通安全设施完好,限高、限速、诱导、轮廓等标志、标线清晰、规范;隧道入口段设置护栏或进行安全防护	
			隧道土建	土建结构无明显变形、裂缝、渗漏水现象,洞口边、仰坡无滑坡落石,隧道内路面无影响交通安全的明显病害	
			隧道监控	隧道监控全覆盖,监控设施完好可用	
			隧道通风	隧道通风良好,通风设施定期保养	
			隧道照明	隧道照明设施完好,养护维修及时	
			隧道消防	消防水池完好可用,其他消防设施完好、定期检修,指示标志醒目	

续上表

序号	检查项目	检查内容	检查标准	存在问题
养护	隧道	隧道逃生	横通道门开关自如,门内无杂物堆积,紧急电话、引导设施完好,标志醒目	
	交通安全设施	交通标线	完好、清晰	
		交通标志	规范、齐全、醒目、反光效果好,无歪倒、锈蚀,无遮挡	
		防撞护栏	完好无缺失,线形顺适	
		防眩板	无缺失、无损坏,线形顺适	
		隔离栅	无破损或缺失,无打开	
		活动护栏	稳固、整齐,并采用有效措施锁定	
		分流桶	摆放位置正确,夜间反光效果好	
		防抛网	牢固、整齐、无破损	
		声屏障	面板平整,无倾倒、破损	
	绿化	中央分隔带	防眩树木种植整齐、修剪规范	
		路侧绿化	定期进行绿化修剪养护,垃圾清除及时	
	养护施工现场	施工标志	按国家和省有关标准和规定,设置施工标志和安全标志	
		施工车辆	按国家和省有关标准和规定,喷涂施工标志颜色和警示装置	
		施工人员	养护施工及管理人员着装规范,遵守现场安全防护等施工安全规定	
服务区	公共场区	外场环境	地面草坪无垃圾、杂物、积水,无黄土裸露;地面无坑槽病害;垃圾箱整洁,布局合理,分类回收并及时清理	
		站区设施维护	各种标志、标线清晰有效,有序引导车流、客流;区内道路及广场休息等设施及时维护和修复,消防器材有明显指示标识,夜间照明满足需要	
		车辆停放	停车位实行划区分类设置,危化品、牲畜车专区停放;根据车流量合理配置安保人员并加强疏导工作	
	公共卫生间	卫生环境	公厕清洁卫生、无异味或过度熏香,地面墙体门窗等各项设施完好、干净整洁,文明如厕,残疾人专用设施等提示标识、标牌齐全,便池干净、无水锈污渍,光线良好,便器数量与客流量相匹配	
	商超餐饮	食品及商品价格	营业证照齐全并公示,各类食品、商品明码标价,一货一签,大众商品价格不明显高于本地平均水平,能开具发票	
		食品及商品质量	不销售"三无"、过期商品,销售音像、刊物证照齐全	

续上表

序号	检查项目	检查内容	检查标准	存在问题
服务区	商超餐饮	卫生环境与安全	在明显位置公示员工健康证,熟食售卖人员佩戴卫生用具,环境整洁	
	加油站	加油服务	设置严禁烟火、停车熄火、禁打手机和限速行驶四类安全标志,消防设施完备;加油设备计量定期检测	
	汽车维修	维修服务	证照齐全、执行汽修等级价格并在显著位置公示,提供24小时修理服务,能提供发票	
收费站	收费管理	收费设施	收费政策公示牌设置规范、完好,无破损、遮挡	
			收费广场、通道路面平整、无破损	
			ETC通道设施完备、完好;标识、标志、标线醒目齐全;绿色通道专用道口标识规范	
			收费监控设施、安全设施、引导标志设置到位;收费大棚、收费岛、收费亭整洁、完好	
			照明设施完好,并满足广场夜间照明需要	
			200m、重大节假日小客车免费放行标识、分界线、监控设施设置规范	
		收费管理	收费称重系统定期进行标定、校核,并予以公示	
			执行绿色通道运输鲜活农产品的车辆免费放行政策,快速检验通过	
			因未开足收费道口而造成平均10辆以上车辆待交费,或者开足收费道口待交费车辆排队均超过200m的,立即实行免费放行	
			收费道口开放满足交通流量,有管理人员负责道口疏导,不发生因管理不善引发的车辆拥挤现象	
			收费人员着装整齐、统一标识,持证上岗,挂牌服务	
检查单位		检查人	检查日期	

支队上季度主要问题的整改落实情况核查表

附表 1-2

高速公路名称： 　　　　　　　　　　所属经营管理单位：

分　类	检查发现的主要问题	整　改　情　况
上季度综合检查		
上季度重点桥梁检查		
上季度大队监督检查		
检查单位	检查人	检查日期

注：整改情况填写"已完成整改""正在整改"或"未整改"。

桥梁经常性监督检查记录表(通用表)

附表 1-3

路线编码		路线名称		桥位桩号	
桥梁编码		桥梁名称		管养单位	
桥梁组成	部件名称	缺损类型		缺损范围	
上部结构	上部结构异常变形				
	支座				
下部结构	翼墙、耳墙				
	锥坡、护坡				
	桥台及基础				
	桥墩及基础				
	地基冲刷				
	调治构造物				
桥面系	桥面铺装				
	伸缩缝				
	桥与路连接				
	人行道、缘石				
	栏杆、护栏				
	标志、标线				
	排水设施				
	照明系统				
	桥面清洁				
	其他				
负责人		检查人		检查日期	

注:如某构件未发现明显病害,则于桥梁缺损类型位置处填写"完好";如某构件不存在,则于桥梁缺损类型位置填写"—"即可。

桥梁经常性监督检查记录表(悬索桥)   附表1-4

路线编码			路线名称		桥位桩号	
桥梁编码			桥梁名称		管养单位	
桥梁组成		部件名称	缺损类型		缺损范围	
上部结构		加劲梁				
		索塔				
		支座				
		主鞍				
		主缆				
		索夹				
		吊索及钢护筒				
		锚杆				
下部结构		锚碇				
		索塔基础				
		散索鞍				
		地基冲刷				
		调治构造物				
桥面系		桥面铺装				
		伸缩缝				
		桥与路连接				
		人行道、缘石				
		栏杆、护栏				
		标志、标线				
		排水设施				
		照明系统				
		桥面清洁				
		其他				
负责人			检查人		检查日期	

注:如某构件未发现明显病害,则于桥梁缺损类型位置处填写"完好";如某构件不存在,则于桥梁缺损类型位置填写"—"即可。

桥梁经常性监督检查记录表（斜拉桥） 附表1-5

路线编码			路线名称		桥位桩号	
桥梁编码			桥梁名称		管养单位	
桥梁组成	部件名称		缺损类型		缺损范围	
上部结构	斜拉索系统（斜拉索、锚具、拉索护套、减震装置等）					
下部结构	主梁					
下部结构	索塔					
	支座					
	翼墙、耳墙					
	锥坡、护坡					
	桥墩及基础					
	桥台及基础					
	地基冲刷					
	调治构造物					
桥面系	桥面铺装					
	伸缩缝					
	桥与路连接					
	人行道、缘石					
	栏杆、护栏					
	标志、标线					
	排水设施					
	照明系统					
	桥面清洁					
	其他					
负责人			检查人		检查日期	

注：如某构件未发现明显病害，则于桥梁缺损类型位置处填写"完好"；如某构件不存在，则于桥梁类型缺损位置填写"—"即可。

大队日常性外业桥梁监督检查记录表

附表1-6

路线编码		路线名称		桥位桩号	
桥梁编码		桥梁名称		管养单位	

位置	部件名称	状况	缺陷		
上部结构	上部结构	□完好	□明显裂缝;□明显破损		
	支座	□完好	□严重开裂;□缺失、脱空		
下部结构及河床	桥台锥坡	□完好	□塌陷;□铺砌严重破损;□雨水掏空		
	桥台及基础	□完好	□明显位移变形;□明显裂缝或破损; □钢筋外露锈蚀		
	桥墩及基础	□完好	□明显位移变形;□明显裂缝或破损; □钢筋外露锈蚀		
	河床变化	□完好	□河岸有坍塌;□河道有挖土、采砂现象		
桥面系	桥与路连接	□完好	□桥头跳车		
	伸缩缝	□完好	□堵塞卡死;□混凝土破损;□橡胶条损坏		
桥面系	桥面铺装	□完好	□不平整;□局部坑槽;□积水;□车辙严重		
	栏杆护栏	□完好	□混凝土破损;□钢筋锈蚀		
	排水设施	□完好	□泄水管堵塞;□泄水管破损或缺失		
	桥梁公示牌	□完好	□缺失或损坏		
其他	其他显而易见的损坏或病害				
大队负责人		检查人		检查日期	

注:主要缺陷应留存影像资料。

隧道安全营运监督检查记录表

附表 1-7

隧道名称			
经营管理单位			
检查项目	检查内容	检查情况	
		存在问题	具体问题描述
隧道土建	土建结构	□土建结构(洞门洞边、衬砌)明显变形、裂缝、渗漏水 □洞口边、仰坡有明显滑坡落石 □隧道内路面有影响交通安全的明显病害	
交通安全设施	隧道防护 标志、标线	□隧道入口段未设置护栏等安全防护,或护栏等防护设施损坏 □隧道限高、限速、引导轮廓标志不齐全,夜视反光效果不良 □隧道标线不规范、不清晰,夜视反光效果不良	
隧道安全	隧道消防 隧道逃生	□消防设施破损,未定期检修 □消防水池有损坏,不能正常使用 □消防设施指示标志不完好醒目 □横通道门开关不自如,门内有杂物堆积 □紧急电话、逃生引导标志不清晰	
其他	隧道通风 隧道照明 隧道保洁 隧道排水	□隧道能见度差,通风效果不良 □隧道灯具损坏较多,维修不及时 □隧道卫生状况差,不干净整洁 □隧道排水不畅通,有积水现象	
大队负责人		检查人	检查日期

服务区经营服务行为监督检查记录表

附表 1-8

服务区名称			
经营管理单位			
检查项目	检查内容	检查情况	
		存在问题	具体问题描述
外场环境	绿化管护、场区环境	□地面、草坪有垃圾杂物、积水,绿化带有黄土裸露现象 □地面有坑槽等影响行车安全的病害 □照明设施有损坏或开启不足,停车区域存在盲点 □垃圾桶布局不合理、未分类或卫生状况差 □开水器损坏,或卫生状况差	
公共卫生间	公共卫生间环境卫生、设施状况、标志设置	□公共卫生间、残疾人专用卫生间标志设置不齐全,不清晰 □公共卫生间清扫不及时,不整洁,便池有污渍,地面不干净,洗手台有水渍 □公共卫生间各项服务设施、残疾人专用设施设置不完整、缺损或维修不及时 □光线昏暗、有异味或过度熏香	
停车管理	车辆停放、引导标志	□未划设不同的停车区域,未设置危化品、牲畜运输车专用停车区 □各类车辆未按区域停车,乱停乱放 □场区内未设置车辆引导标志、停车位指示标志或标志不够清晰、不够醒目 □未根据车流量合理配置人员加强疏导工作	
加油站	安全警示标志、危险品摆放、加油设备计量	□严禁烟火、停车熄火、禁打手机和限速行驶等安全警示标志不够清晰、齐全 □卫生状况差,地面有烟头等垃圾杂物,加油设备有污渍 □站区内有易燃易爆及其他危险品 □加油设备计量无定期检测 □加油车辆较多不能及时开启闲置加油设备 □消防器材不在有效期内	
汽车维修	维修资质、收费标准、厂房环境、维修质量	□维修单位、人员无维修资质,未持证上岗 □证照、收费标准未在明显位置公示 □厂房环境脏乱、卫生状况差 □消防器材不在有效期内 □无防止高压充气过程中钢圈飞出的安全控制措施	
餐饮及超市服务	食品及商品价格、质量、卫生,合法经营	□营业证照不全,或未在显著位置公示 □餐饮从业人员无健康证,未在显著位置公示 □各类食品、商品未明码标价、一货一签 □方便面和矿泉水等大众商品价格明显高于本地平均水平 □销售"三无"或过期商品 □不能开具发票	
大队负责人		检查人	检查日期

通行费征收秩序监督检查记录表

附表1-9

收费站名称				
经营管理单位				
检查项目	检查内容	检查情况		具体问题描述
		存在问题		
收费政策	政策公开、设置规范	□收费政策"六公开"不到位 □绿色通道等政策公示牌设置不规范、破损		
站区环境	收费广场、照明设施	□收费广场、通道路面不平整、破损 □收费大棚、收费岛、收费亭不整洁、破损 □照明设施缺失，不能满足广场夜间照明需要		
收费设施	各类设备、标志、标线及标牌	□200m免费放行标识、分界线、监控设施设置不到位 □ETC通道设施不完好，标识、标志、标线不醒目、齐全 □绿色通道专用口标识不规范 □收费监控设施、安全设施、引导标志设置不到位 □收费称重系统未定期进行标定、校核，未予以公示		
政策执行	绿色通道、200m免费放行	□有未能严格执行一车一卡缴费放行收费政策现象 □有未执行绿色通道运输鲜活农产品的车辆免费放行政策，不能快速检验通过现象 □有因未开足收费道口而造成平均10辆以上车辆待交费，或者开足收费道口待交费车辆排队均超过200m时，未能立即实行免费放行现象 □有对禁止进入高速公路的车辆发放通行卡现象 □有未能执行重大节假日小型客车免费放行正常现象		
收费管理	收费拥堵、收费人员	□因管理不善，存在较严重的车辆拥堵现象 □收费人员不满足着装整齐，统一标识，持证上岗，挂牌服务要求		
大队负责人		检查人	检查日期	

整 改 通 知 书　　　　　　　　　　附表 1-10

编号：_____

_____：	
你单位管养/运营的_____高速公路_____,经检查发现有以下问题。请按有关制度、规范的要求于___年___月___日前予以整改。整改情况及逾期不能整改原因,请书面回复。	
检查单位(盖章)：_____　检查人员：_____、_____　日期：_____	
存在问题 (附照片)	
被检单位签收：_____　　　　　　　　　日期：_____	
整改复查情况：	
复查人：_____/_____　　　　　　　　复查日期：_____	
备注:本表一式二份,被检单位签收后,高速公路管理机构、被检单位各留一份。	

附录二　清障救援预案

1. 建立预防预警机制

1.1　信息监测

高速公路公安交管部门和经营管理部门(单位)应及时收集和掌握辖区内可能引发高速公路灾害事故的有关信息,包括雨、雪、雾、冰冻等恶劣天气的情况,因塌方、山体滑坡、洪水等自然灾害和地质灾害毁坏公路、中断交通的情况,因交通事故或其他因素导致道路拥堵或封闭交通的情况,以及各种可能对高速公路所在地区产生重大影响的情况。

1.2　预防预警行动

(1)接警。高速公路公安交管部门和市应急救援支队实行 24 小时值班。

(2)处警。接到报警后,市应急救援支队等相关部门对事故情况进行初步分析,及时赶赴现场救援。较大以上(含较大)事故须及时向当地人民政府及上级主管部门报告。

2. 建立应急响应

2.1　应急响应级别

按照高速公路灾害事故的影响范围、可控性和严重程度,分为一般(Ⅳ级)、较大(Ⅲ级)、重大(Ⅱ级)、特别重大(Ⅰ级)四级。

出现下列情况之一时,为Ⅳ级。

(1)道路交通中断3小时以内,造成车辆滞留。

(2)发生一般人身伤亡财产损失的事故,影响高速公路通行的。

出现下列情况之一时,为Ⅲ级。

(1)道路交通中断3小时至6小时以内,造成车辆滞留。

(2)发生较大人身伤亡财产损失的事故,影响高速公路通行的。

出现下列情况之一时,为Ⅱ级。

(1)道路交通中断6小时至12小时以内,造成车辆滞留。

(2)发生重大人身伤亡财产损失的事故,影响高速公路通行的。

出现下列情况之一时,为Ⅰ级。

(1)道路交通中断12小时以上,造成车辆滞留。

(2)发生特大人身伤亡财产损失的事故,影响高速公路通行的。

2.2 信息报告和处理

发生Ⅳ级高速公路灾害事故需要救援时,事发地高速公路交通管理大队应立即报告当地应急救援支队。

发生Ⅲ级高速公路灾害事故需要救援时,事发地高速公路交通管理大队应立即报告当地应急救援支队;市应急救援支队接报后应立即报告市人民政府和市公安局。

发生Ⅱ级以上高速公路灾害事故需要救援时,事发地高速公路交通管理大队应立即报告当地应急救援支队;当地应急救援支队接报后应立即报告当地人民政府、公安局和上一级应急救援总队。

2.3 应急响应行动

2.3.1 Ⅳ级应急响应

发生Ⅳ级高速公路灾害事故,立即启动县(市)区高速公路灾害事故应急救援预案,迅速调度相应消防中队及高速公路交警、路政、卫生急救队伍进行救援,当地应急指挥部做好应急救援指导工作,并做好应急准备。

2.3.2 Ⅲ级应急响应

发生Ⅲ级高速公路灾害事故,立即启动应急预案,迅速调度消防支队及高速公路交警、路政、卫生应急救援队伍,视情况调度其他联动力量进行救援。

2.3.3 Ⅱ级、Ⅰ级应急响应

发生Ⅱ级、Ⅰ级高速公路灾害事故,立即启动应急预案,开展先期救援工作。根据相关规定,调度当地公安交管部门在相应的高速公路出入口协助对堵塞车辆进行引导分流。同时,由当地应急指挥部向省消防总队请求启动省级应急救援预案,必要时请求省消防总队向公安部消防局申请启动国家级应急救援预案。接受省、国家应急指挥部的组织、指导和协调。

启动高级别应急预案时,低级别应急预案应同时启动。

2.4 应急处置

2.4.1 指挥调度

接到救援报警后,接警单位要迅速上报当地应急指挥部,按响应级别调度应急救援联动

力量。

2.4.2 应急联动响应

(1)高速公路公安交管部门接到报警命令后,必须立即赶赴现场,开展先期救援工作,同时组织力量进行现场警戒,进行交通管制,疏通道路,必要时对高速公路进行逆向封闭,保证应急救援车辆能及时顺利赶赴现场。

(2)消防部队接到高速公路灾害事故报警后,应当坚持"救人第一,科学施救"的指导思想,按照"第一时间调集足够警力和有效装备,第一时间到场展开,第一时间实施救人,第一时间进行排烟降毒,第一时间控制灾情发展,最大限度地减少损失和危害"的要求,组织实施灭火与应急救援行动。

(3)遇车辆落水、坠崖(沟、桥),发生火灾、爆炸,路桥设施垮塌,危险化学品泄漏,气象或地质灾害引起高速公路长距离堵塞,以及其他救援难度大的事故,根据需要,调集大型起重设备或其他机械设备进行救援。

2.5 信息发布

应急指挥中心同政府新闻办、高速公路公安交管部门,按照有关规定,组织信息发布工作。

2.6 应急结束

高速公路灾害事故现场被困人员全部被解救、现场险情全部排除后,应组织对现场进行全面细致的检查和清理。

(1)高速公路公安交管部门或高速公路管理(路政)部门(单位)组织拖离事故车辆,对事故中伤亡人员进行清点统计。

(2)消防部队对发生火灾的现场进行检查、清理,消灭余火,对危险化学品泄漏事故现场及参战人员设备等进行全面洗消。

(3)高速公路管理(路政)部门(单位)将应急救援中启用的高速公路附属设施恢复至正常状态,对事故现场道路进行善后处理。

(4)其他相关单位对现场进行职责范围内的善后处理。

在确认现场无危害隐患后,迅速恢复高速公路正常运行秩序,由应急指挥中心决定宣布应急结束。

3. 善后处置

应急指挥中心各成员单位要相互协作,依据相关法律法规进行善后处置工作。当地应急指挥部办公室对高速公路灾害事故处置工作进行总结评估,针对处置中存在的问题,提出修改完善应急预案的建议。

4. 监督管理

4.1 宣传和培训

各级各有关部门和单位应定期对内部人员开展高速公路应急救援培训。各有关部门应加强对公众的应急救援法律法规和突发事件预防、避险、避灾、自救、互救常识的宣传教育工作,提高公众的自救互救能力。

4.2 预案演练

应急指挥中心适时组织不同类型的高速公路灾害事故应急救援演练,增强应急准备及应急响应能力,及时检验并评估应急演练结果,不断完善应急预案,不断提高应急救援的实战能力。

4.3 奖励与责任

对在应急救援工作中作出突出贡献的集体和个人予以表彰奖励;对不认真履行职责、玩忽职守且造成严重损失的,有关部门(单位)应依法给予责任单位或责任人行政处分,触犯法律的,依法追究法律责任。

附录三 江苏省高速公路应急处理措施指导手册

1. 交通事故的应急处置
1) 按高速公路半幅全车道封闭预案执行
(1) 分流绕行预案执行单
①高速交通组织执行组交通事故应急处置工作单内容

a. 分流的立交或收费站名称及桩号,分流绕行道路的名称。

b. 事故方向车道渐变点前的提示标志类型及其位置,可变信息标志的提示信息。

c. 对车道渐变段、分流立交或收费站的交通疏导,在分流立交或收费站向绕行车辆发放绕行线路图及信息。

d. 分流点前方车道渐变起始点位置,需要封闭的车道数,车道渐变时的提示、引导标志以及锥形桶的布设。

e. 存在上游分流点时,上游分流点的位置、间断分流的时间、绕行线路、需要设置的标志类型以及设置位置。

f. 高速公路上需要重点控制的路段。

②对外协调组交通事故应急处置工作单内容

a. 绕行线路上需要启用应急信号控制方案的交叉口的名称以及绕行线路上需要重点控制的路段,协调绕行道路的管理单位启动应急处置。

b. 向媒体的通报信息,包括事故情况以及救援情况、预计分流的持续时间、分流立交或收费站的名称、绕行线路、上游的分流点及绕行线路。

③现场处理组交通事故应急处置工作单内容

a. 事故救援车辆的运行线路。

b. 事故现场交通标志的布设以及防护设施的设置。

c. 交通事故现场清理需要的设备,事故伤亡信息以及事故车辆的信息。

d. 需要修复的道路设施信息。

e. 向参与应急人员以及路上被困人员提供后勤保障。

(2) 单幅双向通行预案执行单
①高速交通组织执行组:交通事故应急处置工作单内容

a. 活动护栏的位置及需要使用对向车道的数量。

b. 事故方向及对向车道渐变点前的提示标志类型及其位置,可变信息、标志的提示信息。

c. 对车道渐变路段以及双向通行路段的交通疏导以及车辆控制。

d. 事故方向及对向车道渐变起始点位置,需要封闭的车道数,车道渐变时的提示、引导标志以及锥形桶的布设方案。

e. 存在上游分流点时,上游分流点的位置、间断分流的时间、绕行线路、需要设置的标志类型以及设置位置。

f. 单幅双向通行路段、渐变段以及排队长度内需要重点控制的路段。

②对外协调组交通事故应急处置工作单内容

a. 向上游分流点绕行线路的道路管理部门通报绕行信息以及绕行线路上需要启动应急信号控制方案的交叉口的名称及需要重点控制的路段,协调绕行道路的管理单位启动应急处置。

b. 向媒体的通报信息,包括事故情况以及救援情况、预计单幅双向通行的持续时间、上游分流点及绕行线路。

③现场处理组交通事故应急处置工作单内容

a. 事故救援车辆的运行线路。

b. 事故现场交通标志的布设以及防护设施的设置。

c. 交通事故现场清理需要的设备,事故的伤亡信息以及事故车辆的信息。

d. 需要修复的道路设施信息。

e. 向参与应急人员以及路上被困人员提供后勤保障。

2)按高速公路半幅部分车道封闭预案执行

(1)高速交通组织执行组交通事故应急处置工作单内容

①需要关闭的收费站或匝道的名称。

②上游分流点的位置、间断分流的时间间隔、绕行线路、需要设置的标志类型以及设置位置,分流点可变信息标志的提示信息,对分流点实施交通控制。

③采取单幅双向通行时,事故方向及对向车道渐变点前的提示标志类型及其位置,可变信息标志的提示信息。事故方向及对向车道渐变起始点位置,需要封闭的车道数,车道渐变时的提示、引导标志以及锥形桶的布设方案。对车道渐变路段以及双向通行路段的交通疏导以及车辆控制。

④高速公路上需要重点控制的路段。

(2)对外协调组交通事故应急处置工作单内容

①向上游分流的绕行线路的道路管理部门通报绕行信息以及绕行线路上需要启动应急信号控制方案的交叉口的名称及需要重点控制的路段,协调绕行道路的管理单位启动应急处置。

②向媒体的通报信息,包括事故情况以及救援情况、预计单幅双向通行的持续时间、特定车辆类型的分流点及绕行线路。

(3)现场处理组交通事故应急处置工作单内容

①事故救援车辆的运行线路。

②事故现场交通标志的布设以及防护设施的设置,事故地点交通运行的控制。

③交通事故现场清理需要的设备,事故的伤亡信息以及事故车辆的信息。

④需要修复的道路设施信息。

⑤向参与应急人员以及路上被困人员提供后勤保障。

2. 恶劣天气的应急处置

（1）一级管制。高速公路能见度低于50m或出现积雪、结冰,严重影响车辆通行时,相关路段高速公路实施一级管制。实施一级管制的路段应采取主要措施:禁止车辆进入管制路段(执行警卫、救援等特殊任务的车辆除外),关闭管制路段沿线所有收费站,在关闭路段两端具备分流条件的收费站下道口实施主线分流,暂停施工等。

（2）二级管制。高速公路能见度在50m至100m或出现积雪、结冰,已影响部分正常通行时,相关路段高速公路实施二级管制。实施二级管制的路段应采取的主要措施:加强路面巡逻管控,间断放行、限速放行、限车型放行,暂停施工等。

（3）三级管制。高速公路能见度在100m至200m时,相关路段高速公路实施三级管制。实施三级管制的路段应采取的主要措施:加强路面巡逻管控,间断放行、限速放行,暂停施工等。

高速公路能见度低于50m或出现积雪、结冰,严重影响车辆通行时,实施一级管制,封闭高速公路。但是高速公路作为道路的主骨架,其封闭会造成沿线道路的严重堵塞,特别是沈海高速和京沪高速作为国家高速公路网的主动脉,其封闭不仅会影响到江苏全省的道路运输秩序,也会影响到全国的道路通行状况,因此在恶劣天气情况下,应该首先在高速公路上采取行车的管理措施,而少采取封闭措施。

本预案在制订过程中,在参考全国其他地区恶劣天气高速公路应急管理的经验基础上,在二级管制和三级管制不变的情况下,将一级管制划分为特级管制和一级管制两种情况,特级管制和一级管制的内容如下:

特级管制:能见度不足30m时或者高速公路某路段全线结冰时,实行特级管制。

在特级管制期间,除重要领导特别紧急公务、紧急抢险救护等特殊车辆在警车带道下通行外,管制路段禁止其他各类车辆驶入高速公路,已驶入高速公路的车辆须开启雾灯、近光灯、示廓灯、前后位灯及危险报警闪光灯,并以不超过20km/h的速度就近驶离高速公路或进入服务区休息。

一级管制:能见度在30m以上50m以下或高速公路部分路段(桥面)结冰,不能保障所有车辆完全通行时,实行一级管制。在这种情况下,禁止"三超"车辆(超宽、超高、超长)、大型客货车辆、没有安装后防雾灯的车辆和后尾灯不亮的小型车辆进入高速公路,同时对行驶在管制路段的车辆采取限速每小时:30km,禁止超车,开启雾灯、近光灯、示廓灯、前后位灯及危险报警闪光灯,保持车辆间距不小于30m的措施。

因此恶劣天气的应急处置中,按照四级管制类型进行管理。

1）高速交通组织执行组恶劣天气应急处置工作单内容

（1）分流的立交或收费站名称及桩号,分流绕行道路的名称。

（2）管制路段车道渐变点前的提示标志类型及其位置,可变信息标志的提示信息。

（3）分流点前方车道渐变起始点位置,需要封闭的车道数,车道渐变时的提示、引导标志以及锥形桶的布设。

（3）对车道渐变段、分流立交或收费站的交通疏导,在分流立交或收费站向绕行车辆发放绕行线路图及信息。

（4）存在第二分流点时,第二分流点的位置、间断分流点分流的时间、绕行线路、需要设置的标志类型以及设置位置。

(5)管制路段内可变信息标志以及可变限速标志的显示信息。在管制区段内的服务区和收费站区域设置交通提示引导标志、锥形桶等设施,将车辆诱导进入服务区停放或驶离高速。

(6)高速公路上需要重点控制的路段。

2)对外协调组恶劣天气应急处置工作单内容

(1)绕行线路上需要启用应急信号控制方案的交叉口的名称以及绕行线路上需要重点控制的路段,协调绕行道路的管理单位启动应急处置。

(2)向客运站通报信息,协调客运车辆的运行。

(3)向媒体通报信息,包括恶劣天气情况、分流立交或收费站的名称、绕行线路、第二分流点及绕行线路。

3)现场处理组恶劣天气应急处置工作单内容

(1)地面积雪结冰以及积水的处理。

(2)高速公路停放车辆的牵引。

(3)需要停放备用牵引车的服务区及收费站。

(4)向参与应急人员及路上被困人员提供后勤保障。

3. 道路施工的应急处置

1)高速交通组织执行组道路施工应急处置工作单内容

(1)应急处置工作启动的时间。

(2)特定类型车辆分流的立交或收费站名称及桩号,分流绕行道路的名称。

(3)特定类型车辆分流点前的提示标志类型及其位置,可变信息标志的提示信息。

(4)对特定类型车辆分流立交或收费站的交通疏导,在分流立交或收费站向绕行车辆发放绕行线路图及信息。

(5)施工路段及排队路段内车辆的疏导。

(6)高速公路上需要重点控制的路段。

2)对外协调组道路施工应急处置工作单内容

(1)应急处置工作启动的时间。

(2)特定类型车辆绕行线路上需要启用应急信号控制方案的交叉口的名称以及绕行线路上需要重点控制的路段,协调绕行道路的管理单位启动应急处置。

(3)向客运站通报信息,协调客运车辆的运行。

(4)向媒体通报的信息,包括道路施工时拥堵的时段、拥堵时段内分流的车辆类型,分流的立交或收费站的名称、绕行线路以及在施工期间建议其他车辆的绕行线路。

3)现场处理组道路施工应急处置工作单内容

(1)应急处置工作启动的时间。

(2)牵引高速公路停驶车辆。

(3)医疗救护准备。

(4)施工路段以及排队路段备用牵引车的停放位置及数量。

(5)向参与应急人员提供后勤保障。

4. 特殊需求的应急处置

特殊需求应急处置是指大型活动、重大节假日期间高速公路的交通组织，重点是收费站的通行管理。

在举行大型活动时，车辆会集中地从高速公路上的个别收费站通行，极易造成车辆在收费站的拥堵以及高速公路主路的排队，因此大型活动应急预案的重点是收费站的通行管理。

1）大型活动应急预案

（1）高速交通组织执行组特殊需求应急处置工作单内容

①应急处置工作启动的时间。

②需要采取应急处置的收费站的名称及位置，收费站收费车道全部开启的时间。

③高速公路主路及收费站的标志、锥形桶设置以及交通疏导。

④需要免费开放收费站的时段。

（2）对外协调组特殊需求应急处置工作单内容

①应急处置工作启动的时间。

②大型活动车辆驶出高速后行驶的路线，协调相关道路的管理单位启动应急处置。

③向客运站通报信息，协调客运车辆的运行。

④向媒体的通报信息，包括大型活动影响的收费站的名称、可选择的驶离高速的收费站名称及位置。

（3）现场处理组特殊需求应急处置工作单内容

①应急处置工作启动的时间。

②牵引高速公路停驶车辆。

③医疗救护准备。

④收费站备用牵引车的停放位置及数量。

⑤向参与应急人员提供后勤保障。

2）重大节假日应急预案

（1）高速交通组织执行组特殊需求应急处置工作单内容

①应急处置工作启动的时间。

②需要采取应急处置的收费站的名称及位置，收费站收费车道全部开启的时间。

③高速公路主路及应急处置收费站的标志、锥形桶设置以及交通疏导。

④施行间断分流的临近收费站的名称及桩号，间断分流所需设置的标志类型以及设置位置，分流绕行道路的名称。

（2）对外协调组特殊需求应急处置工作单内容

①应急处置工作启动的时间。

②分流绕行线路上需要启用应急信号控制方案的交叉口的名称以及绕行线路上需要重点控制的路段，协调绕行道路的管理单位启动应急处置。

③向客运或货运单位通报信息，使其在应急处置时段调整客运及货运车辆驶离高速公路的收费站。

④向媒体的通报信息，包括应急处置收费站的名称、可选择的其他驶离高速的收费站名称、位置以及行驶线路。

(3) 现场处理组特殊需求应急处置工作单内容
①应急处置工作启动的时间。
②牵引应急收费站以及分流路段内停驶的车辆。
③医疗救护准备。
④收费站以及分流路段备用牵引车的停放位置及数量。
⑤向参与应急人员提供后勤保障。

5. 其他紧急事件的应急处置

其他紧急事件的应急处置包括由于地震、洪灾、山体滑坡等严重自然灾害以及人为损坏等原因造成的高速公路路基、桥梁或隧道等基础设施破坏、需要中断交通进行修复的事件。

1) 按单幅双向通行预案执行

(1) 高速交通组织执行组其他紧急事件应急处置工作单内容

①江苏省高速公路路网流量诱导。在收费站向进入高速公路的车辆发放特定收费站间绕行路线图以及紧急事件区域通行情况。
②活动护栏的位置以及需要使用对向车道的数量。
③中断交通方向及对向车道渐变点前的提示标志类型及其位置,可变信息标志的提示信息。
④对车道渐变路段以及双向通行路段的交通疏导以及车辆控制。
⑤交通中断方向及对向车道渐变起始点位置,需要封闭的车道数,车道渐变时的提示、引导标志以及锥形桶的布设方案。
⑥存在上游分流点时,上游分流点的位置、间断分流时间、绕行线路、需要设置的标志类型以及设置位置。
⑦单幅双向通行路段、渐变段以及排队长度内需要重点控制的路段。

(2) 对外协调组其他紧急事件应急处置工作单内容

①向紧急事件区域内间断分流的车辆绕行线路的道路管理部门通报绕行信息以及绕行线路上需要启动应急信号控制方案的交叉口的名称及需要重点控制的路段,协调绕行道路的管理单位启动应急处置。
②向媒体的通报信息,包括高速公路基础设施的损毁、救援以及抢修情况、预计应急处置及道路设施抢修的时间、通过其他高速公路绕过紧急事件区域的路线、预计单幅双向通行的持续时间、分流点及绕行线路。

(3) 现场处理组其他紧急事件应急处置工作单内容

①抢修及救援车辆的运行线路。
②紧急事件现场清理需要的设备,以及紧急事件造成的人员伤亡信息。
③对损坏的道路设施进行抢修。
④向参与应急人员以及路上被困人员提供后勤保障。

6. 新闻发布与宣传的流程设计

(1) 江苏省高速公路应急处置的新闻发布与宣传工作由对外协调小组负责,承担新闻发布的具体工作。

(2)对外协调小组应按照领导小组签发的、由技术支持组传达的应急处置工作单内容对外发布相关应急信息。

(3)对外协调小组负责组织发布江苏省高速公路交通突发事件新闻通稿、预案启动公告、预警启动与应急响应启动公告、预警终止与应急响应终止公告,传递事态进展的最新信息,解释说明与突发事件有关的问题、澄清和回应与突发事件有关的错误报道,宣传江苏省高速公路交通应急管理工作动态,组织召开突发事件相关各单位、部门参加的联席新闻发布会。

7. 应急预案的评价指标

应急预案评价指标采用排队长度指标、排队时间指标两种类型,各个指标的内容如下:

(1)排队长度3km:这个指标是指主路的排队长度,用来评价预案执行时主路的通行状况。

(2)分流点排队长度2km:这个指标是指采取分流措施时分流点处的排队长度,用来评价预案执行时,分流点的通行状况。

(3)收费站排队影响主路通行:这个指标是指收费站排队长度延伸到了高速公路主路上减速车道的起始位置,车辆开始影响主路通行,用来评价特殊交通需求时高速公路收费站的通行状况。

(4)排队时间2小时:指车辆在紧急事件区域的排队时间2小时,主要是为了评价紧急事件处理过程中,高速公路车辆的延误。

在紧急事件的评价中,只要应急事件造成的排队长度指标和排队时间指标中的一个满足要求,就需要进行应急处置。

在预案评价中,采取排队长度指标和排队时间指标结合的方法,即选择排队长度指标和排队时间指标同时满足的预案作为最佳预案。但如果在预案选择后,不存在这样的应急预案,则取排队长度指标作为预案选择评价的依据。

参 考 文 献

[1] 中华人民共和国国务院.公路安全保护条例[Z].2011-06-05.
[2] 江苏省人民代表大会常务委员会.江苏省高速公路管理案例[Z].2014-08-01.
[3] 中华人民共和国主席.中华人民共和国公路法[Z].2004-08-28.
[4] 江苏省人民政府.江苏省行政程序规定[Z].2015-03-01.
[5] 付慧杰,李丹露.公路路政管理存在的问题及对策[J].陕西社会科学论丛,2011(2).
[6] 何敏.甘肃省高速公路养护标准化管理研究[D].兰州:兰州大学,2010.
[7] 杨润超.吉林省高速公路建设管理体制研究[D].长春:吉林大学,2011.
[8] 吕政,戴东昌,徐丽,等.我国高速公路管理研究[J].经济研究参考,2008(7).
[9] 沈志云.交通运输工程学[M].北京:人民交通出版社,1999.
[10] 刘伟铭,王哲人,郑西涛.高速公路收费系统理论与方法[M].北京:人民交通出版社,2000.
[11] 赵维军.英国施工企业管理标准化述评[J].中国港湾建设,2006(4).
[12] 王金龙.国外标准化发展战略与中国企业标准化对策[J].上海标准化,2002(5).
[13] 滕威.高速公路运营管理安全体系评价研究[D].西安:长安大学,2011.
[14] 范双成.建立高速公路精细化管理工作标准的探索与实践[J].中国质量,2010(12).
[15] 江苏省交通运输厅.江苏省高速公路养护管理办法[Z].2010-06-16.
[16] 江苏省交通运输厅.江苏省高速公路养护项目招标投标管理办法[Z].2012-07-01.
[17] 江苏省质量技术监督局.公路养护工程预算编制办法及定额:DB32/T 1649—2010[S].
[18] 江苏省质量技术监督局.江苏省高速公路养护工程施工安全技术规程:DB32/T 1363—2009[S].
[19] 彭富强.公路养护技术与管理[M].北京:人民交通出版社,2015.
[20] 中华人民共和国行业标准.公路养护技术规范:JTG H10—2009[S].北京:人民交通出版社,2009.
[21] 中华人民共和国行业标准.公路工程质量检验评定标准:JTG F80/1—2018[S].北京:人民交通出版社股份有限公司,2018.
[22] 《关于印发江苏省高速公路管理局(江苏省高速公路路政总队)主要职责内设机构和人员编制的通知》(苏交政〔2014〕25号).
[23] 江苏省地方标准.DB 32/944—2006 高速公路养护质量检验评定[S].
[24] 全国高管局长座谈会."十三五"公路养护管理发展纲要[Z].2016-04.
[25] 周传林.公路养护技术与管理[M].北京:机械工业出版社,2010.
[26] 李中秋.公路养护与管理[M].北京:中国水利水电出版社,2012.
[27] 伍石生,郭平,张倩.公路养护与抢修实用技术[M].北京:人民交通出版社,2008.
[28] 交通运输部公路局."十二五"全国干线公路养护管理检查高速公路管理规范化评分细则[Z].2015-07.
[29] 江苏省高速公路管理局.江苏省高速公路养护资料报送制度[Z].2015-02.
[30] 中华人民共和国交通运输部.公路养护统计报表制度[Z].2010-09.
[31] 中华人民共和国国务院.收费公路管理条例[Z].2004-11.

[32] 中华人民共和国行业标准.公路技术状况评定标准:JTG H20—2007[S].北京:人民交通出版社,2007.

[33] 《国家干线公路网技术状况监测数据报送制度(暂行)》(交通运输部路网监测与应急处置中心[2014]40号)

[34] 中华人民共和国行业标准.公路环境保护设计规范:JTG B04—2010[S].北京:人民交通出版社,2010.

[35] 许如清.对收费公路问题的思考[J].交通财会,2010(6).

[36] 樊建强.高速公路产业化经营及政府规制探析[J].经济问题探索,2007(2).

[37] 郝恩崇.高速公路管理学[M].北京:人民交通出版社,2014.

[38] 方世南.我国高速公路发展的机遇与风险[J].中国高速公路,2014(2).

[39] 付学问.完善我国高速公路管理体制的意见[J].中华建设,2012(2).

[40] 耿英超.黑龙江省高速公路运营管理体制改革研究[D].哈尔滨:哈尔滨工业大学,2011.

[41] 吕政.我国高速公路管理研究[J].经济参考,2008(3).

[42] 张欢.高速公路计重收费关键问题研究[D].长沙:中南大学,2010.

[43] 金绮丽.当代中国高速公路管理体制的现状及其改善对策研究[D].长春:吉林大学,2003.

[44] 杨文东,杨文银.高速公路收费定价的理论分析[J].当代经济,2007(8).

[45] 范超.我国高速公路收费确定问题研究[D].石家庄:河北经贸大学,2012.

[46] 孙研.高速公路定价方法和成本监审问题研究[J].产业经济,2012(7).

[47] 李玉涛.对收费公路政策经济合理性的再认识[J].宏观经济研究,2012(12).

[48] 刘宇红,刘高云.高速公路收费的合理性分析[J].中国经济导刊,2012(36).

[49] 胡兴华,章玉,黄伟宏.公路收费模式优化研究[J].重庆交通大学学报(社科版),2013(3).

[50] 孟祥茹.高速公路服务区管理[M].北京:机械工业出版社,2004.

[51] 秦华容,杨铭.基于需求分析的高速公路服务区配置研究[J].中国公路,2004(23).

[52] 刘颖.山东高速公路服务区发展第三方物流的可行性研究[D].济南:山东大学,2009.

[53] 未小刚.高速公路服务区开发与管理研究[D].西安:长安大学,2006.

[54] 王毅敏.关于对高速公路服务区经营管理的几点思考[J].商业经济,2011(1).

[55] 刘东,段晨,信红喜.我国高速公路服务区现状和未来发展建议[J].交通标准化,2008(10).

[56] 王炜.高速公路服务区运行管理研究[D].武汉:武汉理工大学,2008.

[57] 徐井岗.论高速公路服务区运营与管理[J].城市道桥与防洪,2004(9).

[58] 郑燕.甬台温高速公路服务区经营管理分析[J].价值工程,2008(7).

[59] 夏正丰,倪富健,张春红.杨顺新高速公路清障持续时间预测分析[J].交通信息与安全,2010(2).

[60] 杨顺新,张磊,倪富健.高速公路清障救援机制的分析及其改进研究田[J].公路交通科技(应用技术版),2009(12).

[61] 李旭,蔡凤田,宋翔.我国道路交通事故应急救援现状分析与对策初探[J].公路交通科技,2012(10).

[62] 卢柯豆.湖南省高速公路清障管理现状及改革策略研究[D].湘潭:湘潭大学,2010.

[63] 刘永刚,金辉.高速公路管理信息系统中的共用信息平台等[J].齐齐哈尔大学学报,2004(4).

[64] 段广云,沈振宇,朱元亮.高速公路交通信息发布系统实际应用对策[J].江苏交通,2003(11).

[65] 梅鲁海.高速公路信息发布系统典型应用方案[J].今日科技,2004(4).

[66] 贾元华.高速公路交通事件管理系统[J].佳木斯大学学报,2004(10).

[67] 龚鹏飞.道路交通事故等级划分标准问题研究[J].江苏警官学院学报,2004.9(1).

[68] 唐阳山,李江,张健.道路交通事故等级划分的探讨[J].辽宁工学院学报,2004,24(5).

[69] 于泉,周晓宇,石建军.高速公路内部信息发布调度系统设计研究[J].中国交通信息产业,2004(11).

[70] 郭刚.高速公路智能化信息发布系统[J].东北公路,2003,26(2).

[71] 陶志祥,黄卫.实时数据库技术在高速公路事件管理中的应用[J].土木工程学报,2003.36(1).

[72] 史其信,郑卫中.智能交通系统ITS共用信息平台构架及解决方案初步分析[J].交通运输工程与信息学报,2003,1(1).

[73] 王晓楠,孙大跃,高婷.基于短信的通信系统信息保障协议研究[J].现代电子技术,2007.

[74] 胡江碧,高玲玲,刘小明.对我国高速公路安全管理系统的探讨[J].公路,2007(7).

[75] 王忠仁.高速公路安全改造的关键问题及策略[J].中外公路,2008(12).

[76] 闫立平,侯鹏.高速公路安全管理研究[J].中国安全科学学报,2003(2).

[77] 张景涛.高速公路安全设计理念及程序[J].公路,2005(7).

[78] 肖盈.高速公路交通安全影响因素与对策措施[J].公路,2005(8).

[79] 支晓伶,李长城,汤筠筠,等.高速公路雾天可变信息标志信息联动发布策略研究[J].公路,2010(11).

[80] 张海峰.高速公路超限超载运输治理对策研究[D].西安:长安大学,2012.

[81] 李迁生.广东开阳高速公路交通安全问题分析及对策[D].广州:华南理工大学,2011.

[82] 张道文,黄海波,周华.成南高速公路交通事故特性研究[J].公路,2010(11).

[83] 陈洪彬,唐颖,刘旭锴.高速公路安全防护设施的病害分析与对策[J].公路,2009(5).

[84] 郑安文,张炳焕.高速公路不同跟车状态下安全行车间距分析[J].武汉科技大学学报(自然科学版),2003(3).

[85] 梁小平.高速公路服务区环境管理体系探讨[J].中外公路,2004(4).

[86] 刘柏秀,李刚,肖殿良,等.高速公路货车事故成因及货车专用道分析[J].中国安全科学学报,2008(4).

[87] 刘哲义.高速公路驾驶员生/心理特点对行车安全的危害与预防[J].公路交通科技,1999(9).

[88] 黄同愿,黄席樾,袁荣棣,等.高速公路紧急事件与安全系统探索[J].重庆大学学报,2003(9).

[89] 钟勇,范森海,王永辉.高速公路事故的诱因及预防对策[J].公路交通科技,2000,(06).